Claire Shipman & Katty Kay

Womenomics

Carrière in deeltijd: zo doe je dat

Spectrum

Uitgeverij het Spectrum
Postbus 97
3990 DB Houten

Oorspronkelijke titel: *Womenomics, Write Your Own Rules for Success*
Published by arrangement with HarperCollins Publishers
© 2009
Vertaald door: Hilke Makkink

Eerste druk 2009
Omslagontwerp: Studio Pollmann
Omslagfoto: Getty Images
Zetwerk: Elgraphic+DTQP b.v., Schiedam

Ondanks al de aan de samenstelling van de tekst bestede zorg, kan noch de redactie
noch de uitgever aansprakelijkheid aanvaarden voor eventuele schade die zou kunnen
voortvloeien uit enige fout die in deze uitgave zou kunnen voorkomen.

ISBN 978 90 491 0002 5
NUR 800
www.spectrum.nl

Inhoud

INLEIDING

Erin klikt op verzenden voor haar laatste e-mail van die dag, strekt haar benen en kijkt op haar horloge. Ze voelt een mengeling van opluchting en verwachting. Ze ligt mooi op schema – nog een half uur om alles bij elkaar te pakken en een cola-light te halen, voordat ze om vier uur bij de honkbaltraining van haar zoon moet zijn. Deze middagen met hem koestert ze en ze begint op dinsdag dan ook altijd al om zeven uur 's ochtends, zodat ze zeker weet dat ze 's middags op tijd weg kan. Waar ze dan nog niet aan toegekomen is, maakt ze 's avonds thuis af. Dan maar af en toe wat overwerken, het is het waard. Erin haalt haar schouders op, terwijl ze haar spullen bij elkaar pakt. Haar baas zegt dat hij het niet erg vindt, zolang het bij één keer in de week blijft. Ze wrijft zich over het voorhoofd. Was hij nou geïrriteerd geweest vorige week, toen ze hem eraan herinnerde dat ze niet bij een middagvergadering zou kunnen zijn? Ze moest het zich wel verbeeld hebben. Ze doet haar werk immers uitstekend. Haar carrière zit in de lift. Natuurlijk zullen er om haar heen af en toe wat wenkbrauwen gefronst worden als ze weer eens vertrekt, aktetas in de hand, duidelijk op weg naar huis. Ze pakt haar sleutels en recht haar schouders.

Een schaduw valt over haar bureau. Haar baas, Michael, een vriendelijke maar veeleisende man van 52, een van de besten binnen het bedrijf, houdt iets in zijn hand. Ze vreest het ergste als de blauwe map op haar bureau terechtkomt. 'Erin,' zegt hij, zijn stem dringend, opgewonden zelfs, 'we hebben zojuist gehoord dat we een kans maken op die deal met Clearwater. Zou je er even naar kunnen kijken en me laten weten wat je ervan vindt?' Erin staart hem aan, verlamd door frustratie, terwijl haar gedachten op hol slaan op die voor moeders zo typerende manier;

denkend aan de pijn van een teleurgesteld kind. Kan ze het maken om nee te zeggen? En dan doet haar ego van zich spreken. De deal met Clearwater – een project dat ze door en door kent. Het is het soort werk dat haar adrenaline laat stromen en het zou ook nog eens geweldig zijn voor haar carrière. Waarom heeft ze dan het gevoel dat elke keus hier een slechte is? Ze zou het rapport gemakkelijk over een paar uur even kunnen doornemen en vervolgens haar ideeën per e-mail naar Michael sturen, maar wat voor indruk zou ze dan maken?

Ongeïnteresseerd? Niet toegewijd? Ze voelt zich gewoon ziek worden door al die bekende stresshormonen die door haar lijf razen. Waarom moet ze zich zo schuldig voelen, zo machteloos, zo in het nauw gedreven?

Erin zou ook Maria kunnen zijn, of Andrea, of Karen. Ze kan een vertegenwoordigster zijn, een dokter of een accountant. Het maakt niet uit waar ze woont. En die afspraak met haar zoon kan net zo goed een bezoek aan haar oude vader zijn, een marathontraining of gewoon een lang gepland uitje met vrienden.

Wij waren Erin. Jij bent waarschijnlijk Erin. Maar dat hoeft niet. Niet meer.

Jarenlang wisselden wij onze eigen persoonlijke versies van het Erin-verhaal met elkaar uit – eerst heimelijk – totdat het duidelijk werd dat we er hetzelfde gevoel bij hadden. We waren bang dat alles wat ook maar een beetje leek op gebrek aan ambitie, wel werken maar niet altijd tot het uiterste gaan, niet professioneel correct zou zijn. En dus begonnen we elkaar advies te geven in het afslaan van geweldige opdrachten en het vermijden van verlokkelijke promoties, die de moeizaam verkregen balans in ons dagelijkse leven wel eens zouden kunnen verstoren.

Hoe meer we praatten en lazen en aan elkaar rapporteerden, hoe meer we ons realiseerden dat we hier iets op het spoor waren dat veel groter was dan onze eigen ervaringen. Waar wij hier op stootten, bleek niet minder dan een op handen zijnde revolutie op de arbeidsmarkt. Een revolutie die, gelukkig voor ons allemaal, past in elke economie.

Dit zijn de feiten: de overgrote meerderheid van vrouwen smacht ernaar om die gevreesde promotieladder onderuit te schoppen en een einde te maken aan het gehaast naar het kinderdagverblijf, maar hecht tegelijkertijd veel waarde aan een goede positie. We hebben genoeg van de volle werkweken, vakanties die nooit opgenomen kunnen worden, het jongleren, het gedraai en gehaast. We weten dat de oplossing niet ligt in langere openingstijden van de kinderdagverblijven, het inhuren van meer babysitters of echtgenoten die thuisblijven wanneer wij dat vragen. Omdat wij degenen zijn die meer tijd willen – voor onze kinderen, onze ouders, onze omgeving, onszelf.

De meeste goed opgeleide vrouwen willen niet helemaal stoppen met werken, zelfs al zouden ze dat kunnen. We willen onze hersenen gebruiken en professioneel productief zijn, maar we willen niet de stress binnen onze gezinnen en ons leven buiten de werkvloer. We moeten het rustiger aan doen. We willen het ook rustiger aan doen – tijd hebben om de caissière in de supermarkt te bedanken, een praatje te maken met de buren, de kinderen naar ballet te brengen of eens naar de leesclub te kunnen. We willen *in* ons leven staan.

En eigenlijk willen we hetzelfde voor ons werk. Maar wat graag zouden we op het werk meer tijd besteden aan zinvolle en bevredigende bezigheden, volwassen interactie met collega's hebben en resultaatgericht werken. We zijn het zat om ons zorgen te maken over een prikklok of een wedstrijdje van wie-het-langst-op-kantoor-blijft-krijgt-de-beste-deals.

De situatie is zo ernstig dat een meerderheid van ons, wanneer het ze gevraagd zou worden, voor minder verantwoordelijkheid zou kiezen. We zijn bereid om onze taken, onze titel – zelfs ons salaris – in te ruilen voor meer tijd, vrijheid en harmonie. We willen geen ontslag nemen – in tegendeel – maar *tijd* is onze nieuwe valuta. Uit recent onderzoek is gebleken dat zevenentachtig procent van de vrouwen zegt dat ze een 'betere balans' of zoals wij het zeggen, meer welzijn op de werkvloer zou willen. (En is die andere dertien procent wel helemaal eerlijk?)

De kwestie heeft nu zelfs een voorvechtster in het Witte Huis. 'Je voelt je altijd schuldig,' vertelde Michelle Obama ons in een recent interview. 'Werkende vrouwen en moeders worden constant achtervolgd door schuldgevoelens, welke keus ze ook maken.' De First Lady probeert nationale aandacht te krijgen voor de frustrerende zoektocht naar balans, waarmee zo veel vrouwen worstelen en waar ook zij mee heeft moeten leren omgaan.

Ze is de trots van haar familie uit de arbeidersklasse, omdat zowel zij als haar broer met uitstekende resultaten aan Princeton heeft gestudeerd, waarna zij verder ging om rechten te studeren aan Harvard. Voordat haar echtgenoot president werd, had mevrouw Obama een bloeiende carrière, maar sinds de geboorte van haar twee dochters heeft ze er nooit een geheim van gemaakt dat hun opvoeding voor haar prioriteit heeft. Dat was ook te zien aan de keuzes die ze in haar werk maakte – flexibiliteit was belangrijker dan promoties. 'Het maakt niet uit wat voor beslissingen je neemt, op wat voor moment dan ook,' concludeerde ze met een begrijpend schudden van haar hoofd, 'je hebt altijd het gevoel dat je de andere kant tekortdoet.'

Het is fijn om te weten dat we niet alleen staan met onze zorgen, maar het voelt nog beter wanneer je ontdekt dat jij, of welke vrouw dan ook, niet langer gebukt hoeft te gaan onder deze voor vrouwen zo typerende kwelling. Niet meer. Je werk, eigenlijk net als ons hele leven, staat op het punt te veranderen.

We durven te wedden dat je er geen idee van had hoe belangrijk je eigenlijk bent. (Uiteraard wordt zoiets niet zomaar aan iedereen verteld. Dat zou te veel druk op ons leggen.) Maar een schat aan nieuwe, economische gegevens laat duidelijk zien dat wij machtig zijn als nooit tevoren. En harde feiten zijn essentieel omdat we tenslotte niet zomaar iets van de zakenwereld gedaan zullen krijgen, enkel omdat we dat zo graag willen. Om verandering af te dwingen zullen we van betekenis moeten zijn voor het eindresultaat. En dat zijn we. Waarom? Omdat bedrijven met meer vrouwen op belangrijke posities meer geld verdienen. Zo simpel en verbluffend is het.

De zakenwereld verandert op een manier die meer denkkracht

dan spierkracht vergt en er is grote vraag naar onze bredere en positievere vorm van beleid maken. Nogmaals, deze bewering berust niet op ijdele hoop; bekijk de onderzoeksresultaten maar, dan zul je zien dat het klopt. Dankzij ons vermogen tot multitasking en problemen oplossen zijn wij in staat om goede beslissingen te nemen voor een bedrijf. En de bedrijven van tegenwoordig begrijpen dat de mening van een vrouw over producten essentieel is, omdat wij (zoals iedereen weet) het grootste deel van de inkopen voor onze gezinnen doen. Bovendien hebben wij vaak hogere diploma's dan mannen. Voeg daaraan een tekort aan getalenteerde mensen toe, vooral aan universitair opgeleide werknemers, en zie het resultaat. We zijn nog nooit zo in trek geweest. En telkens weer vertellen bedrijven ons dat het het allerbelangrijkste is dat, zelfs tijdens een economische recessie, *waardevol* talent vastgehouden wordt.

'Het is duidelijk dat zowel beroepsbevolking als werkplek dramatisch aan het veranderen is,' vertelde ons Meg Whitman, voormalig CEO van Ebay en iemand die de zakelijke trends op de voet volgt. 'En volgens mij draait het allemaal om vrouwen en in sommige gevallen zelfs nog meer om generatie X en Y.'

Blijkbaar hechten die pientere jonkies nog meer waarde aan vrijheid dan dat wij dat doen.

En wanneer je dat hele gezwijmel over ons vrouwen combineert met het feit dat er een algemene afkeer is van een meedogenloze, robotachtige klim naar een ijzige top – dan heb je het recept voor een megatrend die wij de volgende naam gegeven hebben:

Womenomics

(wim-in-no'm-iks). 1. Macht. 2. Een beweging die jouw werkende leven zo gaat inrichten zoals jij dat echt wilt. 3. De krachtige botsing van twee simpele waarheden: een meerderheid van ons wil nieuwe arbeidsvoorwaarden en tegelijkertijd zijn wij *de* favoriet geworden op de huidige arbeidsmarkt.

Dankzij de dynamische nieuwe wereld van womenomics kunnen werkende vrouwen nu krijgen wat ze echt willen. We kunnen de manier waarop we werken en onze kijk op werk drastisch veranderen. Vrouwen beginnen inderdaad succes al opnieuw te definiëren naar hun eigen voorwaarden – en dan hebben we het niet over meer werken voor minder geld dankzij een zogenaamd flexibel rooster. Nee.

Op een manier die zelfs vijf of zes jaar geleden nog ondenkbaar was, beginnen grote bedrijven zich aan te passen aan onze levensstijl. Eindelijk lijken ze te begrijpen dat wij niet op zoek zijn naar een betere bedrijfskantine, een gratis maaltijd na overwerk of een dure fitnessruimte – allemaal nutteloze lokkertjes die ons aan het werk moeten houden. Wat wij willen is vrijheid – om onze eigen beslissingen te nemen en ons eigen arbeidsleven te bepalen. Dat is een meer dan faire ruil met ons talent, onze ervaring, onze inzet en toewijding en dat zien zij nu langzaamaan ook in.

In sommige verlichte delen van het bedrijfsleven bestaat womenomics al. Er zijn bedrijven waarin je uit een menu van werkmogelijkheden kunt kiezen. Er bestaan parttime advocates die nog steeds belangrijke zaken krijgen. Er zijn vrouwen in leidinggevende functies die fulltime werken maar niet meer dan 30 uur per week op kantoor doorbrengen. Er zijn accountants die elke dag om 3 uur thuis zijn maar die toch perfect op de hoogte zijn van het reilen en zeilen van het bedrijf. En er bestaan bedrijven waar je kunt werken waar en wanneer jij dat wilt, zolang je je doelen maar haalt. Technologie, macht en logisch nadenken verlossen ons van de verouderde negen-tot-vijf-mentaliteit op manieren die we ons tien jaar geleden niet hadden kunnen voorstellen.

Het zijn de vrouwen die deze kruistocht voor verandering leiden, maar al snel zal heel de werkende wereld hiervan kunnen profiteren. Sommige bedrijven staan er spontaan al open voor; andere hebben nog een duwtje nodig en vele moeten dit nieuwe tijdperk in gesleurd worden. Maar ze zullen er allemaal komen, net zoals jij.

Het krijgen van professionele vrijheid vereist een andere manier van denken – een fundamentele herwaardering van wat succes nu precies betekent. Het zetje in de richting van die openbaring kan vele vormen hebben; voor ons beiden, net als voor vele andere vrouwen, waren het de kinderen. Allebei herinneren we ons nog duidelijk ons moment van opstand.

Katty: 'Mijn weg naar professionele verlichting leidde recht door het Capitool. Het was een grijze, miezerige middag in maart. Ik zat op de trappen voor het Congres te wachten totdat ik een live verslag moest doen over de laatste samenzweringen binnen die gerenommeerde, democratische instantie, toen mijn telefoon ging. Ik wist precies wie het zou zijn en probeerde het te negeren.

Het was mijn baas, die mij een baan aanbood die ik eigenlijk niet wilde. Of liever, die ik wel degelijk wilde – het ging om het presenteren van een late nieuwsshow – maar waarvan ik de werktijden niet zag zitten.

De telefoon ging opnieuw – ik nam nog steeds niet op.

Ik wist dat ik deze baan aankon en dat ik er goed in zou zijn. Ik wist dat ik het leuk zou vinden. Maar ik wist ook heel zeker dat ik deze baan niet zou kunnen doen voor de vijf dagen per week die ze wilden, zonder mij daarbij ellendig te voelen. Ik had een grens bereikt. De baan die ik nu had vond ik ook leuk, ik werd er redelijk voor betaald en de uren waren flexibel genoeg om ook wat tijd thuis door te kunnen brengen. Ik zou de nieuwe baan vier dagen in de week doen of helemaal niet. Ik stond op het punt om het aanbod af te slaan.

Toch was het belachelijk. Hier zat ik, een volwassen vrouw, die bang was om de telefoon op te nemen. Ik nam dus op, vertelde mijn baas over de vier dagen en de bereikte grens, zei dat ik uiteraard graag bereid was om af en toe bij te springen en in te vallen wanneer de nieuwe presentator er niet was, maar dat ik de baan niet kon aannemen onder hun voorwaarden.

Toen deed mijn baas iets wat ik niet verwacht had. Ze zei dat ze niet alleen een gezinsvriendelijke reputatie wilde hebben, ze wilde daadwerkelijk gezinsvriendelijk zijn. Ze wilde echt heel graag vrouwen met ervaring op tv hebben en ze wilde mij echt voor die baan. Als ik het alleen volgens mijn tijdsplanning wilde doen, dan zou ze met haar leidinggevenden praten en ze adviseren om mijn aanbod van vier dagen in de week te accepteren. En dat deed ze ook – en zij deden het ook.

Op dat moment kwam mijn producer gillend het Capitool uit-rennen – roepend dat ik over vijf minuten in de uitzending zou zitten. Ik deed een vage politieke analyse en pas toen ik klaar was, realiseerde ik me dat ik had gekregen wat ik wilde.'

Claire: 'De directiekamer op de vijfde verdieping van ABC News werkt nog altijd intimiderend. De pluchen meubels. Het gedempte geluid. De hoogste bazen bij elkaar die, zoals voorbijgangers vaak denken, hun oordeel staan te vellen over de medewerkers van de omroep.

Die dag echter, voelde ik me iets zekerder van mezelf dan anders. Ik had een redelijk verzoek dat ik wilde indienen en ik voelde me gesterkt door het feit dat ik me niet druk maakte (in ieder geval niet heel druk) om de consequenties. Het had me jaren gekost om zo ver te komen, maar het was me uiteindelijk gelukt. Ondanks het feit dat het wat aan de late kant was, ik was nu 43 jaar en had twee kinderen, wilde ik in ieder geval een páár aspecten van mijn leven kunnen plannen. Vakanties bijvoorbeeld, en reizen.

Ik zweette een beetje en mijn stem kreeg een wat zeurderige ondertoon. Ik zakte een octaaf, probeerde mijn stem beter te laten klinken en beëindigde mijn pleidooi. De vrouwelijke leidinggevende aan de andere kant van het bureau was al heel lang mijn mentor, supporter en vriendin. Maar mijn gevecht om de regels te veranderen had het gevoel van ergernis doen groeien. 'Dat klinkt allemaal heel logisch, Claire,' zei ze, 'maar weet je wat het is...' ze pauzeerde even en zocht naar woorden. Ik slikte. 'Iedereen hier springt als wij zeggen dat ze moeten springen,' legde ze uit. 'Jij doet dat niet.'

Ik wist dat, wanneer ik nu in een doorsnee-film over Wall Street zou spelen, ik op dit moment zou antwoorden: 'Ik zal ook springen! Echt waar! Zeg maar hoe hoog!' Maar ik was bang dat ik die rol niet overtuigend genoeg zou kunnen spelen. In plaats daarvan zei ik: 'Ik geloof niet dat ik zo'n springer ben.'

Oeps. Ik kon niet geloven dat ik dat had gezegd. Toen haalde ik vergeefs mijn schouders op, onderwijl mezelf uitfoeterend en me afvragend hoe 'niet-springer' zou staan om mijn cv en of zoiets behandeld kon worden.

Mijn bazin keek naar beneden. Ik verwachtte het ergste, maar het kwam niet. 'We hebben je al verteld dat we vinden dat je goed werk levert,' zuchtte ze uiteindelijk. 'Je bent niet makkelijk, maar daar kunnen we mee leven.'

Ik voelde een enorm gevoel van opluchting. In elk geval was de waarheid over mijn leven op dit moment nu duidelijk. Ik ben een gecompliceerde niet-springer. En ik heb nog steeds werk. En, belangrijker nog, voor het eerst in jaren heb ik een enorme stap gezet in de richting van het bepalen van mijn werk aan de hand van mijn behoeftes, in plaats van andersom.'

Durven we het te zeggen? Durven we onze pas verworven harmonie op het spel te zetten? Er zijn tegenwoordig momenten waarop we zowaar het gevoel hebben dat we bijna zo ver zijn dat we 'alles hebben.'

Bijna iedereen van ons wil wel werken – maar op onze voorwaarden, op een manier die het mogelijk maakt om ook nog te leven. Dat is het onderwerp waarover gepassioneerd gepraat wordt tijdens lunches, in de wandelgangen en rond de koffieautomaat.

'Het *nieuwe* alles' – zo noemen we onze aspiraties graag, dat is wat we hebben weten te bereiken. De afgelopen jaren hebben wij samen onze prioriteiten en beroepslevens zo georganiseerd, dat geen van ons beiden alleen maar achter ons bureau zit, maar we ook niet enkel in de keuken en onze auto te vinden zijn. De trajecten die wij volgden waren uniek, maar voor elke vrouw bestaat er zo'n traject. Claire werkt voor één bedrijf en heeft daar onderhandeld over haar eigen, flexibele werktijden. Katty werkt voor een paar verschillende organisaties – ze heeft drie verschillende bronnen van inkomsten. Ze ziet zichzelf als een 'consultant' voor allemaal, iets wat haar flexibiliteit en onafhankelijkheid verschaft bij elk van haar werkgevers. Geen van beide werkroosters is onderdeel van wat voor programma dan ook, en we hebben heel wat obstakels moeten overwinnen om zo ver te komen. We hebben ons eigen begrip van succes opnieuw moeten definiëren, het oordeel van anderen moeten negeren en heel vaak behoorlijk harde carrièrekeuzes moeten maken om te krijgen wat wij, naar wat we ontdekt hadden, het liefst wilden in dit 'nieuwe alles' – *genoeg* succes in ons beroep, in evenwicht met onze tijd en vrijheid.

Katty: 'Van oorsprong ben ik Brits, maar eigenlijk ben ik meer een soort nomade. Mijn vader was diplomaat, waardoor wij over de hele wereld hebben gezworven, dus misschien is het niet zo verwonderlijk dat ik journaliste geworden ben. Mijn moeder worstelde met de strenge, diplomatieke tradities en de zorg voor vier kinderen in haar pogingen een carrière als schrijfster op te bouwen. Het is grappig om te zien hoe de geschiedenis zich herhaalt. Ik heb altijd geweten dat ik wilde werken, dat heb ik denk ik van haar geleerd. Ook wist ik instinctief dat ik geen 60-urige werkweek wilde, waardoor er geen tijd over zou zijn voor mijn kinderen. In 1996 verhuisde ik vanuit Tokyo naar Washington D.C. en sinds die tijd heb ik zowel parttime, fulltime als helemaal niet gewerkt. Ik heb alles geprobeerd en nu heb ik een geweldige indeling van mijn tijd waarbij ik 30 uur per week werk als tv-reporter. En de overige uren? Die zijn uitsluitend voor mijn vier kinderen!'

Claire: 'Ik heb altijd geweten dat ik zou gaan werken. Mijn vader is professor, hij twijfelde nooit aan onze capaciteiten. Mijn moeder was onderwijzeres op de plaatselijke school en stopte met werken toen mijn zus en ik geboren werden. Ik weet niet zeker of ze er ooit spijt van gehad heeft, maar haar hele leven heeft ze heel duidelijk gemaakt dat ze wilde dat wij een zinvolle carrière zouden krijgen en de baas over onze eigen toekomst zouden zijn. Als moeder was ze geweldig, creatief, liefhebbend – altijd bezig met het bakken van koekjes of het maken van drakenkostuums van papier-maché. Ik weet nog dat ik het heerlijk vond, te weten dat ze er altijd voor me was. En waar ik nu mee worstel, is dat ik dat ook voor mijn kinderen wil, maar dat ik ook mijn eigen carrière wil hebben. Toen ik twintiger en dertiger was en als reporter voor CNN in Moskou en Washington en over de hele wereld zat en later, als NBC-correspondent voor het Witte Huis werkte, had ik geen kinderen. Ik was ervan overtuigd dat het hebben van een gezin er wel 'automatisch in zou passen'. Mijn nieuwe baan bij *Good Morning America* viel samen met mijn eerste zwangerschap en plotseling veranderde mijn hele kijk op de wereld. Telkens wanneer er een opdracht kwam buiten de stad (waar ik het eerst allemaal voor deed), kromp mijn maag ineen. Nog steeds! Maar toen mijn veranderde ambities eenmaal duidelijk geworden waren, heeft ABC mij zeer meegeholpen bij mijn zoektocht naar een andere functie.'

Dit boek is niet alleen ons verhaal. We hebben tientallen vrouwen en hun werkgevers geïnterviewd, door het hele land en in verschillende beroepen, die allemaal hetzelfde voor elkaar gekregen hebben.

'Ik was zo zenuwachtig. Ik kon niet geloven dat ik, na al die jaren en met mijn staat van dienst, nu ging vragen om een degradatie,' herinnert Robin Ehlers zich, hoofd verkoop bij Pillsbury, wier succes het bedrijf dwong om tegemoet te komen aan haar vraag naar een virtueel kantoor, waarna ze alsnog besloot om een stapje terug te doen om meer tijd met haar kinderen te kunnen doorbrengen.

Sarah Slusser, leidinggevende bij een energiebedrijf in Virginia, had vlak voordat ze met haar gezin naar New York zou verhuizen, een moment van openbaring. 'Het aanbod om op Wall Street te komen werken leek een droom, maar – dat realiseerde ik me toen – het was niet mijn droom.' In plaats daarvan gebruikte ze haar jarenlange reputatie bij het bedrijf om haar hoge positie te combineren met flexibele uren, zodat ze meer tijd zou hebben voor haar zoontjes.

Probeer je dit eens even voor te stellen: je hebt een fijne baan, genoeg tijd voor je gezin en jezelf en je raakt er niet overspannen van. Jij bepaalt wat je echt wilt en je bedankt voor wat je niet wilt. Zorg dat je echt leeft – verlies je leven niet. Klinkt dat goed? Dat is wat womenomics voor jou kan doen.

Maar let op. Dit is geen vage, softe feelgood-handleiding. We gaan je niet adviseren om je voeten in te smeren met een pepermuntpapje om 'jezelf te verwennen', of om tijd te maken voor kruidenyoga. Daar ga je echt allemaal nog tijd voor krijgen nadat je womenomics hebt toegepast, maar het is niet de oplossing. Dit is een praktisch systeem dat jou stap voor stap zal leren om professionele vrijheid te krijgen – hoe je kunt profiteren van de naderende golf van womenomics.

Wij zullen je helpen meer tijd in je dag te vinden door je tijd op kantoor te verminderen. We zullen je helpen om de stress kwijt te raken maar wel je inkomen en je invloed te behouden. We zullen je leren om eerlijk te zijn over wat jij nu eigenlijk wilt, hoe je de traditionele carrièrevrouw die denkt te weten wat jij wilt, kunt negeren, hoe je nee moet zeggen tegen dat wat je niet wilt en hoe je je schuldgevoel kunt kwijtraken, die nutteloze, voor vrouwen zo typerende kwelling. We zullen je laten zien hoe je strategisch kunt kiezen voor de taken die jou het meeste zullen opleveren in ruil voor je tijd. We zullen je alles leren – tot aan de details over hoe je de technologie kunt loslaten en hoe je afspraken kunt indelen zodat ze gunstig uitkomen voor jou.

Dit is geen ouderschapshandleiding. Daarvan zijn er al genoeg. En, trouwens, die schreeuwende, drie turven hoge mensjes in je leven hoeven niet per se te profiteren van womenomics. Nee, dit is de weg die wij allemaal moeten gaan om tijd te vinden voor bevrediging, of dat nu is voor kinderen, ziekelijke ouders, een marathon rennen of zelfs, zoals wij in één geval ontdekten, je geliefde hond. Het kan ons niet schelen waar jij de tijd voor nodig hebt – we weten alleen dat je hem nodig hebt. En dit boek laat je zien hoe je die tijd vindt. Jongere vrouwen, zo zagen wij, zijn zeer gedreven en intuïtief in het vermijden van de fouten die wij gemaakt hebben en zijn nu al op zoek naar oplossingen. Degenen onder jullie die pas beginnen, helpen wij om de valkuilen te vermijden. (En wanneer je het boek uit hebt, geef het dan door aan de mannen in je leven. Die zullen dit ooit ook willen en ze kunnen nog wat leren van de manier waarop wij vrouwen een nieuwe versie van de toekomst maken.)

En ja, dit alles is niet alleen nog steeds mogelijk tijdens een recessie, het is nu zelfs makkelijker dan ooit. Vergeet niet: bedrijven zullen altijd belangrijke talenten nodig hebben, maar nu zullen ze creatief moeten worden in het verzinnen van mogelijkheden om werknemers vast te houden, te belonen en tegemoet te komen. Je zult zien dat je kunt vragen om flexibiliteit en om nieuwe manieren van werken die vorig jaar misschien nog niet mogelijk waren. Je zult ontdekken dat je eens zo autoritaire baas opeens bereid is om deals te sluiten. Je zult al snel begrijpen wat wij ontdekt hebben en wat de slimmere managers allang weten – namelijk dat het loont om mensen te laten werken op de manier waarop zij het zelf graag doen. De productiviteit stijgt, het spaart een hoop reiskosten en het zorgt duidelijk voor besparingen op de loonkosten, wanneer werknemers letterlijk minder willen gaan werken. Bovendien, in een tijd waarin bonussen of loonsverhogingen misschien niet mogelijk zijn[1], is het helemaal niet zo gek om in plaats daarvan vrije tijd uit te delen, iets waaraan velen van ons zelfs de voorkeur geven.

Maar womenomics is vooral echt en realistisch. Het is letterlijk nieuws dat je kunt gebruiken om je carrièredromen waar te maken. De meesten van ons willen hun baan niet opgeven, en werken de abnormale uren die nodig zijn om CEO te zijn. We fantaseren niet (of in ieder geval niet veel) over de mogelijkheid om te leren kickboksen in Japan of flamingo dansen in Argentinië, terwijl we op onze laptop aan het werk zijn. De meesten van ons houden van onze *roots*, we zijn toegewijd aan onze gezinnen; we genieten van een comfortabel thuis en de voldoening van respect op het werk. Onze belangrijkste fantasie gaat over het hebben van een beter en evenwichtiger leven.

We staan niet alleen; we hebben het ons alleen nooit gerealiseerd. We hebben de macht om van de bedrijven te eisen dat ze zich aan ons aanpassen; we wisten het alleen niet. We kunnen meer onderhandelen over wat we willen; we wisten alleen nooit hoe dat moest.

Met womenomics sta je op de onderste trede van deze revolutie. En wanneer je het boek even moet wegleggen, houd het dan in je trendy tasje, je versleten aktetas of je met kaasblokjes en chips gevulde luiertas. Je zult zien dat je er op de meest onverwachte momenten wat aan zult hebben.

I

Womenomics voor beginners

Er waren eens grote, boze bedrijven die vrouwen alleen maar in dienst namen omdat ze goedkoop waren, goed koffie konden zetten, voor variatie zorgden en, laten we wel wezen, omdat ze er een stuk beter uitzagen dan de meeste mannen. Maar de tijden zijn veranderd. Veertig jaar nadat de eerste werkende vrouwen de bedrijfsbarricades bestormden, bekijken diezelfde bedrijven ons met dollartekens in hun ogen. Ze zijn tot de ontdekking gekomen dat vrouwen voor winst zorgen, en vaak grote winsten ook, en dat het de moeite waard is om ons in dienst te houden.

En dit is niet de wens die de vader is van de gedachte. Hele hordes slimme zakenlieden van Michigan tot Noorwegen hebben de relatie tussen winst en oestrogeen ontdekt en wel op twee manieren: meer vrouwen in dienst kan resulteren in meer winst en elk bedrijf binnen de westerse wereld zou er goed aan doen om zijn vrouwelijke employees goed te behandelen.[2] Vrouwen blijken enorm waardevol te zijn *en* ze vervangen kost ergerlijk veel geld.

Jouw bedrijf heeft jou meer nodig dan je denkt en waarschijnlijk zelfs nog meer dan jij je bedrijf nodig hebt. De cijfers die we je laten zien bewijzen dat. Klaar voor de strijd? Wees maar niet bang, we hebben het hier over het grote geheel; dit wordt geen economische verhandeling. Maar deze onderzoeken zijn zo opzienbarend, dat we denken dat het goed voor je is om eens goed te kijken hoeveel macht jij nu eigenlijk hebt.

Roze winst

De wijze mensen aan de Pepperdine Universiteit realiseerden zich dat het misschien een goed idee zou zijn om de hele discussie rond het nut van vrouwen op de arbeidsmarkt wat minder emotioneel te maken en er in plaats daarvan eens een gezonde dosis economische analyse aan toe te voegen. Ze kwamen met een betrouwbare, 19-jarige studie van 215 bedrijven uit de *Fortune 500*.[3] De professoren van Pepperdine wilden weten of bedrijven met meer vrouwen op topposities het beter of slechter deden dan bedrijven met minder vrouwen. Met andere woorden, het zijn tenslotte economen, of die meer of minder winst maakten. Voor alle duidelijkheid: het gaat hier dus puur om de cijfers. Zorgen vrouwen voor geld in het laatje of niet?

De onderzoekers bekeken deze bedrijven elk jaar aan de hand van een gecompliceerde formule, die alleen bedacht kan zijn door zo veel gestudeerden bij elkaar. Ze gaven punten voor het aantal vrouwen dat een bedrijf in dienst had en hoeveel er op hoge posities zaten. Vervolgens maten ze de winstgevendheid op drie verschillende manieren, omdat de verschillende bedrijfstakken hun winst ook op verschillende manieren berekenen.

De resultaten kunnen gerust revolutionair genoemd worden. Bij elke meting naar winstgevendheid – aandelen, inkomsten en activa – bleek uit de studie van Pepperdine dat de bedrijven met de meeste vrouwen op hoge posities als duidelijke winnaars uit de bus kwamen.

Bedrijven die de beste reputatie hadden op het gebied van het promoveren van vrouwen, zaten met hun aandelen zelfs 116 procent, met hun inkomsten 46 procent en met hun activa 41 procent boven het gemiddelde. Wij zijn geen economen, maar zelfs wij kunnen zien, hoe je deze resultaten ook bekijkt, dat vrouwen blijkbaar goed zijn voor de winst. (De titel van de studie was dan ook: 'Het verband tussen vrouwen in de directiekamer en hoge winst.')

Professor Roy Adler, die de studie leidde, denkt dat één reden voor de duidelijke relatie tussen winst en oestrogeen is, dat de best presterende firma's het zo goed doen, doordat hun directeuren de juiste beslissingen nemen. Een van die juiste beslissingen is het openbreken van die zware deur van de directiekamer om meer vrouwen toe te laten – goed opgeleid en kritisch talent.

Wij zeggen: dat is macht in jouw goed gemanicuurde handjes. Nog steeds niet overtuigd? Deze uitkomsten zijn echt geen uitzondering.

Aan de Universiteit van Californië in Davis concludeerde de managementhogeschool in 2005 dat bedrijven met vrouwen in de hoogste leidinggevende posities 'sterkere relaties met klanten en aandeelhouders hebben en meer gevarieerd en winstgevend zaken doen'.[4] De school concludeerde verder dat 'gevarieerdheid in ideeën en ervaring met leiderschap voor een goede business-strategie zorgen'. En dat is nou precies wat wij bedoelen – het in dienst nemen van vrouwen is niet langer een politiek correct excuus voor diversiteit. Het is gewoon een goede business-strategie.

Het onafhankelijk onderzoeksbureau Catalyst, dat zich bezighoudt met het onderwerp werkende vrouwen, bestudeerde eind jaren negentig ook 353 bedrijven van de *Fortune* 500-lijst. Zij wilden onderzoeken of er een link was binnen het Amerikaanse bedrijfsleven tussen gemengde topmanagementteams en financiële resultaten. Catalyst kwam, net als Pepperdine, tot de conclusie dat de bedrijven met de meeste vrouwen op hoge posities het beste uit de bus kwamen. Zij hadden een hoger rendement op aandelen en een hoger totaal rendement voor aandeelhouders – meer dan eenderde hoger zelfs.[5]

Wanneer wij, journalisten die we zijn, twee rapporten na elkaar zien die vergelijkbare conclusies trekken, dan zien wij daar een verhaal in. En wanneer de resultaten dan ook nog zo duidelijk en zo opmerkelijk zijn, mogen we zelfs wel van belangrijk nieuws spreken.

Maar, als journalisten zijn wij ook voorzichtig. We mogen niet suggereren dat variatie op de werkvloer de enige reden is dat bedrijven met meer vrouwen in dienst betere resultaten boeken. Uiteraard kunnen daar meerdere redenen voor zijn. Maar helemaal toevallig zal het niet zijn.

'Bedrijven die vrouwen in dienst nemen, in dienst houden en op hogere posities zetten, maken zo gebruik van een toenemend, goed opgeleid en ervaren deel van de beroepsbevolking,' zo concludeert de Catalyst-studie.

Laten we die beroepsbevolking eens beter bekijken. Hoeveel weet jij van vrouwen en hun talenten? Wij waren verrast.

Wat opleiding betreft:

Hoeveel procent van de afgestudeerden in de VS zijn vrouwen? 40 procent? 50 procent? Fout. Wat dacht je van 57 procent? En hoe zit het met degenen die zich verder gespecialiseerd hebben? Ook hier zijn de vrouwen in de meerderheid. Zelfs bij de economische studies is meer dan eenderde van alle afgestudeerden vrouw.[6]

En op het werk:

Bijna de helft van de Amerikaanse beroepsbevolking is vrouw.[7] Vrouwen in de leiding? 46 procent. Op de allerhoogste posities zijn de getallen nog laag, maar stijgende. Het percentage vrouwen op de hoogste posities binnen *Fortune 500*-bedrijven groeide van 10 procent in 1996 naar 16 procent in 2002. Dat is een stijging van meer dan 50 procent in slechts zes jaar.[8]

En deze erkenning van vrouwelijke macht in de zakenwereld beperkt zich niet alleen tot Amerika. In Noorwegen is de regering zo overtuigd van de waarde van vrouwen binnen de zakenwereld dat de minister van Economische Zaken voorgeschreven heeft dat 40 procent van alle bedrijfsdirecties uit vrouwen moet bestaan – en niet om politiek correct te zijn, maar om de bedrijven internationaal concurrerender te maken.[9]

In Groot-Brittannië publiceren onderzoekers aan de Cranfield University School of Management nu een jaarlijkse vrouwelijke FTSE- (Financial Times Stock Exchange) index.[10] Ook zij hebben geconcludeerd dat bedrijven met vrouwen in het bestuur beter presteren dan hun concurrenten die daar minder vrouwen hebben.

Het moge duidelijk zijn: een bedrijf dat jou in dienst wil houden door jou 'toe te staan' om te werken op de manier die jij wilt, doet dat niet om jou een dienst te bewijzen; het is een strategische beslissing. Bedrijven willen werknemers die voor meer winst kunnen zorgen. En in tijden van economische crisis is dit nog eens extra belangrijk. Vandaar dat onze krachten steeds meer gewaardeerd worden.

Morgen al kun je naar je baas toe stappen en hem uitleggen dat je je eigen dagindeling meer zelf wilt kunnen plannen – dat je wilt werken op een manier waarbij je geen voetbaltraining hoeft te missen, of balletles, of de doktersafspraak van je bejaarde moeder of wat het dan ook is waar jij tijd voor nodig hebt. En met wat je inmiddels weet over 'roze winst', kun je dat gesprek nu vol vertrouwen aangaan.

Het werkt echt, neem dat maar van ons aan. Toen wij onderzoek deden voor dit boek, overkwam ons allebei iets grappigs. Allebei voelden we ons zekerder over wat we wilden en, nog belangrijker, over hoe we dat voor elkaar moesten krijgen. Door de wetenschap dat wij, als werkende vrouwen, goed presteren, kunnen wij het ons veroorloven om hogere eisen te stellen. Dit soort feiten, en er komen er nog meer, zijn heel handig om in gedachten te houden wanneer je begint met het inrichten van je werkende bestaan zoals *jij* dat wilt.

Katty: 'Ik scheidde toen mijn tweede kind nog heel jong was en besloot dat ik een tijdje thuis wilde blijven voor de kinderen. Ik vertelde de BBC dat ik mijn werk erg graag deed, maar dat ik wat tijd nodig had om voor mijn kindjes te zorgen. Mijn werkende vriendinnen bekeken het sceptisch, zeiden dat ik er nooit meer tussen zou kunnen komen en dat ik het me dus niet kon veroorloven om te stoppen, om dat ik 'van de radar zou verdwijnen'. En terwijl ik wist dat ik er goed aan deed om op dat moment thuis te blijven, leed mijn zelfvertrouwen er wel onder en was ik bang dat ik misschien elke kans op een carrière voorgoed verspeeld had. Uiteindelijk hadden mijn pessimistische vriendinnen ongelijk. Ik verscheen weer op de radar, in het begin parttime en freelance, maar langzaam maar zeker op de positie die ik graag wilde. Voor een deel was het natuurlijk geluk, maar het was vooral mijn wil om mijn werk goed te doen en elke nieuwe stap te doen op het moment dat ík het wilde. Nadat ik weer was gaan werken, kwam ik erachter hoe fijn mijn werkgevers het vonden om weer een competente, ervaren vrouw in dienst te hebben. Ik was 39 en had inmiddels drie kinderen en niemand leek het erg te vinden dat ik een poosje gestopt was met werken om bij hen te kunnen zijn. Het enige wat zij belangrijk vonden was dat ik er

vandaag weer was. Deze eenvoudige (maar belangrijke) wetenschap, dat jij je carrière vorm kunt geven zoals jij dat wilt, dat jij echte macht hebt, kan je leven letterlijk veranderen.'

Anders – maar goed

Waar het om gaat bij het openstellen van die directiekamer voor
vrouwen betekent niet alleen dat bedrijven op zoek zijn naar meer talent; zij zijn bewust op zoek naar meer *vrouwen*. En vrouwen, zoals
wij allemaal weten, zijn anders dan mannen. Anders, maar zodanig
dat je er wat aan hebt.

Wij weten instinctief dat vrouwen anders zakendoen dan mannen. We kunnen er niets aan doen. Het zit in onze twee Y-chromoso-
men. Tientallen jaren lang hebben vrouwen echter gedacht dat ze,
om hogerop te kunnen komen, net zo moesten zijn als mannen. We
moesten harder praten, onze emoties beter onder controle houden en
bredere schouders hebben (die vreselijke schoudervullingen uit de jaren tachtig waren er niet voor niets). Denk aan Margaret Thatcher –
oftewel de 'IJzeren Dame'.

Nou, die uniseksstijl is niets voor ons en dat is maar goed ook,
want het is veel beter als we gewoon onszelf zijn. Het is niet alleen
beter, we *zijn* ook beter. Niet alleen in romannetjes gaan yin en yang
goed samen. Bedrijven realiseren zich nu dat ze het best presteren
wanneer ze de juiste stijlmix van mannelijk en vrouwelijk management hebben.

Het verschil tussen Mars en Venus op het gebied van leiderschap is veel bestudeerd. Het zal jullie niet verbazen dat vrouwen
een meer open en begripvollere managementstijl hebben dan de
andere sekse. Wij moedigen inspraak tijdens vergaderingen aan
en bekommeren ons meer om ondergeschikten. We hebben liever
eensgezindheid dan confrontaties en inlevingsvermogen is belangrijker dan ego.

Over ego gesproken: de Harvard Business School heeft zelfs
een onderzoek gedaan waaruit blijkt dat vrouwelijke toppers meer

waarde hebben dan mannelijke.[11] Er is bewezen dat bedrijfstoppers niet erg mobiel zijn – ze laten zich moeilijk overplaatsen en presteren binnen hun nieuwe bedrijf meestal minder goed dan binnen het oude. Tenzij je de topper met zijn gehele team in dienst kunt nemen, is het meestal een verspilling van het topsalaris omdat de nieuw verworven sterspeler moeite zal hebben met het opbouwen van nieuwe relaties. Echter, begin 2008 publiceerde professor Boris Groysberg een onderzoek waaruit bleek dat deze regel niet opgaat voor vrouwen.[12] Groysberg verzamelde gegevens van bijna 1000 Wall Street-analytici en ontdekte dat, wanneer vrouwen goed presteerden binnen hun vorige bedrijf, ze daarmee verder zullen gaan bij hun nieuwe werkgever, ook zonder hun back upteam. Hij schreef dit toe aan het unieke vermogen van vrouwen goede relaties met klanten en collega's op te bouwen, waardoor ze zo'n netwerk overal opnieuw kunnen creëren. Het is slechts een voorbeeld van hoe de sociale vaardigheden van vrouwen goed toegepast kunnen worden op de werkvloer.

Wat eigenlijk verbazingwekkend is, is dat vrouwen zo lang geweten hebben dat deze kwaliteiten (begripvol zijn, inlevingsvermogen en een flexibele aanpak hebben) nuttig waren in onze privélevens, huwelijken en vriendschappen, maar dat we ons nooit gerealiseerd hebben dat ze ook in ons werkende leven van pas zouden kunnen komen. In een zakelijke wereld waarin steeds meer waarde gehecht wordt aan mensen met inlevingsvermogen in plaats van mensen die alleen maar met cijfers bezig zijn, zijn deze kwaliteiten dus meer en meer in trek.

Het is iets wat Geraldine Laybourne, oprichtster en voormalig CEO van Oxygen Media Network en daarvoor directeur van Nickelodeon, altijd al instinctief begrepen heeft, zelfs toen het nog geen politiek correct gespreksonderwerp was.

'Ik was al een jaar of vier directeur van Nickelodeon en men stond er versteld van dat ik in vier jaar tijd van uitzichtloze nul was opgeklommen naar zo'n geweldige positie,' herinnert ze zich. 'En dus schreef ik een speech over hoe ik dit bereikt had met de titel "Omdat ik een vrouw ben". Je kon een speld horen vallen in de zaal en de vrouwen waren verbijsterd... We hebben het hier wel over de jaren tachtig,' lacht ze. 'Vooral geen nadruk op leggen, niet zeggen dat je anders bent.'

In Groot-Brittannië heeft een groep topmannen uit het bedrijfsleven de koppen bij elkaar gestoken om tot een voorstelling van de werkplek van de toekomst te komen. Het Chartered Management Institute keek tien jaar vooruit, naar 2018 en voorspelde, als eerste op dit niveau, een werkplek die plooibaarder, virtueler en minder aan kantoor gebonden zal zijn. De vraag naar vrouwelijke management-kwaliteiten zal groter zijn dan ooit.[13] Het rapport vermeldde verder dat, wanneer de sociale veranderingen van de afgelopen 30 jaar standhouden, vrouwen op hogere managementposities zullen komen, omdat hun vaardigheden essentieel zijn voor die nieuwe manier van werken. Het CMI ontdekte dat er net zo veel behoefte is aan emotionele intelligentie en het vermogen om menselijke kwaliteiten te erkennen als aan technische bekwaamheid.

Maar maak je niet ongerust, je hoeft niet tot 2018 te wachten. Bedrijven hebben nu al door dat ze jou nodig hebben.

Dan McGinn is CEO van een adviesgroep in Arlington, Virginia. Hij zit al 20 jaar in het vak en nam altijd bij voorkeur vrouwen aan die 50 uur per week wilden werken. 'Vrouwen en mannen gelijk,' noemt hij het. Maar hij is veranderd. Radicaal. Hij is nu een groot voorstander van het aannemen van vrouwen op hun eigen voorwaarden, iets wat hij tien jaar geleden nooit gedaan zou hebben. 'Zo'n zes à zeven jaar geleden begon ik me meer op productiviteit en succes dan op strenge regels te richten. Het begon tot me door te dringen dat er een hele groep getalenteerde vrouwen was die ik misliep.'

McGinn veranderde zijn manier van denken en vervolgens zijn manier van zakendoen. 'We doen mee aan een intelligentierace – wanneer we de slimste mensen hebben, winnen we. En als je op die manier denkt, dan denk je buiten je kantoor en buiten de klok. Het gaat niet om locatie of tijd, het gaat om de beste ideeën, de beste intellectuele kracht. Wanneer je op die manier gaat denken, word je meteen een stuk flexibeler.'

En het is niet alleen zo dat vrouwen toegewijd en efficiënt zijn.

Volgens McGinn geven ze hem een kijk op de behoeften van zijn klanten die hij van een man nooit zou krijgen.

Tot voor kort was het beeld van de ideale bedrijfsleider: onafhankelijk, onverzettelijk en egocentrisch – John Wayne als zakenman, zeg maar. Dat werkte misschien in de tijd dat mensen nog een baan voor het leven hadden en geen vragen stelden bij de heersende hiërarchie – toen de werkvloer zelf nog grotendeels mannelijk was. Maar de nieuwe werkomgeving vraagt om een nieuw soort leider. Technologie in combinatie met een beroepsbevolking van wie steeds meer mensen goed opgeleid zijn, hebben ervoor gezorgd dat de oude stijl van werken definitief verleden tijd is. Dat betekent dat ons perspectief, onze stijl, nu opeens als uniek en onvervangbaar wordt gezien. Onze bazen weten dat – hoewel jij daar waarschijnlijk geen idee van had.

Claire: 'Werken voor tv betekent vooral werken in groepsverband. Wij zijn afhankelijk van de bijdragen van researchers, producers, verslaggevers, cameramensen en redacteuren. Zonder een van hen is er gewoon geen uitzending en zonder hun gedrevenheid zou het resultaat zeker minder goed zijn. Het managen van al deze verschillende mensen is echter het werk van de producer. Dat was mijn eerste baan in deze business en ik merkte dat ik er goed in was. Ik was in staat om een hoop ballen in de lucht te houden, gekwetste ego's te kalmeren, onwillige mensen over te halen om interviews met ons te doen en ondertussen een verhaal in elkaar te draaien, onderwijl de prioriteiten niet uit het oog verliezend, zodat we de gestelde deadline haalden. Ik heb me de afgelopen tien jaar, terwijl ik ons vak bestudeerde, afgevraagd waarom zo veel van onze getalenteerde producers vrouwen zijn. Pas toen ik aan dit boek begon, begreep ik dat wij gewoon een natuurlijk talent hebben voor exact dit soort management.'

Als je een paar minuutjes de tijd neemt om erover na te denken, dan weet je vast al wel een aantal voorbeelden te noemen van wat jij voor je werk kunt betekenen, wat mannen misschien niet kunnen.

Katty: 'Volgens mij versla ik als journalist het nieuws anders dan mijn mannelijke collega's. Niet alleen omdat ik er als vrouw anders uitzie op tv. Het zit dieper. Ik ontdek en onderzoek belangrijke verhalen die mijn mannelijke tegenhangers nog geen blik waardig zouden keuren. In 2001 las ik dat hoogopgeleide vrouwen en masse de werkvloer verlieten en dat fascineerde mij. Geen van mijn mannelijke collega's zag er iets in. Maar mij leek het voor veel mensen een interessant verhaal – en dat bleek het ook te zijn. Zelfs het droge, politieke nieuws bekijk ik, als vrouw, op een andere manier. Al vroeg tijdens de presidentiële voorverkiezingen van 2008, stond ik erop dat we een lang item zouden doen over waarom het in Amerika zo lang geduurd had voordat we een serieuze, vrouwelijke kandidaat hadden. Mijn mannelijke redacteur voelde er niet zoveel voor, maar ik zette door en het verhaal bleek een van de beste producties te zijn die we gedaan hebben. Mijn waarde als vrouw op tv is meer dan een symbool, meer dan een mooi plaatje, en mijn redacteuren weten dat. Vrouwen voegen iets extra's toe. Soms is het moeilijk te definiëren, maar vervang een van ons door een man en het geheel zal niet meer hetzelfde zijn. En waar wij langzaam achter komen, is dat dit niet alleen geldt voor de wereld van de journalistiek of de tv – het geldt overal. Of je nu werkzaam bent in management, verkoop, marketing, onderzoek, de medische, financiële of juridische wereld, je bent waardevol, deels vanwege je vrouwelijke kijk op de dingen. En nu we dit kleine, maar o zo belangrijke feitje weten, wordt het tijd om er gebruik van te maken.'

Het vrouwelijke vermogen om mensen een goed gevoel over zichzelf te geven betekent dat werknemers waarschijnlijk beter zullen presteren en zich meer toegewijd zullen voelen aan hun werkgevers. USC-professor Judy Rosener heeft ontdekt dat vrouwen eerder in staat zijn om ondergeschikten hun eigenbelang te laten transformeren in de doelstellingen van de organisatie. Zij noemt deze vorm van leiderschap 'transformationeel' en 'interactief'. 'Vrouwen moedigen participatie aan, delen macht en informatie, verhogen het gevoel van eigenwaarde van andere mensen en weten anderen enthousiast te maken voor hun werk,' legt ze uit.

O, en nog een reden dat werkende vrouwen, en dan met name vrouwen met een grote interesse in de dingen om zich heen, geweldige werkgevers zijn? Omdat wij meer dan efficiënt te werk gaan. We durven zelfs te stellen dat er niemand efficiënter is dan een werkende moeder. Weet je nog hoe het was voordat je kinderen had? De dagen waarop je rustig figuurtjes kon zitten tekenen tijdens die eindeloze vergaderingen, onder het genot van een kopje koffie met collega's in de gang stond te kletsen, of ergens aan een bar hing tijdens een borrel na het werk? Maar wanneer je kinderen hebt, ga je plotseling heel anders met je werk om, in positieve zin.

Vergaderingen? Kort, krachtig en *to the point*. Figuurtjes tekenen? Vergeet het maar, geen tijd voor. Ontspannen roddels uitwisselen tijdens een bakje koffie? Nee, bedankt. En wat die borrels na het werk betreft? Alleen als onze carrières er echt van afhangen. Nee, na het krijgen van kinderen zijn wij nog slechts gehaaide werkmachines. We willen niet langer dan noodzakelijk is op kantoor zitten. En raad eens wat er gebeurd is? We hebben onze kantooruren weten terug te brengen en doen ons werk nog net zo goed (zo niet beter), omdat we buitengewoon geconcentreerd zijn.

Katty: 'Als ik een goede fles wijn gekregen had voor elke keer dat ik een borrel na het werk heb laten schieten, dan zou mijn wijnkelder inmiddels goed gevuld zijn. En ik verbaas me niet zozeer over de alleenstaande vrouwen die een snelle borrel aan het eind van de dag voorstellen. Waarom niet? Het zijn de mannen met kinderen. Waarom moeten zij blijven rondhangen op kantoor wanneer dat niet nodig is? Voelen zij dan niet diezelfde gejaagdheid als ik om zo snel mogelijk naar huis te gaan?'

Vervrouwelijking – oftewel de geheime macht van de klant

Hier is nog een manier waarop de rol van de vrouw verandert en ons meer macht in de zakenwereld geeft: wij kopen spullen, en niet zo'n beetje ook.

'Op hetzelfde moment dat hun aandeel in leidinggevende functies groeit, maken en beïnvloeden vrouwen nu ook inkoopbeslissingen,' vertelt onderzoeksbureau Catalyst. 'In 2001 verdienden vrouwen in de Verenigde Staten bijna 2 biljoen dollar aan inkomen.'[14]

We wisten al dat we van winkelen houden, maar 2 biljoen – dat is heel veel geld om uit te geven. Zoals elke handelaar weet, met de koopkracht komen de eisen – vrouwen winkelen graag en we houden ervan om te kopen van mensen die onze smaken en behoeftes begrijpen. Met andere woorden: we kopen graag van vrouwen – niet alleen van vrouwelijke verkopers, maar ook van vrouwelijke ontwerpers, adverteerders en leveranciers.

'Met als resultaat,' vervolgt Catalyst, 'dat bedrijven die hun vrouwelijke talenten intern goed verdeeld hebben, beter in staat zijn om producten en diensten te ontwikkelen die hun klanten zullen aanspreken.' Met andere woorden: neem meer vrouwen aan op hogere posities en je zult de soorten auto's, keukens en tropische vakanties produceren die vrouwen ook echt willen kopen. Voeg daar nog een vrouwelijke verkoopmanager in je winkel aan toe en je bedrijf zal het nog beter doen.

Zie hier ons duidelijke voorbeeld van hoe een veranderend klantenpatroon hele industrieën kan beïnvloeden.

We durven te wedden dat jij niet wist dat vrouwen tegenwoordig meer auto's kopen dan mannen. Ja, ook dat bastion van mannelijk aanzien wordt een beetje zachter.

In 2007 kochten vrouwen al de helft, 53 procent van de auto's in de VS – en 85 procent van alle aankopen werd door ons beïnvloed.[15]

Dit heeft zijn invloed op de gehele auto-industrie, van ontwerp tot verkoop. Net als mannen letten wij op prestatie, eigenschappen en ontwerp, maar Ford heeft ontdekt dat vrouwen al die dingen wel op een andere manier belangrijk vinden. Om te beginnen willen wij

32

meer veiligheidselementen, meer opbergruimte en meer gemak. Toyota heeft enorme successen geboekt bij vrouwelijke klanten – 60 procent van alle Toyota's in de VS is gekocht door vrouwen. Uit hun onderzoeken en focusgroepen bleek dat vrouwen prijs stellen op kleine veranderingen als haakjes voor boodschappentassen in de kofferruimte. Het is grappig om te zien dat binnen hun focusgroepen het verschil tussen de seksen al meteen duidelijk is. Alle vrouwen nemen de tijd om de binnenkant van de auto's te bekijken, om te zien hoe comfortabel zij en hun passagiers zullen zitten, terwijl hun mannelijke collega's juist de buitenkant van de voertuigen inspecteren en daarbij commentaar leveren op de pk's en het ontwerp.

Maar er zijn een paar dingen aan de buitenkant die wij wel belangrijk vinden! We willen hier nu geen reclame maken voor de auto-industrie, maar dit moet je echt even horen – auto-ontwerpers hebben nu zelfs de vorm van hun deurklinken al aangepast aan de langere vingernagels van vrouwen. Nou, als automerken zich druk gaan maken om het breken van onze nagels, dan weten we dat we macht hebben!

De vervrouwelijking van de auto-industrie houdt niet op bij deurklinken. Autoproducenten houden ook rekening met vrouwen op het gebied van de autoverkoop. Dit betekent dat ze op elk gebied meer vrouwen zullen moeten inzetten – in de marketing, de reclame, de pr en zelfs in de verkoop. En daar schuilt de kracht. Wanneer bedrijven vrouwen in dienst moeten nemen om aantrekkelijker te worden voor vrouwen, dan krijgen die vrouwelijke werknemers vanzelf meer macht. Zij kunnen nu gaan bepalen hoe ze willen werken, omdat hun waarde voor het bedrijf niet door een man vervangen kan worden.

De macht van de vrouw als consument beïnvloedt hele industrieën. In de VS is bijna de helft van alle aandeelhouders vrouw, de helft van alle computers wordt door vrouwen gekocht en vrouwen zijn verantwoordelijk voor 83 procent van de aankoop van alle consumptiegoederen. Bedrijven die andere bedrijven of ministeries voorzien van goederen en diensten zeggen dat seksegelijkheid absoluut noodzakelijk geworden is om concurrerend te kunnen blijven. Ook zeggen ze dat ze al contracten kwijtgeraakt zijn omdat hun verkoopteams nog te veel door mannen gedomineerd werd.[16] Wee alle bedrijven die de macht van de vrouwelijke portemonnee nog niet erkennen en die de duidelijke noodzaak nog niet zien om meer vrouwen in dienst te nemen om er zeker van te zijn dat ze goederen produceren, verkopen en onderhouden op manieren die vrouwen echt willen. En trouwens, in de huidige economische situatie, waarin bedrijven er alles aan willen doen om mensen weer aan het kopen te krijgen – wie denk je dat er het meest geschikt is om vrouwen ervan te overtuigen hun portemonnees te trekken? Juist, andere vrouwen, natuurlijk.

Het is simpel. Vrouwen hebben vandaag de dag maatschappelijke macht als stemgerechtigden, beslissingnemers, eigenaars en consumenten. Bedrijven die bekendstaan als slechte werkgever of slechte fabrikant voor vrouwen, kunnen hun goede naam in gevaar brengen; in de huidige, wereldwijde economie, die steeds concurrender wordt, waar het nieuws zich door een klik met de muisknop verspreidt, kan zoiets een bedrijfsramp van formaat zijn. Bedrijven die vasthouden aan de ouderwetse rollenpatronen, lopen het risico dat ze failliet gaan. Over niet al te lange tijd zal een gebrek aan variëteit op de werkvloer gewoon te riskant worden.

Vrouwelijk talent – meer vraag dan aanbod

Als al dit goede nieuws nog steeds niet genoeg is om je geëmancipeerde hart sneller te laten kloppen, dan moeten de demografische womenomics het hem doen. De economie mag nu dan in een dip zitten, het is de lange termijn waarover de meeste werkgevers zich zorgen maken. Nog nooit dreigde er zo'n groot tekort aan bekwame mensen. Wanneer de babyboomers met pensioen gaan, zullen zij een enorm, talentloos gat achterlaten. Goed opgeleide vrouwen zullen dus waardevoller worden dan ooit.

Tijd voor weer wat cijfers. Op dit moment bestaat de Amerikaanse, werkende bevolking voor ongeveer eenderde uit babyboomers. Elk jaar worden ze ouder en komen ze dus een stapje dichter bij hun pensioen. De eerste babyboomer werd geboren op 1 januari 1946; haar naam is Kathleen Casey-Kirschling. Kathleen, tegenwoordig oma in New Jersey, was in 2008 de eerste babyboomer die met pensioen ging. Maar al gauw zullen zo'n 80 miljoen andere babyboomers haar volgen.

De Employment Policy Foundation in de VS schat dat er in 2012 een tekort van 6 miljoen mensen zal ontstaan, omdat er te weinig universitair afgestudeerden zullen zijn om het toegenomen aantal banen te bezetten en de plekken van gepensioneerden op te vullen.[17] En dat tekort zal groter worden in plaats van kleiner, naarmate meer babyboomers met pensioen gaan.

Dus gooi die diploma's nog niet weg, de strijd om het talent gaat beginnen. Let wel, wij zijn vredelievende moeders die het grootste deel van de dag bezig zijn met voorkomen dat onze zoons met hun laserzwaarden een derde wereldoorlog beginnen, maar dit wordt een gevecht waaraan wij graag zullen meedoen.

Zelfs nu veel banen naar het buitenland verdwijnen en er steeds meer werk wordt overgenomen door de computer, zijn economen het erover eens dat de vraag naar hoog opgeleide, intelligente arbeidskrachten nog altijd groter zal blijven dan het aanbod.

Tien jaar na de publicatie van zijn oorspronkelijke, baanbrekende 'Gevecht om het Talent'- onderzoek, heeft het grote organisatieadviesbureau McKinsey & Co een nieuw rapport opgesteld waaruit blijkt dat bedrijven nog nooit zo wanhopig op zoek geweest zijn naar goede werknemers.[18] In 'Talent als Strategische Prioriteit' onderzocht McKinsey 77 bedrijven in Amerika, Azië en Europa, uit verschillende industrieën. De adviseurs vergaarden informatie van 6000 managers en leidinggevenden en zij kwamen tot een overweldigende conclusie. Voor de komende 20 jaar zullen bedrijven de grootste behoefte hebben aan talent: intelligente, ontwikkelde zakenmensen die technologisch onderlegd, wereldwijs en alert zijn. 'Talent is belangrijker geworden dan kapitaal, beleid of onderzoek & ontwikkeling,' verklaart Ed Michaels van McKinsey. En terwijl de vraag naar talent stijgt, zal het aanbod ervan dalen.

Denk maar na. De kosten van het vervangen van goed opgeleide werknemers gaan omhoog, niet naar beneden. De totale kosten van het vervangen van een hooggeplaatste manager zijn soms wel drie keer zo hoog als het salaris van die betreffende persoon.[19] Volgens sommige schattingen zijn de kosten van verandering voor bedrijven die het van kennis moeten hebben zelfs nog hoger – een schokkende 500 procent – en laat dat nu net het soort bedrijven zijn waar de meeste goed opgeleide vrouwen werken.[20]

Bedrijven weten dat ze miljoenen kunnen besparen door vervangingen te voorkomen. En de beste manier om dat voor elkaar te krijgen is ervoor te zorgen dat het huidige personeel niet vertrekt.

Deze combinatie van een dreigend tekort aan bekwame mensen en de hoge kosten van vervanging zorgt ervoor dat bedrijven meer dan ooit bereid zijn tot compromissen, om de goede mensen die ze al hebben te behouden. En van hen ben jij er een.

'Slimme werkgevers zullen hun werknemers nooit zo ver pushen dat ze overspannen raken. Dat is veel te duur. De verwachte kosten van vervanging blijven stijgen, voornamelijk vanwege dat dalende aanbod van geschoold personeel,' zegt Anne Weisberg, hoofd adviseur bij Deloitte & Touches Initiatief voor Vrouwen.

Recessiebestendig

Toen we dit boek begonnen te schrijven, zeiden vrouwelijke vrienden en collega's soms nerveus, terwijl ze keken hoe Wall Street worstelde om overeind te blijven: 'Wauw, dat is geweldig nieuws over hoe wij steeds belangrijker worden voor de zakenwereld, maar wat gebeurt er tijdens een recessie? Betekent dat niet dat wij allemaal gewoon weer aan de slag moeten en blij mogen zijn dat we überhaupt nog een baan hebben? Maken die slechte economische tijden het onderhandelen juist niet onmogelijk?'

Nou, nee. Worden die babyboomers soms jonger of die generatie X & Y-jongeren opeens ouder en ervarener? Het tekort aan bekwaam personeel is groter, breder en dieper dan welke economische cyclus dan ook. Geen enkele econoom kan zomaar personeel uit zijn hoge hoed toveren en daarom zal womenomics voor definitieve verandering zorgen.

Voor accountantskantoor Kingery & Crouse is flexibiliteit belangrijker dan de recessie. Zou Kingery plotseling weer terugkeren naar de traditionele 9 tot 6 werkdag? 'Nee,' zegt marketingdirecteur Lori Rodriguez, 'flexibiliteit heeft de prioriteit.'

Tom Mars, juridisch adviseur voor Wal-Mart, een bedrijf dat bekendstaat om zijn nauwkeurige studies van de toekomst, zegt dat deze trend zich zal voortzetten voor alle bedrijven die niet willen achterblijven. 'Ik weet zeker,' zegt hij, 'dat bedrijven die niet inzien dat er dingen veranderd moeten worden en weigeren om programma's als dit in te voeren, enorme verliezen gaan leiden.' Bovendien, vindt hij, is het op dit moment ook heel logisch. 'Kijk, in de huidige economische situatie moet je slim zijn,' legt hij uit. 'We moeten productief en efficiënt werken. En flexibel werken en flexibel zijn kost niets – het is dus op meerdere manieren waardevol.'

Economisch moeilijke tijden kunnen dus juist het perfecte moment zijn voor je krap bij kas zittende bedrijf om eens te gaan nadenken over creatieve manieren om de loonkosten terug te dringen. En wanneer jij aanbiedt om hen 20 procent te laten besparen op je salaris, zodat jij vier dagen per week kunt gaan werken, dan zullen zij die kans wellicht met beide handen grijpen; iets wat ze in betere tijden waarschijnlijk niet zo makkelijk gedaan zouden hebben. En zelfs als je niet minder wilt gaan werken, is het misschien nog steeds mogelijk om te onderhandelen over meer flexibiliteit, iets wat eerder niet mogelijk was. Een salarisverhoging zit er waarschijnlijk niet in – maar een dag per week vanuit huis werken is niet zo moeilijk.

'Sommige bedrijven zijn misschien wel heel erg blij met de mogelijkheid om meer flexibiliteit aan te bieden aan werknemers die daar behoefte aan hebben en zo de personeels- en overheadkosten terug te dringen, zonder daarvoor mensen te moeten ontslaan,' merkt een woordvoerster van de Britse badkledingfirma Bravissimo op. 'Uit onderzoek dat wij gedaan hebben, blijkt dat parttimers en flexibele werkers gelukkiger zijn en meer begaan zijn met hun werk, waardoor ze dus hoogstwaarschijnlijk meer en beter zullen presteren.'[21]

Natuurlijk dien je wel rekening te houden met de huidige situatie van je bedrijf en we zullen de slimste manieren om deze economische macht te gebruiken later nog bespreken. Maar onthoud: vrouwen zouden zomaar eens de oplossing kunnen zijn voor het tekort aan talenten en arbeidskrachten *en* voor de economische problemen op korte termijn. Womenomics biedt werkgevers de mogelijkheid tot een grotere productie en zelfs tot kostenbesparingen. Het is niet alleen recessiebestendig, maar ook nog eens recessievriendelijk.

Roze is macht

Het mooie van womenomics is dat het niet de zoveelste theoretische business-trend is. Integendeel. De beweging die wij hier beschrijven heeft een directe impact op je leven. Als je, net als wij, niet alleen van je werk, maar ook van je leven houdt en voor allebei de tijd zou willen hebben, dan is de macht van roze de basis waarop jij je 'nieuwe alles' kunt gaan bouwen.

Wij denken dat we een waardevol geheim ontdekt hebben. Bedrijven wisten al langer hoe nuttig en rendabel vrouwen zijn. Door dit goed bewaarde geheim nu hier met jullie te delen, geven we jou het gereedschap waarmee je kunt onderhandelen. Jij kunt nu naar je baas toe stappen in de wetenschap dat het bedrijf zijn bekwame, goed opgeleide vrouwen liever niet kwijt wil. En dat maakt je positie sterk.

Een van de vrouwen die wij voor dit boek interviewden, Sarah Slusser (die je later nog beter zult leren kennen), sloeg de spijker op zijn kop over deze nieuw ontdekte macht van vrouwen om niet alleen te onderhandelen over de baan die we willen, maar ook over de levens die we willen leiden.

'Volgens mij is het een inmiddels algemeen geaccepteerd feit dat het echt belangrijk is om vrouwen in dienst te hebben,' vertelde Sarah ons. 'Dat vrouwen die al net zo lang in dienst zijn als ik, zoveel te bieden hebben dat alles wat het bedrijf voor ons kan doen de moeite waard is. Dat gevoel heb ik echt, dat onze ervaring zo waardevol is voor het bedrijf.'

Het is een van de geweldige vicieuze cirkels van womenomics. Je hebt macht, dus voel je je zekerder over jezelf, dus kom je over als iemand die alles onder controle heeft en dat vinden bedrijven prettig. Plotseling lijk je nog veel meer waard te zijn, en dat allemaal omdat je laat zien dat je macht hebt. Werkgevers zijn veel eerder bereid om iemand tegemoet te komen die zichzelf en zijn werk onder controle heeft – zowel professioneel als mentaal. Paaien werkt niet; macht wel.

Maar wat betekent dit nu allemaal voor jou? Hoe ziet deze macht eruit, in de praktijk, op je werkplek of in de directiekamer? Hoe kun je er gebruik van maken? Wat is het moment waarop je met strenge blik moet eisen dat je wilt gaan leven en werken op de manier die jij altijd al gewild hebt? Wanneer en hoe ga je dit gesprek met je baas aan?

Dit zijn allemaal belangrijke vragen en zij zullen allemaal beantwoord worden in de loop van dit boek. Onze nieuwe macht is slechts een deel van het verhaal – zie het als een belangrijk hulpmiddel waarmee we kunnen krijgen wat we willen. Erachter komen wat het is – dat wat we willen – dát is waar deze revolutie om draait. Zoals in hoofdstuk 2 zal blijken, is de roep om een nieuwe manier van werken, om een 'nieuw alles', bijna oorverdovend.

Er waren eens grote, boze bedrijven die vrouwen behandelden als marionetten in plaats van prinsessen. En zoals in elk goed sprookje wint de prinses – en dat, geef het maar toe, verbaast ons niet echt. Prinsessen zijn namelijk, net als bijna alle vrouwen, erg goed in wat ze doen.

Nieuws waar je wat aan hebt

1. Bedrijven die meer vrouwen in dienst hebben verdienen meer geld. Dit staat zwart op wit.
2. Je inzicht en manier van leidinggeven zijn zeer gewild.
3. Wij doen de meeste inkopen; ze weten dus dat ze ons nodig hebben om te kunnen verkopen.
4. Er dreigt een tekort aan talent en meer dan de helft van het geschoolde arbeidspotentieel bestaat uit vrouwen.
5. Ervaren, goed opgeleide vrouwen kwijtraken kost veel geld en dus zullen bedrijven wel compromissen *moeten* sluiten.

2

Wat wij echt willen

En nu wil je natuurlijk met al die macht, waarvan je geen idee had dat je die had, het liefst meteen je bajonet pakken en op weg gaan naar de directiekamer. Sommigen van jullie gaan misschien – eindelijk – voor de functie van CEO, of voor een van de andere leidinggevende functies. Maar de meesten van ons willen iets wat veel ongrijpbaarder is: vrijheid, tijd, zeggenschap. Een gezond arbeidsleven.

Het is iets waar we lange tijd niet om hebben durven vragen. Bang omdat we niet wisten hoe we het *konden* vragen – toen we nog niet op de hoogte waren van die dingen over onze marktwaarde. Maar ook waren we bang omdat alleen al het aansnijden van het onderwerp riskant leek – we zouden eens als profiteur gezien kunnen worden. En bang voor wat de afwezigheid van de discussie zou suggereren: dat vrouwen die zo voelen als wij er nauwelijks zijn.

Maar, wat denk je? Je staat niet alleen. Zij die in het bezit zijn van het X-chromosoom zijn rusteloos. Overal nemen vrouwen ingrijpende beslissingen wat hun carrières betreft – ze rammelen aan de traditionele werkstructuren die gewoon niet stroken met onze nieuwe, verlichte manier van denken. Sommigen putten moed uit het besef dat hun macht groter geworden is. Anderen voelen die macht niet eens, maar hebben een breekpunt bereikt en banen zich op eigen kracht een weg. Wij willen dat het werk zich naar onze levens voegt en niet dat onze levens zich naar het werk voegen. We zijn vastbesloten een 'nieuw alles' voor een nieuw tijdperk te creëren, een formule gebaseerd op welzijn en controle, in plaats van op geworstel en gegoochel.

Robin Ehlers was verslaafd aan de hectiek. De 38-jarige vertegenwoordigster voor General Mills reisde dertien jaar lang heel het land door om bedrijven als klant te werven, wat haar veel waardering opleverde. Ze was hard op weg naar een hoge managementfunctie. Natuurlijk was het niet altijd makkelijk om haar werk te combineren met twee kleine kinderen. Op een gegeven moment besloten zij en haar man zelfs om van Californië naar Kansas City te verhuizen, om dichter bij de familie te wonen, zodat die af en toe zouden kunnen oppassen. Maar zelfs daar werd de stress te groot. 'Je moet zoveel werken en je hebt het gevoel dat je je gezin verwaarloost, vooral je kinderen. Ik weet nog dat ik de kinderen oppakte en me vaak te moe voelde om moeder voor ze te zijn.' Maar het functioneerde allemaal, zei ze tegen zichzelf. Theoretisch dan. Totdat ze, na de geboorte van haar derde kind, met zwangerschapsverlof thuiszat en de tijd had om haar prioriteiten eens op een rijtje te zetten.

'Opeens drong het tot me door dat ik dit niet langer kon volhouden. Ik zag alweer helemaal voor me wat een dagelijks gevecht het zou worden wanneer ik weer aan het werk zou gaan. En dus deed ik iets wat ik me tot dan toe nooit had kunnen voorstellen: ik zag mogelijkheden op een veel handelbaarder carrièreniveau – zij het een lager niveau. Ik vroeg eigenlijk om een stapje terug. En vandaag? Ik ben zo gelukkig. Ik hou van wat ik doe en wanneer ik weer meer wil doen dan is dat, denk ik, mogelijk.'

Ingebakken gevoel voor welzijn

De Franse feministe Simone de Beauvoir had de hulp van een paar hersenscans wel kunnen gebruiken. 'Men wordt niet als vrouw geboren, men wordt tot vrouw gemaakt,' stelde zij heel moedig in 1949.[22] Zij dacht haar sekse te verdedigen door te beweren dat onze meer mannelijke kant langzaam verdrongen werd door onze sociale omgeving. Ze had gelijk door te beweren dat vrouwen het grootste deel van hun bestaansgeschiedenis geen macht hadden, maar haar opvatting van natuur versus cultuur klopte niet. Zestig jaar later weten we allemaal dat de verschillen tussen Mars en Venus er al zijn vanaf de geboorte en, volgens de wetenschap en scans en studies, lijkt het er op dit moment op dat Venus aan een opmars bezig is. Natuurlijk is dit nog steeds een politiek gevoelig onderwerp – de bestuursvoorzitter van Harvard werd ontslagen vanwege zijn veronderstelling dat vrouwen misschien andere krachten hebben. Maar wij durven het wel te beweren: en wij zeggen niet 'anders', wij zeggen 'beter'!

Ons viel namelijk iets op, iets waar de onverschrokken onderzoekers van het Families and Work Institute in New York maar over bleven struikelen tijdens hun vele onderzoeken naar wat werknemers willen. Wij vrouwen ervaren ons werk nogal anders dan dat mannen dat doen. Wij denken na over de toekomst. Wij overzien de consequenties beter. Wij zijn ons meer bewust van het mogelijke *negatieve* effect dat het aannemen van grotere opdrachten kan hebben. We maken ons meer zorgen over hoe een drukke baan onze relaties met familie en vrienden kan verstoren. De onderzoekers wisten dat ze hier iets groots op het spoor waren, maar ze konden het niet precies definiëren. Was de afwijkende houding van vrouwen nu wetenschappelijk verklaarbaar of lag het toch iets gecompliceerder?

Wij legden de tegenstrijdigheid voor aan een paar knappe koppen en ontdekten dat die vrouwelijke instincten, die denkpatronen, vastgelegd zijn in het vrouwelijke DNA. En wel heel duidelijk, volgens sommigen. 'Geen twijfel mogelijk,' zegt dr. Fernando Miranda, 'vrouwen hebben complexere en beter ontwikkelde hersenen.' Miranda, een neuroloog die deze verschillen bestudeert, bevestigt wat uit veel van deze vooruitstrevende onderzoeken al bleek: vrouwen zijn beter in staat om beide hersenhelften te gebruiken dan mannen. Mannen gebruiken vooral hun linkerhelft, oftewel de analytische kant. Maar bij ons zijn de linker- en rechterhelft, het analytische en het emotionele gedeelte, meer in verbinding met elkaar en dat verklaart, bijvoorbeeld, waarom wij vrouwen vaker gemengde gevoelens hebben over carrière maken dan mannen. Wij moeten de hele tijd de informatie van twee verschillende hersenhelften tegen elkaar afwegen. Maar dit maakt ons wel goede bruggenbouwers en waardevolle werknemers! 'Ik neem veel liever vrouwen aan dan mannen,' geeft Miranda toe.

'Mannen zijn van nature veel meer tegendraads, agressiever.'

Zelfs de militantste voorvechtsters van vrouwenrechten draaien bij nu ze dit weten. 'Het zijn vooral de hormonen die vrouwen al in de baarmoeder krijgen, die ervoor zorgen dat ze van nature geen manische, oppervlakkige werkpaarden willen zijn die al hun energie in slechts één ding stoppen: hun werk (of hobby). Over het algemeen zijn vrouwen gewoon minder extreem dan mannen,' schrijft de Britse journaliste en fanatieke feministe Rosie Boycott, waarbij ze meteen toegeeft dat diezelfde woorden haar tien jaar geleden woest zouden hebben gemaakt.[23]

Moraal van dit verhaal? Wij vrouwen zijn continu in contact met onze emoties, zelfs wanneer wij ons er niet van bewust zijn en daar handelen we dan ook naar. Dat wij zo op de toekomst gefocust zijn, ligt dus meer voor de hand. Bovendien worden wij minder snel afgeleid door testosteron, dat hormoon van directe bevrediging en dominantie; een hormoon dat volgens Miranda en, voor zover ons bekend, al duizenden jaren lang, de boel soms goed weet te verpesten.

Nee, in plaats daarvan zijn vrouwen zwaar onder invloed van de hormonale maskering van de hypothalamus. Dat is het mysterieuze onderdeel van de hersenen dat ervoor zorgt dat wij een tijger op tien meter afstand kunnen ruiken en het gevecht met hem aangaan wanneer hij ons jong bedreigt. Of, om in termen van womenomics te blijven: het onderdeel dat ervoor zorgt dat wij een claustrofobische bedrijfscultuur al van afstand kunnen herkennen en er vandoor gaan wanneer die ons gezinsleven dreigt te verstoren. Onbewust zien wij de bedrijfsladder meteen voor wat die is: een meedogenloze, kafkaëske klim die onze relaties kan verstoren. Mannen, die neurologisch minder in staat zijn om de toekomst voor zich te zien, zien elke volgende trede dus heel wat vrolijker tegemoet.

Denk je eens in wat voor argumenten Mme. De Beauvoir met die gegevens had kunnen verzinnen.

Wat vrouwen willen

Wat dachten we vroeger wel niet, toen we ons lieten opsluiten in het keurslijf van die mannelijke, op carrière maken beluste wereld? Wat maakte dat we onze genen verloochenden en onze gevoelens wegdrukten ten gunste van die onnatuurlijke bedrijfsstructuur? Waarschijnlijk wilden we na eeuwen onderdrukt te zijn, nu wel eens wat meer aanzien krijgen, iets bereiken. Bovendien hadden we zo de mogelijkheid om een verschil te maken en wat geld te verdienen. (Vergeet niet dat we slechts *gedeeltelijk* bestuurd worden door onze rechter hersenhelft!) En dat willen we allemaal nog steeds. Maar inmiddels zijn we ook wat wijzer geworden tijdens al die jaren in de jungle van testosteron – we weten inmiddels wat wel en wat niet werkt voor ons. Zelfs die almachtige stimulans, geld, haalt het niet bij waar we het nu voor doen, iets wat veel bevredigender is: tijd. We zijn tot de ontdekking gekomen dat we de voorkeur geven aan een 'nieuw alles'; een combinatie van gezin en werk waarin wij ons eigen succes, onder redelijke voorwaarden, kunnen bepalen.

Dat is omdat wij nu eenmaal zijn wie we zijn, legt Kathleen Christensen van de Sloan Foundation uit, een van de grootste financiers van onderzoeken naar werk en gezin. 'Maar het gaat niet om de taken, het koken en de boodschappen,' zegt ze. Christensen heeft zelfs een nieuwe term bedacht voor de rol van de moderne vrouw binnen het gezin: de betekenismakers. 'Uiteindelijk zijn het de vrouwen die de rituelen binnen het gezin creëren en in stand houden. Of het nu gaat om het wisselen van een tand, een verjaardagspartijtje of grote familiefeesten, de vrouwen zien dat allemaal als iets wat zij willen doen.'

Claires verhaal: 'Ik ging er eigenlijk altijd van uit dat ik samen met mijn man, een geweldig en modern iemand, de verzorging van de kinderen op me zou nemen. Ik had een soort postmodern Utopia voor ogen, waarin wij allebei zouden werken, maar ook allebei vergelijkbare 'opofferingen' voor onze carrières zouden doen om thuis te kunnen zijn bij ons, nog te verwekken, kind. Gewoon een kwestie van plannen dus. Het zal jullie niet verbazen dat de realiteit onverzettelijk maar uiteindelijk ook briljant bleek te zijn. Toen onze zoon Hugo ongeveer 8 maanden oud was, begon ik moeite te krijgen met de onvoorspelbare eisen van mijn werk. Nadat ik weer een keer op het laatste moment naar New York gestuurd was voor een opdracht, liep ik weken lang te piekeren. Moesten we dan maar een tweede oppas nemen? Moest ik er nog eens bij mijn man op aandringen dat hij zijn werktijden zou aanpassen om meer thuis te zijn? Uiteindelijk was het me duidelijk. Ik zat op de grond met Hugo die, zoals altijd, verheugd bezig was zijn tenen in zijn mond te stoppen. Opeens begreep ik dat dit meer was dan slechts een organisatorisch probleem. Het ging niet om meer hulp of de betrokkenheid van mijn man. Ik had behoefte aan de luxe, het plezier van tijd met mijn zoon. Zelfs al zou mijn man fulltime thuis zijn, dan zou dat niet de oplossing zijn, zag ik nu. Ik wilde die balans in mijn leven – en had die ook nodig. Het was een bevrijdend, bijna euforisch besef. Ikzelf zou het een en ander moeten gaan regelen op mijn werk.'

Laten we dus nog een keer kijken naar de harde cijfers, omdat die je waarschijnlijk net zo zullen verbazen als de statistieken over je macht.

De werk-leven-balans is de meest genoemde reden dat 'veelbelovende, getalenteerde' vrouwen hun ontslag indienen. Een onderzoek van de Harvard Business School onder leiding van Myra Hart wees uit dat, al na vijf jaar, 62 procent van hun vrouwelijke afgestudeerden met meer dan één kind niet werkte, of parttime werkte.[24] Gebrek aan balans is toch wat ons opbreekt.

Het ene na het andere onderzoek onder vrouwen wijst uit dat flexibiliteit – werk-leven-balans – essentieel is voor onze professionele bevrediging. Het staat, samen met compensatie, hoog boven aan de lijst. Volgens het Family at Work Institute zeggen vier op de vijf vrouwen meer flexibiliteit te willen op het werk.[25] Tien jaar geleden al dacht 48 procent van de ondervraagde vrouwen dat parttime werken de oplossing zou zijn. En in 2007 zei 60 procent dat ze parttime zou willen werken. En bedrijven hoeven echt niet lang door te vragen om deze informatie van hun hooggehakte werknemers te krijgen.

Capital One in Richmond, Virginia, stond in 2003 al open voor deze groeiende vraag. Dit bedrijf voor financiële dienstverlening ondervroeg zijn vrouwelijke medewerkers om vast te stellen wat zij echt belangrijk vonden in hun werk. Het overweldigende antwoord was flexibiliteit. En hoe hoger geplaatst de vrouwen waren, hoe groter de vraag hiernaar werd. 'Mensen zeiden: "Ik wil naar een voetbalwedstrijd kunnen gaan kijken en gewoon kunnen doen wat ik moet doen",' vertelt Judy Pahren, directeur personeelsbeleid bij Capital One. 'En eigenlijk hoorden we dit van al ons personeel, niet alleen van de vrouwen.'[26]

En toen General Mills onlangs besloot een onderzoek onder het vrouwelijk personeel te doen, werd gevraagd wat vrouwen het belangrijkste dachten te vinden om meer balans in hun levens te krijgen: hulp van buitenaf (iemand die de boodschappen doet, de tuin onderhoudt, enz.), flexibelere werktijden, of dichter bij het werk wonen. Het meest gegeven antwoord was duidelijk flexibiliteit.[27] 53 procent van de ondervraagde vrouwen zei dat een flexibeler werkrooster hun leven een stuk aangenamer zou maken. 61 procent zei zelfs dat als ze geen flexibele werktijden zouden hebben, ze hun baan bij het bedrijf zouden opzeggen!

Stapje terug

Kijk, nadat we al die jaren in het keurslijf van een ongastvrije, door mannen gemaakte werkomgeving hebben gezeten, zal het niemand verbazen dat onze houding ten opzichte van ons werk nu zo gecompliceerd is. Maar het echte nieuws is niet dat vrouwen in groten getale ontslag nemen, dat was het misschien tien jaar geleden. Nu gaat het om in hoeverre wij onze professionele doelstellingen en werkgewoontes aanpassen om aan het werk te kunnen *blijven*.

Een baanbrekend onderzoek van het Family and Work Institute zei duidelijk wat tot voor kort nog als heiligschennis gezien werd:

vrouwen willen die promotie niet altijd. De meesten van ons zitten hier prima, dank u wel. In 1992 zei 57 procent van alle universitair opgeleide vrouwen dat ze graag een baan met meer verantwoordelijkheden zou willen. (Iets anders konden we moeilijk zeggen – er werd immers van ons *verwacht* dat we dat zouden zeggen.) Nou, 10 jaar later wilde nog maar 36 procent van ons meer verantwoordelijkheid. En in 2007 is dat aantal nog kleiner geworden: nog slechts 28 procent.[28] Dat is een daling van 30 procent in 25 jaar! 59 procent van ons wil absoluut niet meer werk of verantwoordelijkheid, ongeacht hoeveel we daarvoor betaald zouden krijgen.[29] En of we nu eindelijk eerlijk zijn, of dat we gewoon de nadelen van promotie zijn gaan inzien (of een combinatie van die twee), de meeste vrouwen dromen niet langer meer van een snelle klim naar de top.

Dit stapje terug in carrière-ambities geldt trouwens net zo goed voor degenen onder ons die al op een hoge positie zitten. Zelfs strebers hebben deze gevoelens. Voor datzelfde sociale onderzoek werden tien grote bedrijven bezocht (denk aan IBM, Citicorp) en werd gesproken met de top-100 van vrouwen op leidinggevende posities binnen deze bedrijven. Wekenlang werden ze gevolgd, in de hoop dat zo een accuraat beeld gevormd kon worden. Uiteindelijk gaf 34 procent van die hooggeplaatste vrouwen toe dat ze vrijwillig hun carrière-ambities op een lager pitje zouden zetten. Waarom? Niet omdat ze het werk niet aankonden, maar vanwege de te grote opofferingen die ze daarvoor in hun privélevens zouden moeten doen.

Toen ze in de twintig was maakte de ambitieuze communicatie-expert Christine Heenan, net als alle andere carrièremakers om haar heen, lange dagen. Als adviseur in het Witte Huis onder Clinton waren die lange dagen, de uitdaging, zelfs de stress, een soort pepmiddel voor haar ambities. 'Ik hield ervan om al om 7 uur op kantoor te zijn, tot 10 uur 's avonds met intelligente, sneldenkende mensen samen te werken, na het werk uit te gaan en vervolgens weer vroeg op te staan en opnieuw te beginnen.'

In 1994 verhuisden ze voor het werk van haar man naar Rhode Island, waar ze een volgende uitdaging aannam: hoofd bestuurlijke en openbare betrekkingen aan de Brown-universiteit. Het werktempo lag minder hoog dan in het Witte Huis en af en toe miste ze haar oude werkplek. Totdat ze tot inkeer kwam, enkele uren nadat haar eerste kind geboren was.

'In het ziekenhuis werd ik gebeld door mijn baas. Er was nogal wat aan de hand op de universiteit en ze had mijn hulp nodig. Ik zei haar dat er net een dokter binnenkwam en dat ik haar dus terug zou bellen. Waarop zij zei: "Oké, bel me dan rond een uur of 10 vanavond."'

Terugkijkend vindt Christine haar eigen reactie nog schokkender dan dat verzoek.

'Ik zei: "Oké"!' Herinnert ze zich met verbijstering. 'Wanneer ik er nu op terugkijk, dan is dat een van de gesprekken die ik het liefst nog eens over zou doen. En dan zou ik zeggen: "Ik bel je terug wanneer dat *mij* uitkomt."'

Een paar jaar later, nadat ze pogingen had gedaan om 'flexibel' te werken aan de universiteit en met inmiddels een tweede kind, nam Christine ontslag en begon ze haar eigen bedrijf. Een bedrijf waarin ze haar werknemers dezelfde vrijheid geeft als zichzelf.

'Stilstaan' noemt de Wharton Business School dit groeiende gebrek aan ambities. 'Vrouwen zijn niet langer bereid om een *high-potential*-werknemer te worden, deels omdat ze er zeker van willen zijn dat ze tijd overhouden voor hun gezinnen,' verklaart Monica McGrath, professor aan Wharton. 'Dit zijn geen vrouwen die een gebrek aan ambitie hebben en ze willen echt wel een verschil maken in hun werk. Maar het is een kwestie van "hoeveel meer verantwoordelijkheid kan ik op me nemen".'

Vrouwen willen gewoon niet langer meer zo snel mogelijk carrière maken.

Cathleen Benko en Anne Weisberg, beiden leidinggevenden bij Deloitte & Touche, zeggen dat dat precies de reden is dat zij een baanbrekend project met de naam 'Mass Career Customization' bij Deloitte opgezet hebben. Het stelt werknemers in staat om het tempo en de flexibiliteit van hun carrières geleidelijk en makkelijk aan te passen. 'De loopbaan van vrouwen is niet ononderbroken. En wanneer wij per jaar, in de VS alleen al, 12.000 mensen aannemen, om nog maar niet te spreken van wereldwijd, van wie velen vrouw, dan is dat belangrijk om mee te nemen,' zegt Benko. Volgens hen is het laddermodel verleden tijd, het draait nu allemaal om de structuur, voor zowel mannen als vrouwen. 'Wij zagen dat de algemene trendlijn meer zijdelings in plaats van recht naar boven werd, ook voor mannen en ook wanneer je de voorzitter van Deloitte bent.'

Omdat de meesten van ons de afgelopen jaren uiteraard niet hebben kunnen profiteren van programma's als bij Deloitte, zijn we gevlucht naar kleinere firma's of zijn we zelf een bedrijfje gestart, op zoek naar een vriendelijkere werkomgeving. Bijna de helft van alle privéondernemingen in de VS is op dit moment in handen van vrouwen![30]

Moraal van dit verhaal? Veel vrouwen moeten werken en de meesten willen dat ook. We houden ervan om onderdeel te zijn van de uitdagende, fascinerende, volwassen wereld. Zelfs een groot deel van hen die helemaal gestopt zijn met werken omdat ze geen goed compromis konden vinden, zou het liefst weer gaan werken. Maar Wharton heeft onlangs nog een groep vrouwen ondervraagd die gestopt was met werken maar weer wilde gaan beginnen. De helft daarvan berichtte dat het een frustrerende ervaring was en 18 procent vond het zelfs deprimerend. En frustratie en depressie is nu net wat wij niet kunnen gebruiken. We hebben al meer dan genoeg uitdagingen in ons emotionele leven. Wat we wel kunnen gebruiken is opnieuw onderhandelen over de voorwaarden, nieuwe regels stellen en van die vervloekte ladder afkomen, die, zoals gebleken is, toch al niet meer zo stabiel is.

De ladder wankelt

De gespreksonderwerpen rond de koffieautomaat veranderen. Er wordt niet langer opgeschept over de hoeveelheid ontbijtvergaderingen die iemand achter de rug heeft, maar over het aantal schoolvoorstellingen waar men bij heeft kunnen zijn.

Vrouwen zijn dan misschien de drijvende kracht achter deze revolutie op het werk, maar let wel: ook mannen zien de voordelen van meer flexibiliteit in. Alleen zijn wij degenen die de kwestie aan de kaak gesteld hebben.

Judy Pahren van Capital One ontdekte dat flexibiliteit niet langer alleen een 'vrouweninitiatief' was, toen ze een vervolgonderzoek deden, waarbij nu alle werknemers werden betrokken. 'We kwamen erachter dat eigenlijk iedereen behoefte blijkt te hebben aan flexibiliteit. We dachten eerst dat het seksegebonden was, maar het bleek ook te gelden voor de mannen die hier werken,' zei Pahren. Een paar maanden later werd het Flexible Work Arrangements Program in gang gezet voor het hele bedrijf, in plaats van alleen voor de vrouwen.

Volgens gegevens van het Family and Work Institute zijn meer en meer werknemers van beide seksen bereid hun carrièredoelstellingen naar beneden bij te stellen.

'Lagere ambities hebben betekent niet dat iemand minder getalenteerd is of minder goed is in wat hij doet,' legt Lois Backon van het Family and Work Institute uit. 'De meesten willen nog steeds betrokken worden bij hun werk. Maar in focusgroepen zeggen ze ook dingen als: "Ik moet deze keuzes maken omdat ik mijn gezin op de eerste plek zet, of omdat ik mijn leven op orde moet krijgen."'

Velen van ons zullen dit herkennen.

'Mijn man vindt tijd voor het gezin net zo belangrijk als ik,' zegt Robin Ehlers. 'Hij heeft een eigen zaak en heeft dus geluk, maar hij is altijd bezig om zijn werk zo te plannen dat hij extra lange weekenden heeft voor sportevenementen of grote delen van de zomer vrij kan zijn om dingen met de kinderen te ondernemen. En ik hoef daar niet eens om te vragen of te zeuren!' lacht ze.

Vanwaar die veranderende prioriteiten? Volgens experts komt het doordat steeds meer mensen overspannen raken en ook doordat bedrijven, ook al zouden ze ons nog steeds graag laten gehoorzamen, geen echt brave vaderrol meer kunnen spelen. Privileges, pensioenen, andere extraatjes en voorzieningen, het zijn bijna allemaal dingen uit het verleden. Om nog maar te zwijgen van werkgarantie. Amerikanen geloven al lang niet meer dat ze hun hele werkende leven bij dezelfde werkgever blijven, en terecht. De gemiddelde Amerikaan heeft gedurende zijn leven tien verschillende banen.[31]

Deze onzekerheid brengt wel een onverwacht voordeel met zich mee: meer vrijheid. En het feit dat wij niet langer 40 jaar op dezelfde plek blijven zitten, geeft ons de mogelijkheid om opzij, achteruit, in en uit te bewegen – onze eigen weg te vinden dus. Wij gaan elders op zoek naar zekerheid, voldoening en vertrouwen. De definitie die onze werkgever geeft aan succes, betekent niets meer voor ons, en is zelfs verdacht.

Oliver Phillips, een partner bij de Brunswick Group, een financiële communicatiefirma die een groot aantal bedrijven adviseert, zegt dat werknemers inmiddels een andere graadmeter hebben voor hun succes. 'Men is minder op status of salaris gericht. Men wil werk waar men trots op kan zijn, dat iets toevoegt aan het leven.'

En dan dit nog: we mogen dan wel meer vrijheid willen, bang zijn we nog steeds. We vinden deze nieuwe manier van denken geweldig, maar we maken ons wel zorgen over de consequenties. Bijna de helft van alle werkende ouders is bang dat hun baan gevaar loopt wanneer ze flexibeler gaan werken.[32] Voor de jongere revolutionairen geldt dit overigens niet.[33]

Van nature geschikt: generatie X, Y en Z

Voor de nieuwe generaties vormt het eisen van meer vrijheid op de werkvloer totaal geen probleem. Waar wij moesten vechten voor deze rechten en ons nog steeds schuldig voelen over de door ons gemaakte keuzes, doen de jongere generaties dit gewoon instinctief. Voor hen is het allemaal net zo natuurlijk als sms'en en bezig zijn op Facebook. Familie en privéleven zijn voor hen van groot belang. Uit een ouderwetse werkomgeving waar onder hoge druk gewerkt wordt, zouden ze gillend weglopen. Zij willen hun eigen unieke, niet-traditionele loopbaan opbouwen, zodat ze al hun levensdoelstellingen waar kunnen maken. Ze stellen heel duidelijk hun prioriteiten en meer vrijheid is voor hen heel belangrijk.

'De generaties X en Y hebben een hele sterke arbeidsmoraal, maar ze willen meer balans – een bevredigend arbeids- en privéleven. En dan hebben we het niet alleen over de vrouwen,' merkt Kathleen Christensen op.

Bedenk wel dat deze generaties opgegroeid zijn in een economisch roerige tijd: de opkomst en neergang van de dotcom-rage, reorganisaties op de arbeidsmarkt, de bonusschandalen en het instorten van de economie. Opgroeien in het tijdperk na 9/11 heeft hun prioriteiten duidelijk beïnvloed. Ze werden opgevoed door babyboom-ouders die hun een gevoel van eigenwaarde en de wil om invloed uit te oefenen meegaven. Consultant Bruce Tuglan, die bedrijven helpt om met jonge mensen te werken, merkt spottend op: 'Zij zullen de best presterende en meest sociaal begane arbeidskrachten in de geschiedenis worden, maar daarnaast ook de moeilijkst tevreden te stellen werknemers in de geschiedenis.'

'Generatie Y is compleet vrij. Hun hele leven werken ze al met allerlei technologische snufjes, dus wanneer ze in een werkomgeving terechtkomen en opeens vastzitten achter een bureau met computer, dan weten ze niet wat ze moeten,' verklaart Cali Ressler, een van de medebedenkers van een zeer flexibel werkprogramma bij de grote detailhandel Best Buy. 'Dus in plaats van hun te vragen zich aan te passen aan regels en gewoontes die nog uit de jaren vijftig stammen, zouden we juist naar hen moeten luisteren en hen laten vertellen hoe de toekomst eruit moet komen te zien.'

Ze heeft gelijk: dit zijn de mensen die bedrijven echt aanzetten om over verandering na te denken, omdat diezelfde bedrijven anders riskeren dat ze helemaal geen personeel meer vinden om ons te vervangen. Generatie X en Y zijn samen kleiner dan de hele groep babyboomers en die schaarste zorgt ervoor dat hun waarde stijgt. Wat zij willen is van groot belang voor werkgevers die op zoek zijn naar personeel. Het War for Talent-onderzoek zegt duidelijk waar het op staat: 'Deze werknemers eisen meer flexibiliteit, zinvol werk, professionele vrijheid, hogere beloningen en een betere balans tussen werk en vrije tijd dan oudere werknemers. Bedrijven die niet tegemoetkomen aan deze verwachtin-

52

gen, lopen het risico dat hun personeelsbestand snel terug zal lopen.'

Vooral jonge vrouwen zijn zeer gefocust op een uitgebalanceerd bestaan. Een onderzoek van de Universiteit van Michigan in samenwerking met Catalyst wees uit dat veel van de slimste vrouwen in het land bewust niet kiezen voor een economische studie, omdat ze denken dat ze later in de zakenwereld geen mogelijkheid zullen hebben om werk en gezin te combineren.[34] Bezorgd over dit onvermogen van economische hogescholen om de meest getalenteerde vrouwen van het land binnen te halen, legt de Wharton Business School in zijn programma de nadruk op het zoeken naar mogelijkheden voor vrouwen om op een verstandige en gezinsvriendelijke manier aan het werk te kunnen. Ze weten dat studenten hier graag over willen praten. 'Deze vrouwen, die nu 27, 28, 29 jaar zijn, zeggen: "Ik ben afgestudeerd, maar nu beginnen de problemen pas",' zegt McGrath van Wharton.

Beslissende groep

Dus wat gebeurt er nu, wanneer je een beroepsbevolking vol getalenteerde vrouwen hebt die eindelijk begrijpen dat ze op een andere manier willen werken, een aanzienlijk percentage mannen dat begint in te zien dat zij hetzelfde willen, een zeer gewilde jongere generatie die zich niet laat vastpinnen, een dreigend tekort aan getalenteerde mensen en, het belangrijkste, een enorme waardetoename van vrouwen op de arbeidsmarkt? Nou, meer dan genoeg om een behoorlijke kettingreactie te veroorzaken. En wat zo opvallend is aan dit proces, is dat de verandering best snel gaat, omdat gewiekste bedrijven al zijn begonnen om hun denkbeelden en bedrijfsbeleid te vernieuwen. En er zit kracht achter, omdat individuele vrouwen over de hele wereld – met hun nieuw verkregen macht en zeer vastbesloten – onderhandelen over hun 'nieuwe alles'. Elk individueel succes, of alleen al de confrontatie, laat de ouderwetse structuur een beetje verdwijnen en versterkt het proces.

Robin Ehlers, onze General Mills-vertegenwoordigster, werkt nu fulltime maar dan wel voornamelijk vanuit huis, waarbij ze af en toe nog moet reizen. Maar het bereiken van deze werksituatie, die voor haar de beste is, ging niet zonder slag of stoot. 'Nadat ik een stapje terug had gedaan waardoor ik minder hoefde te reizen en een aangenamer werkrooster had, werkte ik nog steeds op kantoor,' legt ze uit. 'Ik wilde graag vanuit huis gaan werken, maar mijn baas liet dat niet toe. Ik snapte dat niet. Ik weet nog dat ik een soort inzinking kreeg en dacht "ik moet gewoon thuis zijn. Tijd verspillen aan woon-werkverkeer is zonde, terwijl ik thuis bij mijn kind zou kunnen zijn."'

Al haar contacten met klanten in andere plaatsen deed ze aan de telefoon of op de computer en ze had het gevoel dat ze dat net zo goed, misschien zelfs nog beter, thuis zou kunnen doen. Haar baas wilde iedereen bij elkaar hebben, hoewel 'niemand van ons in hetzelfde team zat of überhaupt contact met elkaar had'.

Uiteindelijk, dankzij Robins volharding – en een nieuwe directeur die haar kantoorruimte wilde hebben – zwichtte haar baas.

In het hele land ontstaan creatieve, beheersbare werkmethodes – zelfs in ooit zo strenge bedrijfsklimaten. Hier volgt een korte impressie van de lijst prijswinnaars van het Family and Work Institute – verderop in dit boek zul je er nog meer tegenkomen.

›› De reserveringsafdeling van Continental Airlines in Houston heeft zijn jaarlijkse personeelsverloop tot 5 procent weten te beperken – in een bedrijfstak waar dat normaal 40 procent is! Hoe? Zij lieten 600 reserveringsmedewerkers vanuit huis werken, iets waarmee de gemeente, die probeert het fileprobleem op te lossen, ook geholpen is. En een kwart van het personeel krijgt afwisselend een extra dag per week vrij.

›› Kay/Bassman International, een rekruteringsbedrijf in Plano, Texas, biedt het tegenovergestelde van standaardvoorzieningen aan. Elke werknemer vraagt gewoon wat hij nodig heeft – thuis zijn als de kinderen 's middags uit school komen, werken via de laptop – en in bijna elk geval wordt het verzoek ingewilligd. Volgens CEO Jeff Kayle werkt zo'n op de mensen gerichte aanpak enorm productief.

›› Accountantsbureau KPMG biedt haar medewerkers verkorte werkweken, flexibele werktijden, thuiswerken vanachter de computer, parttime werken of zelfs vermindering van taken aan. En pas op, workaholics: het bedrijf houdt nu ook 'wellness-lijsten' bij, om te zien of iemand misschien te hard werkt of een vakantie heeft gemist. Als dat zo is, dan zal de supervisor erop aandringen om het wat rustiger aan te gaan doen!

›› Chapman and Cutler, een middelgroot advocatenkantoor in Chicago, introduceerde in september twee verschillende salarisschalen. De harde werkers die 2000 uur per jaar willen werken, krijgen meer uitbetaald. Maar zij die er de voorkeur aan geven om het wat rustiger aan te doen, zodat ze hun familie en vrienden wat meer kunnen zien, kunnen 1800 uur werken maar verdienen dan ook wat minder. Meer dan de helft van de werknemers koos voor die laatste mogelijkheid!

Overal beginnen bedrijven veranderingen door te voeren; ze moeten wel. 'De standaardvoorwaarden zijn gewoon niet voor iedereen even geschikt,' vindt Kathleen Christensen.

Een win-winsituatie

En nu de bonusmoraal van al deze veranderingen. Tegemoetkomen aan onze wensen is zakelijk gezien slim, omdat bedrijven ons zo in dienst weten te houden en omdat het ons productiever maakt. Dit onverwachte resultaat verraste Capital One. 'Werkende mensen hebben specifieke behoeftes en wanneer ze het gevoel hebben dat jij met ze meedenkt over die behoeftes, willen mensen niet weg en kun jij dus je beste mensen houden. Vanuit dat standpunt zijn wij hierover waarschijnlijk ook gaan nadenken,' geeft senior-vicepresident van het bedrijf Judy Pahren toe. 'Maar we ontdekten nog een veel groter voordeel. We merkten dat mensen veel productiever werden. We ontdekten dat deze manier van werken zowel goed is voor de productiviteit als voor de tevredenheid op het werk!'

In Groot-Brittannië deed de Cranfield University School of Management een tweejarige studie naar zeven zogenaamde *blue chip*-bedrijven, waaronder KPMG, Lehman Brothers en Pfizer (niet de eerste de besten), om te kijken wat het effect is wanneer bedrijven hun werknemers toestaan om hun werk op alternatieve wijze in te vullen.[35]

›› De meerderheid van de flexibele werknemers vond dat het een positief effect had op hun prestaties, zowel wat kwantiteit als kwaliteit van het werk betrof.

›› De meeste werknemers zeiden dat ze minder gestrest en productiever waren met werktijden die ze zelf konden controleren.

›› De flexibele werknemers bleken meer betrokken en tevredener te zijn.

›› Het bleek dat de alternatieve werkroosters de bedrijven concurrerender maakten.

Klinkt allemaal nogal logisch, nietwaar? Werknemers die de tijd hebben om een bijdrage aan hun leefomgeving te leveren en die betrokken zijn bij hun gezinnen, zijn betere werknemers. We zijn meer toegewijd, productiever en loyaler.

Geraldine Laybourne, baas van Nickelodeon en later van Oxygen, had geen studies nodig om daarvan overtuigd te raken. Tijdens de lunch in een hoekkantoor met uitzicht over het oostelijke deel van Manhattan, legt ze uit hoe zij altijd aan het experimenteren was met verschillende werkvormen, tientallen jaren geleden al, om de motivatie, de innovatie en de loyaliteit te stimuleren.

'Ik had iemand op marketing zitten waarvan ik dacht dat hij moeite had om op goede ideeën te komen. Hij kwam binnen, werkte lange dagen, maar kwam nooit met een geweldig idee,' herinnert ze zich. 'Ik zei hem dat hij op vrijdagen maar thuis moest blijven. Thuisblijven en nadenken. Je mag niet naar het werk komen op vrijdag,' zegt ze lachend. 'Je ziet, we deden heel veel vreemde dingen.'

En jaren later, bij Oxygen, kon ze eindelijk op haar gemak de werkomgeving creëren die ideaal was voor de getalenteerde vrouwen die zij zelf had uitgezocht, omdat ze dacht dat ze een bijdrage zouden kunnen leveren aan het succes van het bedrijf.

'Wij wilden alles over hun kinderen weten. Als je naar een schoolvoorstelling moest, dan hoefde je daar niet geheimzinnig over te doen,' haalt ze haar schouders op. 'Op een gegeven moment hadden we bij Oxygen 24 baby's, 24 vicepresidenten die tegelijk met zwangerschapsverlof waren. En we hadden twee senior-vicepresidenten die parttime werkten.'

Waarschijnlijk kun jij je ook nog wel een moment op je werk herinneren, waarop je zo goed behandeld werd dat je gemotiveerd werd om nog meer te doen.

Katty's verhaal: 'Kort geleden heb ik opnieuw onderhandeld over mijn baan bij de BBC. We hadden een nieuwe baas gekregen, die eerst bij een Amerikaanse omroep had gewerkt en nu bij ons het avondnieuws nieuw leven in zou komen blazen. De baan die ik aangeboden kreeg, was minder prestigieus dan mijn vorige baan en ik zat een beetje in dubio of ik hem wel moest nemen. Ik had ook nog een paar andere aanbiedingen, dus ik zat in de luxe positie dat ik kon opstappen als ze niet met mijn eisen akkoord zouden gaan. Je kunt gerust stellen dat ik een ontevreden werknemer was! Ik ging dus behoorlijk strijdlustig naar mijn nieuwe baas toe; ik zou flexibel gaan werken of ik zou hier helemaal niet meer werken. Mijn belangrijkste voorwaarde was dat, wanneer ik een avond niet zou hoeven presenteren, ik die dag ook niet op kantoor zou zijn. Ik had op zijn minst wat bezwaarlijk gemopper verwacht – maar tot mijn verrassing was hij amper verbaasd. 'Da's goed,' zei hij en hij hield zijn woord. Geen KK op de buis, geen KK op kantoor. Maar nu komt het interessante, iets wat ik totaal niet verwacht had. Ik ben zo blij met deze vrijheid dat ik, wanneer ze me nodig hebben, graag een beetje extra mijn best doe. Ik win, maar het programma wint dus ook.'

We kennen allemaal wel de verhalen van vrouwen die stiekem weggaan van hun werk om naar een schoolvoorstelling te gaan maar die hun jas over hun bureaustoel laten hangen, zodat hun baas niet doorheeft dat ze het gebouw verlaten hebben. Het is gewoon tragisch om te zien waar de tirannie op kantoor toe kan leiden. We gaan toch wel weg, maar we haten onze werkgevers er alleen maar meer om. Het is veel beter om mensen hun vrijheid te geven, waardoor ze dankbaar worden in plaats van haatdragend.

De macht van één

Misschien denk je nu: dit zijn allemaal geweldige cijfers over vrouwen, fascinerende nieuwe trends op de werkvloer en inspirerende voorbeelden van heel veel individuele vrouwen die voor concrete veranderingen zorgen. Maar, vraag je je af, hoe kan ik van dit alles profiteren?

De demografische trends, statistieken en verhalen hebben inderdaad niet veel zin als ze geen verband houden met je leven, je baan, je dagelijkse mate van tevredenheid.

Jou helpen om dat verband te zoeken is heel belangrijk voor womenomics. De eerste stap, legt onze voormalige communicatieadviseur van het Witte Huis Christine Heenan uit, is het opnieuw op een rijtje zetten van je prioriteiten.

'Ik kan mezelf voorhouden dat ik tot mijn 55ᵉ kan wachten om piano te leren spelen,' zegt ze. 'Maar ik kan niet tegen mijn acht jaar oude kind zeggen: "Zou je dit schooljaar nog een keer over willen doen, omdat ik het niet goed gedaan heb? Ik heb al je wedstrijden gemist, dus wat dacht je ervan als je dit jaar nog eens over doet en ik nu wel elke keer kom?" Zo werkt het gewoon niet.'

In de rest van dit boek willen we jou helpen om je eigen prioriteiten te ontdekken, waardoor je je leven op het werk en thuis compleet kunt veranderen. Je zult weer tijd hebben, je tevreden en in balans voelen. En terwijl je die veranderingen en keuzes maakt, weet dan dat jij, als individuele vrouw, bijdraagt aan een revolutie die nieuwe mogelijkheden brengt – een 'nieuw alles' – voor ons allemaal nu en voor de generaties die na ons komen.

Nieuws waar je wat aan hebt

1. Je staat niet alleen. Tijd is het nieuwe betaalmiddel voor alle slimme vrouwen.
2. Zelfs mannen willen een leuker leven.
3. Kijk maar naar de 'jonkies'. Die willen niet eens op een andere manier werken.
4. Misschien dat ze op je werk nog steeds niet echt willen mee-werken, maar de tijd zal leren dat jij gelijk hebt.
5. Geëmancipeerde bedrijven zorgen er nu al voor dat werken aangenamer wordt.
6. Balans maakt jou tot een betere werknemer en een beter mens.

3

Het opnieuw definiëren van succes – het zit allemaal tussen je oren

In je leven begint womenomics met het nemen van alle baanbrekende informatie uit hoofdstuk 1 en 2 – onze zakelijke macht en onze gezamenlijke frustratie over hoe gekooid we ons voelen – en die gebruiken voor het opnieuw definiëren van succes. We willen je laten zien hoe je je waarden op een andere manier kunt zien. We willen dat je minder gaat werken maar meer gaat bereiken en een beter leven gaat leiden. We willen er zeker van zijn dat je zo'n mentale verandering gaat doormaken dat, wanneer je dit boek uit hebt, je succes nooit meer zult zien als aantallen uren op kantoor, hiërarchische posities of een dure titel. Het is veel te gemakkelijk om je te laten beïnvloeden door wat andere mensen denken dat je zou moeten doen. Wij gaan je leren om een heel nieuw, prettiger pad te bewandelen en je eigen regels voor succes te maken.

Stephanie Hampton was het gezicht van de franchise hotelgigant Marriott International. Als woordvoerster was zij verantwoordelijk voor het imago van de enorme onderneming in de pers. Stephanies talenten en niet-aflatende toewijding bleven niet onopgemerkt. Na meer dan tien jaar hard werken, begonnen de bazen van Marriott haar als een belangrijk deel van het bedrijf te zien. De hiërarchische ladder waar ze al jaren tegenop keek, leek nu opeens een comfortabele lift naar boven, die de leiding van Marriott beleefd voor haar open hield. Maar op een dag gebeurde er iets, waardoor Stephanies houding ten opzichte van haar werk compleet veranderde.

'Ik had mijn jaarlijkse beoordelingsgesprek. Het afgelopen jaar had ik lange dagen gedraaid, in mijn streven om zo veel mogelijk te doen. Maar voor het eerst in mijn carrière kreeg ik niet de beste beoordelingen. Na dat gesprek had ik een "aha-moment", zoals Oprah het noemt. En ik dacht: waarom doe ik mezelf dit aan? Het leven draait om meer dan werk alleen.'

Voor Stephanie betekende deze mentale draai een hele praktische verandering in haar leven.

'Ik dacht: weet je wat, ik wil kinderen. Ik wil niet straks, als ik 50 of 60 ben, terugkijken en erachter komen dat ik alleen maar gewerkt heb. En toen ben ik voor het eerst grenzen gaan stellen aan de uren die ik werk. En toen ik dat eenmaal gedaan had, kon ik zwanger worden. Ik probeerde het namelijk al een poosje, maar was te gestrest.'

Stephanie deed het wat rustiger aan op haar werk, werd zwanger, kreeg haar eerste kind en raakte vervolgens in verwachting van haar tweede. Tijdens het afscheidsfeestje van Stephanies baas – de executive vicepresident van de afdeling communicatie – herinnerde een vrouwelijke collega haar eraan dat Stephanie enkele jaren eerder gezegd had dat zij ooit op die toppositie zou zitten. Haar collega vroeg haar: 'Weet je dat nog? Wil je dat nog steeds?' Stephanie hoefde daar geen twee keer over na te denken. 'Ooo nee,' zei ze, bijna rillend.

Met jonge kinderen thuis was haar huidige positie al veeleisend genoeg. 'Je prioriteiten in het leven veranderen en wat ben ik blij dat dat gebeurd is.'

In het politieke mijnenveld van de vrouwelijke carrièrewereld worden Stephanies woorden soms als controversieel gezien. 'Hoe kan ze nu toegeven dat ze niet voor de allerhoogste positie gaat?' roepen sommige feministes geschokt. Maar wij denken dat Stephanie alleen maar zegt wat miljoenen andere carrièrevrouwen denken: we willen helemaal *niet* aan de top komen, als dat ten koste van zo veel andere dingen in ons leven gaat. We realiseren ons heel goed dat niet voor de top gaan waarschijnlijk betekent dat we de top ook nooit bereiken. Of dat dat langer gaat duren. Maar dat vinden de meesten van ons prima.

Het is misschien een angstaanjagende persoonlijke confrontatie met je ego, maar als je die eenmaal achter de rug hebt, gaat er een wereld voor je open. Net als Stephanie realiseer jij je waarschijnlijk dat wat je nu hebt, niet is wat je echt wilt. We zullen nu dus tot de kern van de zaak komen en uitleggen hoe jij zo ver kunt komen. Kijk toe hoe al die zakelijke theorieën, al die cijfers en onderzoeken in praktijk gebracht kunnen worden om je dagelijkse leven te veranderen.

Dit proces bestaat uit twee delen. Het eerste is mentaal. Het tweede is praktisch. En nee, sorry, maar je kunt niet snel doorbladeren naar de hoofdstukken 5, 6 en 7 voor snel resultaat. Je zult echt even door de mentale brij heen moeten. Zonder dat kun je de praktische stappen niet nemen die noodzakelijk zijn om je leven te veranderen.

Hoe belangrijk is het? Stel je een bekende situatie voor. We kennen ze allemaal.

Werksituatie vóór womenomics

Je zit na een lange werkdag in je kantoor en op de een of andere manier is het je gelukt om alles gedaan te krijgen en nog goed ook. Je bent moe, hongerig en je wilt niets liever dan naar huis gaan. Maar dat gaat niet: je baas is er nog steeds en weggaan terwijl zij (of hij) nog steeds op kantoor is, voelt als een soort overtreding waardoor je buiten spel gezet zou kunnen worden – omdat je speelt volgens de regels van iemand anders. En dus blijf je zitten, verspil je je tijd, voel je je steeds meer uitgeput en staar je zonder iets te zien naar je computerscherm totdat je baas vertrekt. Misschien dat die nog 'O, ben je er nog?' zegt. Misschien ook niet.

Zegevieren na womenomics

Je geeft jezelf een peptalk om meer zelfvertrouwen te krijgen. Iets van: ik heb alles gedaan wat ik moest doen en zelfs nog meer. Ik heb een project afgerond waarvan iedereen dacht dat ik het niet zou kunnen. Hier blijven zitten levert het bedrijf niets op. Eventuele extra zaken kunnen later ook per e-mail afgehandeld worden. Ik kán niet alleen nu naar huis gaan, ik móét nu naar huis.

Als je jezelf echt mentaal onder controle had, dan zou je in het eerste geval niet eens getwijfeld hebben om naar huis te gaan. Je zou geweten hebben dat het vertrouwen – in jezelf en in je werk – dat je zou tonen door naar je baas toe te stappen, even te vertellen hoe de dingen ervoor staan en afscheid te nemen, een betere indruk zou maken dan wat dan ook. Je wilt niet dat je baas denkt dat je geen harde werker bent maar – denk daar eens aan – je hebt al lang genoeg bewezen dat je dat bent. Door naar huis te gaan, uit te rusten, tijd door te brengen met je gezin en je te ontspannen, ben je in staat om morgen terug te komen en je baas hetzelfde nog een keer te laten zien.

Het langer-blijven-zitten-dan-je-baas-spelletje is slechts een voorbeeld van wat er gebeurt wanneer je je prioriteiten laat beïnvloeden door de prioriteiten van iemand anders. Er is enorme mentale aanpassing voor nodig om die valkuil te ontwijken; je moet echt weten wat je wilt in je leven en in je werk. Het gaat om het vaststellen van je doelen en het negeren van andermans doelen. Voor goed opgeleide, ambitieuze, toegewijde vrouwen is deze mentale ontwikkeling misschien moeilijker dan al het andere wat we in dit boek van je vragen. Maar als je het eenmaal doorhebt, heb je het egomonster verslagen en ben je op weg naar een gezonder, completer, bevredigender bestaan. Ben je er klaar voor?

Laten we beginnen met de eeuwenoude vraag:

Wat wil je bereiken in het leven?

Waarschuwing! Leg dit boek niet weg en geen afkeurend gemopper over 'dat nutteloze new age-gezever'. We worden echt heel snel heel praktisch. Vertrouw ons nu maar.

Wanneer je 70 jaar bent en terugkijkt op je lange, productieve leven, wat geeft jou dan een goed gevoel over dat leven? Wat wil je nu doen om straks zo veel mogelijk tevredenheid en zo weinig mogelijk spijt te hebben?

Oké, wordt het je nu duidelijk hoe wij denken?

Dat je dit boek opgepakt hebt, betekent dat er een goede kans is dat je gecompliceerde gevoelens hebt ten opzichte van je werk, net als honderden andere goed opgeleide vrouwen die wij kennen. Je hebt de cijfers in hoofdstuk 2 gezien. Jij, zoals de meesten van ons, wilt een baan die intellectueel bevredigend is maar die je ook genoeg tijd geeft om een aangenaam privéleven te leiden. Dat is je lang verborgen gehouden behoefte. En het zou je duidelijke definitie van succes moeten zijn. Maar in werkelijkheid is dat voor de meesten van ons niet zo makkelijk. We vechten ertegen, omdat het niet de traditionele manier van doen is.

Maar ben je weleens opgehouden met je af te vragen waarom de meesten van ons zich absoluut niet kunnen verenigen met het idee dat, wanneer je maar hard genoeg werkt, je er vanzelf wel komt? Zelfs wanneer we dat voor ons gevoel wel moeten doen? Wat dacht je hiervan: we voelen ons er niet prettig bij omdat het niet overeenkomt met wie wij zijn. Nooit gedaan ook. Omdat het hier niet om succes gaat zoals *vrouwen* dat voor *vrouwen* gedefinieerd zouden hebben. Het is iemand anders' versie van een succesvol leven. Iemand van het andere geslacht. En het is niet wat wij willen.

Maar, geen paniek. Wanneer jij meer ziet in een minder hiërarchisch idee van succes, dan betekent dat niet dat je niet ambitieus, slim, professioneel of toegewijd bent. Integendeel. Je wilt graag blijven werken. Je wilt echt niet de hele dag in een kinderkamer zitten en kinderliedjes zingen, maar je wilt wel meer tijd voor je leven hebben. En dat is niets om je voor te schamen.

Zeggen dat je bij je werk ook leven wilt – of zelfs, dat je wat werk bij je leven wilt – is geen verloochening van je idealen; het is het begrijpen, accepteren en omarmen van je wezenlijke verlangens.

En wees niet boos op jezelf wanneer je deze oefening in eerlijkheid al zwaar en vermoeiend vindt. Stop niet nu al omdat het allemaal wat vals, misschien zelfs trouweloos aanvoelt. Omdat wij hetzelfde hebben meegemaakt, weten we hoe moeilijk het is om de sociale en professionele verwachtingen te negeren en je te concentreren op een heldere, zelfverzekerde en persoonlijke definitie van succes.

Door de jaren heen hebben we een lijst met vragen opgesteld die jou kunnen helpen om op de juiste weg te komen. Elke keer wanneer wij voor een verandering in onze carrière staan of het gevoel hebben dat we op een verkeerde koers zitten of het risico lopen op een verkeerde koers te raken, kijken we die lijst weer een keer door. Wanneer iemand ons een nieuwe baan aanbiedt, of wanneer onze baas ons vraagt een nieuwe uitdaging aan te gaan, dan zoeken we de lijst weer op. Het is onze 'womenomics leftest'.

Hier komt hij dan. Misschien moet je even een rustige middag nemen om hierover na te kunnen denken. Of misschien moet je het een paar dagen of zelfs weken op je in laten werken. Maar vergeet niet, het werkt alleen als je helemaal eerlijk antwoordt.

Womenomics leftest

Succes op het werk
1. Hoe belangrijk is je carrière voor jou?
2. Die vraag is moeilijk te beantwoorden wanneer je alleen bent, nietwaar? Probeer je dus eens voor te stellen hoe belangrijk je carrière is in vergelijking met andere aspecten van je leven. Maak taartpunten, een lijstje van 1 tot 10, 20..., een grafiek – wat je het liefste hebt – en kijk op welke plek je werk staat tussen gezin, hobby's of andere interesses. Nu kun je zien hoe belangrijk je carrière is in verhouding tot de andere dingen in je leven.
3. Wanneer je aan je werk denkt, wat vind je er dan het leukst aan? Het werk zelf, je positie, het gevoel van macht dat je hebt, weg van huis kunnen, roddelen met je collega's, het geld?
4. Hoeveel van je werk draait om het behagen van je ego? Hoeveel komt voort uit een wedstrijdgevoel? Heb je het gevoel dat je net zoveel of zelfs nog meer dan alle anderen moet doen? Probeer hier eens een antwoord op te geven.

Gezin/leven
1. Besteed je genoeg tijd aan je kinderen/oudere ouders/buurt/sport? Wat is genoeg tijd voor jou – niet voor iemand anders?
2. Wat geeft jou het meeste plezier, tevredenheid, opwinding in je leven? Maak een lijst.
3. Zou het een verschil maken in je leven wanneer je meer tijd zou

hebben voor je gezin of jezelf? Wees realistisch. Fantaseer niet over lange, luie dagen thuis, met de kinderen die buiten spelen en jij die binnen zelf pasta maakt. Bedenk wat je echt zou doen in die paar extra uren per dag of week. Zou je de kinderen kunnen afhalen van school? Een voetbalteam kunnen coachen? Met je vader naar het park gaan? Hoe zinvol zou die extra tijd zijn? Hoe voel je je, wanneer je daarover nadenkt?

Stress

1. Wat geeft jou regelmatig veel stress in je leven? Op welke plek staat het werk? Wees specifiek. Welke situaties op het werk of thuis zijn het meest gespannen? (Probeer dit wederom met de hulp van lijsten of grafieken te doen. Soms kun je helderder nadenken wanneer je iets even op papier zet. Wij zijn gek op voor- en tegenlijstjes, probeer het maar.)

2. Wanneer je behoorlijk gestrest wordt van of op je werk, gaat dit dan over tijd? Wat zou kunnen helpen? Minder uren werken? Flexibelere werktijden? Of is er een nieuwe baas of een nieuwe baan voor nodig? Duik hier echt diep in en probeer erachter te komen wat je het minst leuk vindt!

3. Probeer je je volgende stap op de ladder voor te stellen, of de promotie waar je je zinnen op gezet hebt. Word je hier helemaal blij van? Is de adrenaline vermengd met angst? Maak je je zelfs wat ongerust over hoe je dat allemaal voor elkaar moet krijgen?

Nirwana

1. Probeer je even voor te stellen dat jij alleen de baas bent over de indeling van je dagelijkse leven. Als je de ideale situatie kon creëren, de perfecte mix van werk en privéleven, hoe zou die er dan uitzien?

2. Denk aan de details. Hoe veel uur per week zou je willen werken. 16? 32? 48? En hoe zou de indeling eruitzien? Wees creatief.

3. Ben je bereid om geld in te leveren voor meer tijd? En kun je je dat veroorloven? Als je er goed over nadenkt, zul je er waarschijn-

lijk achter komen dat het misschien mogelijk is om met minder rond te komen.

4. Probeer jezelf nu voor te stellen in een andere situatie. Je hebt nee gezegd tegen die promotie, of je hebt gevraagd om minder te mogen werken. Hoe voel je je? Bang? Een mislukking? Lui? Probeer alle negatieve gedachten los te laten. Voel je nu misschien stiekem ook een beetje opluchting?

Wanneer je deze vragen zo eerlijk en duidelijk mogelijk doorgeworsteld hebt, dan zou je nu een goed begin gemaakt moeten hebben met het ontdekken van wat jij het liefst zou willen. Misschien zie je al wel een patroon ontstaan. Voor de meesten van ons wordt succes niet per se gedefinieerd door een topsalaris of een hoge status; het is meer een gecompliceerd en genuanceerd web van persoonlijke en professionele doelstellingen. Dat eindelijk onder ogen zien kan heel verhelderend werken. De grijstinten vervagen en een kleurrijke wereld vol mogelijkheden opent zich. Wij kunnen ons eigen succes bepalen. En dat – neem dat maar van ons aan – is echte macht.

Je zult misschien ontdekken dat de antwoorden op bovenstaande vragen veranderen tijdens de verschillende stadia in je leven, maar het doel van deze oefening verandert niet. Deze vragen geven jou het antwoord op wat je wilt en, ook niet onbelangrijk, houden je op het juiste spoor. Neem elke keer dat je een beslissing aangaande je werk moet nemen, de lijst nog eens door. Kijk waar de baan- of carrièreverandering waar je over nadenkt staat ten opzichte van je antwoorden. Passen ze bij elkaar? Zo niet, dan is het waarschijnlijk niet de juiste verandering voor je. Misschien later wel, maar op dit moment niet. En neem de vragen ook door wanneer je bang bent dat je je leven niet meer onder controle hebt. Je zult zien dat dat geruststellend werkt.

Natuurlijk is alleen weten wat we willen niet genoeg om de finish te halen. Veel vrouwen zullen het gevoel hebben dat ze niet volgens hun eigen, ware prioriteiten werken, maar ondernemen desondanks geen actie – omdat ze daarvoor door een muur van ego, financiële en zelfs feministische barricades moeten breken. Maar blijf doorlezen. Je zult zien dat de meesten slechts een klein duwtje in de rug nodig hebben.

Zie je angst onder ogen

Linda Brooks is een ware pionier. Ze is kan heel goed leren, studeerde cum laude af aan een van de beste rechtenfaculteiten en is nu partner bij een groot advocatenkantoor in New York. Maar ze is daar een nieuw soort partner – een 80 procent-partner. Nadat ze jarenlang overvolle werkweken heeft gedraaid, is ze nu elke vrijdag vrij. Dat lijkt misschien niet bijzonder, maar in die wereld is het dat wel degelijk. En haar verzoek om verandering had niets met kinderen of een gezin te maken.

'Ik was begin 30 en ongetrouwd. Ik had ook geen vriend, omdat ik getrouwd was met mijn werk; ik heb niet eens een plant, omdat die bij mij toch maar doodgaan. Ik was in therapie en daar werd mij verteld dat ik 'me te veel met mijn werk identificeerde'. Ik zag wat het probleem was, maar wist niet wat ik eraan kon doen. Ik dacht er lang over na en kwam tot de conclusie dat er vanzelf niets zou gebeuren. Het zou alleen beter kunnen worden wanneer er drastisch iets zou veranderen.'

Linda (we hebben haar naam veranderd omdat haar situatie zo ongebruikelijk is, dat ze nog steeds bang is dat het voor problemen gaat zorgen) is nu intens gelukkig met haar vrije vrijdagen. Hierdoor, zegt ze, is ze in staat om yoga- en dansles te nemen en aan een boek te werken.

Maar het moeilijkste gedeelte van het hele proces was het beteugelen van haar angst, dat het verminderen van de uren uiteindelijk zou leiden tot een verminderde status. 'De dingen die wij onszelf voorhouden – het maakt al het negatieve gepraat over minder werken alleen maar erger. Het werkt als een versterker. Bij elk klein foutje dat je maakt zeg je: "O god, dit is het eind van mijn carrière! Wat heb ik gedaan, dit is vreselijk, ik verlies al mijn klanten! Als ik een klant was zou ik nooit iemand willen die er niet is op vrijdag, wanneer ik hem misschien nodig heb".'

Jij, net als Linda, bent waarschijnlijk ook tot de conclusie gekomen dat er iets moet veranderen. De volgende psychologische stap is begrijpen dat een verandering in status niet nadelig voor je carrière hoeft te zijn. Waarschijnlijk heeft het er zelfs helemaal geen invloed op.

'Ik geniet nu echt van mijn werk wanneer ik ermee bezig ben, maar het is niet meer het enige wat telt. Er zijn gewoon ook andere kanten aan mij die zich nu beginnen te ontwikkelen. Ik begin te leren wat ik leuk vind om te doen!' roept Linda.

Maria Sowder heeft zich altijd al graag met anderen gemeten. Met haar klasgenoten, haar vrienden, zelfs met zichzelf. Ze studeerde op haar sloffen af aan het Georgia Institute of Technology. En ze was altijd aan het plannen. 'Over vijf jaar wil ik dit doen en nog eens twee jaar later dat. Op school was ik al zeer gestructureerd. Ik wilde met hoge cijfers afstuderen, of ik wilde lid zijn van die organisatie en daar dan veel succes mee hebben en er op de hele universiteit bekend om staan,' lacht ze. Maria werd ingenieur en haalde haar MBA terwijl ze werkte voor Georgia Power. Als een van de weinige vrouwen die carrière maakten in een door mannen gedomineerde wereld, genoot ze van de snelheid, de crises, de twaalfurige werkdagen. Totdat ze baby Xavier kreeg. 'Ik kreeg er letterlijk pukkels van,' herinnert ze zich. 'Door alle stress die ik had omdat ik alles perfect wilde doen.' De 32-jarige besloot afgelopen augustus om dingen drastisch te veranderen. Ze zag af van een bijna zekere toekomst als *plant*-manager en verhuisde naar de afdeling milieu – nog steeds uitdagend, maar niet langer op het machoparcours richting meer macht.

'Ik was heel bang, omdat ik me op onbekend terrein begaf,' legt ze uit. 'Je hebt ervaring en dingen bereikt en opeens zet je de rem erop en sla je een andere weg in. Dat kwam nogal als een schok – waarschijnlijk ook voor andere mensen.'

Ja, het kan beangstigend zijn. En nogmaals, wij zijn door en door realistisch. Je zult iets moeten opgeven. Maar uiteindelijk zal dat niet als een opoffering gezien worden en ook niet langer als de psychische aardbeving die Maria beschrijft, maar het zal even duren voordat het zover is. Een van de grootste uitdagingen is het simpelweg overwinnen van je eigen angsten voor dat stapje terug en wat daar de consequenties van kunnen zijn. Bijna alle womenomics-vrouwen hebben een soort oefening moeten doen om met die angsten in het reine te komen. Die van ons noemen we de 'wat als?'-oefening. Het doel? Niet per se duidelijke antwoorden krijgen op onze 'wat als?'-vragen, maar eerder het omarmen van het al lang bestaande psychologische standpunt dat de confrontatie met je angsten de meeste angst al wegneemt.

Maar neem toch maar even een borrel. Deze oefening is moeilijk – het is een huiveringwekkende, volwassen versie van het spookhuis op de kermis. We razen langs al die vreselijke, *worst case*-scenario's met hun gevolgen die opdoemen in de donkere hoeken van je hersenen wanneer je denkt aan een stapje terug doen. Wanneer het licht weer aangaat, zul je zien dat je angsten niet meer zijn dan goedkope, plastic skeletten in combinatie met een paar goede geluidseffecten.

Doe je gordel om, dan gaan we van start.

Womenomics 'wat als?'-oefening

- Stel je het gezicht van je baas voor, wanneer je hem vertelt dat je je terugtrekt uit de race om die belangrijke baan. Zal hij je aankijken alsof je zojuist iets in het Swahili hebt gezegd, terwijl hij zich afvraagt waarom hij ooit in jou geïnvesteerd heeft?
- Je vertelt je chef dat je minder tijd op kantoor wilt doorbrengen. Zal hij zijn hoofd schudden en op die zo irritante, vaderlijke toon zeggen dat jij zo veelbelovend was en dat hij teleurgesteld is in je keuze, terwijl jij onhandig met je handen staat te wringen?
- Wanneer je langs de koffieautomaat loopt, hoor je dan gemompel over 'heeft haar ambities verloren' je kant opkomen?
- Ga je van nu af aan enkel nog de meest saaie, nutteloze opdrachten krijgen?

- Ga je je mooie kantoor met uitzicht kwijtraken, je air, je motivatie?
- Ga je mensen die jou op cocktailparty's vragen wat je volgende carrièrezet is, met een lege blik aanstaren?
- Ga je failliet?
- Zullen ze nee zeggen?
- En het allerergste: word je ontslagen?

Je snapt wat we bedoelen. Geef een eigen draai aan dit soort vragen en ondervraag jezelf net zo lang totdat het strafbaar wordt of de alcohol op is. En nee, dit is geen onnodige marteling. Door je precies voor te stellen wat er zou kunnen gebeuren, of beter gezegd, waarvoor jij bang bent dat er zou kunnen gebeuren, zul je inzien dat het allerergste scenario waarschijnlijk helemaal niet realistisch is. En dat is heel belangrijk. Wanneer jij de angsten die in je hoofd op de loer liggen niet onder ogen ziet en ontmaskert, dan kunnen die vage, donkere gevoelens buitenproportioneel groeien en je helemaal verlammen.

Irrationele angst is misschien wel de grootste vijand van womenomics.

En kijk, je bent meteen beter voorbereid op wat er eventueel echt gaat gebeuren. Waarschijnlijk ga je inzien dat de consequenties helemaal zo erg niet zijn.

Zeker, je baas zal je misschien niet direct het ideale werkrooster geven (om over meer vrijheid nog maar te zwijgen). Ook wij hebben vele omwegen moeten maken op onze reis. En wat wij ontdekten, is dat het ergste dat je kan overkomen wanneer je om meer tijd vraagt, is dat ze 'nee' zeggen. Geen gebroken botten, geen ontslagen. En met al het andere kun je omgaan. Een praktische voorstelling van wat er kan gebeuren is een belangrijke overlevingstraining.

Waar het op neerkomt, is dat wanneer je helemaal in het reine bent met wat je wilt, je eigenlijk helemaal niet zo zit met die *worst-case*-scenario's. Je negeert die gefronste wenkbrauwen en het commentaar in de wandelgangen. En dan, raad eens, gebeurt er iets anders; mensen bekommeren zich weer om hun eigen zorgen en het geroddel over jou stopt.

Zelfs een echte hoogvlieger als de voormalige CEO van Ebay, Meg Whitman, moest hier doorheen. Ook zij ging in tegen de heersende bedrijfscultuur en stelde haar eigen grenzen. Whitman werkte als een jonge, ambitieuze managementconsultant bij Bain & Company toen ze haar eerste kind kreeg. (Ze durfde het haar baas pas te vertellen toen ze zeven maanden zwanger was – de tijden zijn wel veranderd!) Nadat haar zoon geboren was, nam ze een belangrijke beslissing, ongehoord in die veeleisende zakenwereld; ze zou elke dag op een redelijk tijdstip naar huis gaan. 'Ik zei dat ik, mits er geen crisis was, om half zes naar huis zou gaan,' vertelt ze ons. 'Ik wilde niet, net als al die mannen, hier maar blijven rondhangen. Het was allemaal heel sociaal, ik was heel jong, maar weinig van die mannen hadden kinderen en daar maakte ik me zorgen om.'

Maar Whitman ontdekte een onverwacht psychologisch voordeel aan die door haar baby opgelegde uren – ze voelde zich bevrijd. 'In mijn hoofd had ik een soort van excuus voor het feit dat ik nu geen partner zou worden. Ik dacht: oké, als ik geen partner word dan is dat omdat ik dit gezin ervoor in de plaats krijg. En dat had een heel interessant gevolg. Ik werkte efficiënter en kreeg meer zelfvertrouwen omdat ik mezelf uit de problemen had gehaald.'

Omgaan met de statusvalkuil

Er zit een klein addertje onder het gras bij dit hele proces van het herdefiniëren van succes aan de hand van je eigen voorwaarden. Of, voor sommigen onder ons, een hardnekkige, reusachtige adder: onze ego's. Zelfs wanneer je de tevredenheid en logica voelt van het eindelijk weten wat je echt wilt, en je begrijpt dat dit niet het einde betekent van je carrière, zal je ego (dat je als professionele, succesvolle vrouw zo goed gekoesterd hebt) telkens weer opspelen en deze evolutie ondermijnen.

Natuurlijk kan je ego een sterke en positieve stimulans in het leven zijn. Maar de statusvalkuil ontstaat wanneer wij onszelf toetsen aan de hand van maatstaven die niet de onze zijn. Het beoordelen van je leven aan de hand van de doelstellingen van iemand anders zorgt voor net genoeg aansporing om door te gaan – te gaan voor die volgende promotie, die grotere bonus, die mooiere auto of de hogere titel – maar het levert niet de voldoening op die jou gelukkig maakt. Waarschijnlijk ken je de ervaring van het krijgen van opslag, een promotie, een leuke bonus, en in plaats van daar helemaal uitgelaten over te zijn, zoals je zou verwachten, voel je je een beetje teleurgesteld. Dat blinkende, nieuwe iets dat jij verdiend hebt, lijkt achteraf misschien iets meer op lokaas dan op een beloning. En nu krijg je ook nog eens meer uren, meer vergaderingen, meer stress – en minder van wat je echt leuk vindt.

De statusvalkuil is een soort professioneel drijfzand; hoe verder je gaat, hoe dieper je naar beneden getrokken wordt. Die kracht die aan jou trekt, zit in je hoofd en is voortgekomen uit een gevoel van verantwoordelijkheid, de wil om 'meer en beter' te doen, je professionele contacten op het werk en, heel simpel, je misleide ego. Om uit dat professionele drijfzand te komen moet je je eerst realiseren dat je er inzit. En vervolgens moet je een aantal duidelijke afweermiddelen inzetten die ervoor zorgen dat je niet opnieuw in deze val kunt lopen.

Toen wij haar voor het eerst ontmoetten, was Christine Heenan gevraagd voor een hele goede baan op de communicatieafdeling van de Harvard-universiteit. Christine had de afgelopen vijf jaar haar eigen communicatiebedrijf op Rhode Island geleid. Daarvoor had ze lesgegeven aan de Brown-universiteit en daarvoor had ze onder Clinton in het Witte Huis gewerkt. Tijdens de periode op Rhode Island had ze het gevoel gehad dat ze er niet meer helemaal bij hoorde.

'Ik weet nog dat ik met ex-collega's van het Witte Huis op een bruiloft in Quebec was. Er waren heel veel vrouwen van mijn leeftijd die ik hier weer zag, en die fascinerende dingen deden. Er was er eentje bij die net klaar was met een studie rechten en die zich nu bezighield met de mensenhandelproblematiek. Een ander was hoofd communicatie bij NBC en zo hoorde ik nog meer verhalen. En ik dacht alleen maar: o, ik moet je iets vertellen over mijn zoontjes Alex en Colin. De meeste mensen daar kwamen uit de zakelijke wereld van New York en Washington D.C. en daar hoorde ik duidelijk niet meer bij.'

Dus toen Harvard interesse toonde, voelde Christine zich gevleid. Het telefoontje streelde haar ego. Bovendien ging het, los van dat ego, om een heel aantrekkelijke baan. Maar Christine was jarenlang bezig geweest om in Rhode Island een carrière op te bouwen die voor haar de ideale balans tussen werk en privéleven opleverde; flexibiliteit op het werk was heel belangrijk in haar bedrijf en ze wilde die vrijheid liever niet opgeven. De Harvard-baan zou betekenen dat ze weer voor iemand anders zou werken, in iemand anders zijn uren. Vaarwel controle, hallo bedrijfsregels. Ze wist niet wat ze moest doen.

'Een van mijn reacties was opluchting,' zegt ze. 'Ik was blij dat ik nog steeds gevraagd werd voor zo'n baan. Ik was blij dat ik mezelf nog niet helemaal onzichtbaar had gemaakt voor dit soort zakelijke mogelijkheden.'

Maar toen Christine haar ego eens recht in de ogen keek, besefte ze dat ze de baan helemaal niet wilde. Ze vertelde de mensen van Harvard dat het een droombaan was voor haar, maar dat die droom zou moeten wachten totdat haar kinderen ouder waren.

Sarah Slusser is een gescheiden en hertrouwde, 45-jarige moeder van twee jongens en senior vicepresident bij AES, een energiebedrijf in Virginia. Zij regelt afspraken om over de hele wereld elektriciteitscentrales neer te zetten. Ze is intelligent en effectief en zou een enorme aanwinst zijn voor welk groot financieel bedrijf dan ook. Sarah werkt in een wereld waar zakelijke transacties van meerdere miljoenen heel normaal zijn. Ze is heel goed in wat ze doet en zou heel wat meer kunnen verdienen dan haar huidige salaris als ze bijvoorbeeld bij een investeringsbank op Wall Street zou gaan werken. Ze zou dit moeten weten, want ze heeft al meerdere goed betaalde banen afgeslagen – en elke keer wanneer ze dat doet, heeft haar ego daar moeite mee.

'Dat hele ego-gedoe is behoorlijk lastig,' geeft Sarah toe. 'Wanneer ik lunch met vrienden, dan gaat het wel. Maar als ik aan het werk ben, dan is het moeilijker om me erbij neer te leggen. Vroeger had ik de leiding over een team, maar ik heb een stapje terug gedaan en nu is dat verleden tijd. Je zit in vergaderingen met mensen die behoorlijk hoge posities hebben en je weet dat jij daar ook zou kunnen zitten, maar je hebt ervoor gekozen om dat niet te doen om meer tijd voor je kinderen te hebben. Het is moeilijk.'

Sarah heeft ontdekt hoe ze haar professionele ambities en beschadigde ego kan verzoenen met haar beslissing om de promoties niet te aanvaarden.

'Ik herinner mezelf er regelmatig aan waarom ik die keuzes gemaakt heb – alle redenen waarom ik niet meer op de positie zit die ik vroeger bekleedde. Ik blijf mezelf voorhouden dat het het waard is omdat ik nu mijn zoon van school kan ophalen of wat dan ook. Maar ik moet mezelf er wel aan blijven herinneren.'

Het feit dat deze vrouw twijfelt over zulke aanbiedingen, getuigt van haar ambities. En misschien functioneren de aanbiedingen zelf, ook al worden ze niet geaccepteerd, als een bruikbare, psychologische oppepper. 'Ik denk dat ik het daarom ook zo prettig vind om deze banen aangeboden te krijgen,' zegt Sarah. 'Misschien is dat wel de reden dat ik erover twijfel. Het voelt fijn om gewild te zijn. Ik ben onlangs aangesteld als directeur van de raad van bestuur van een *hedge fund* dat ik afgewezen had – toen ze mij het persbericht toestuurden, voelde dat prettig. Ik had er niet bij stilgestaan dat ze een persbericht lieten uitgaan. En ik was er blij mee.'

Maar Sarah is duidelijk: zolang haar twee zoontjes nog klein zijn, zal ze niet verhuizen, zelfs niet voor een baan waarvoor ze kort geleden nog een veelvoud van haar huidige salaris aangeboden kreeg.

'Door bij één organisatie te blijven en daar op te klimmen krijg je steeds meer flexibiliteit en dan wordt het moeilijk om die in te ruilen voor iets anders. Echt moeilijk,' zegt ze. 'Bovendien, hoeveel geld heeft een mens eigenlijk nodig?'

Het belangrijke onderdeel van deze mentale aanpassing is niet enkel het weten wat je wilt en waarom je iets anders niet wilt, het is het je elke dag weer daarvan bewust zijn.

Katty: 'Het ego is een enorm probleem in televisieland. Onze carrières vallen of staan met gezien worden. Hoe meer we herkend worden, hoe beroemder we worden, hoe meer waarde we hebben voor onze organisatie en hoe meer ze ons betalen. Het is een verleidelijke en zeer gladde helling. Want zodra je iets van die roem geproefd hebt, wil je toch meer en, zoals met alle verslavingen, al gauw kun je niet meer zonder. En dan lever je veel te veel in, alleen maar om je hoofd op tv te krijgen. Toen mijn televisiecarrière succesvoller werd, ontdekte ik de valkuilen van deze verleiding. Mensen begonnen me te herkennen. Niet zoals ze de echt bekende tv-gezichten herkennen natuurlijk, maar af en toe zei iemand in de plaatselijke supermarkt of in de incheckrij op het vliegveld: "Hé, ken ik u niet ergens van?" Of zelfs: "Mevrouw Kay? Wauw, ik ben zo'n fan van u. Ik ben gek op uw Britse accent/roze jasje/nieuwe kapsel, of (zelden) uw kijk op de politiek." Ik moet toegeven, hoewel ik me er eigenlijk voor schaam, dat ik dat leuk vond. Het maakte dat ik me een beetje belangrijk voelde en ik begon zowaar te geloven in het belachelijke idee dat, wanneer meer mensen mij zouden herkennen, ik me niet alleen belangrijker zou voelen maar ook belangrijker zou zijn. Hierdoor werd ik gevoelig voor banen die mij aangeboden werden en die duidelijk niet strookten met mijn persoonlijke doelstellingen. Natuurlijk dacht ik erover na, ik kan 60 uur per week, 52 weken per jaar werken, constant oproepbaar zijn, wanneer ik daardoor vaker op tv te zien ben en mijn gezicht misschien wel verschijnt op de achterkant van een bus. Geloof me, ik weet hoe een ego aan je kan trekken. En zelfs nu nog, wanneer ik meer zendtijd of blogtijd aangeboden krijg, heb ik te maken met het interne gevecht tussen het duivelse stemmetje van mijn ego en de verstandige stem van mijn evenwichtige leven. Ik kan nog steeds verleid worden door de complimentjes van mijn baas die me vertelt hoe geweldig het is dat zijn baas wil dat ik meer zendtijd krijg. En ook ik moet dan weer even teruggaan naar onze leftest om te kijken of dit nieuwe aanbod wel in mijn leven past. Gelukkig wint de stem van mijn evenwichtige leven het meestal van die van mijn ego en schreeuwt: "Ben je helemaal gek geworden? Je doet nu al veel te veel, doe normaal!" En naar die stem luister ik.'

Ego-reset

Elke keer wanneer je weer zo'n onvermijdbaar egomoment hebt en nadenkt over wat je allemaal had kunnen bereiken, hoeveel je zou kunnen verdienen, wiens voormalige kantoor en titel van jou zouden kunnen zijn, dan moet je jezelf een halt toeroepen en op de egoresetknop drukken.

Een ego is een natuurlijk en gezond iets, maar om er zeker van te zijn dat de invloed van je ego positief blijft, moet je zorgen dat het goed gericht staat. En daar gaat het om bij de ego-reset.

Het proces van weer op de juiste koers komen begint met het realiseren dat je je laat meeslepen door een 'egotastische' fantasie – ook wel bekend als de egotrip.

Denk vervolgens eerlijk na over de dagelijkse harde feiten die je zou moeten doorstaan om überhaupt een kans te maken op die promotie of positie waaraan je, dankzij je ego, loopt te denken. Denk aan de uren, de bazen, de vergaderingen, de vermoeidheid en al die andere dingen waarmee we maar al te bekend zijn.

En visualiseer als laatste een of meer positieve, concrete dingen die ervoor zorgen dat jij anders naar je leven bent gaan kijken. Misschien is dat een ochtendwandeling, avondeten met je kinderen, of gewoon de tijd hebben om een boek te lezen. De truc is om deze dingen in gedachten echt voor je te zien.

Dus, de drie stappen voor de ego-reset:

1. Pauzeer en erken dat je een egotrip maakt.
2. Denk je in in de dagelijkse realiteit van waar je nu over fantaseert.
3. Visualiseer de positieve dingen van je nieuw verworven vrije tijd en een meer gebalanceerd leven.

Zoals met alles, zul je zien dat, wanneer je dit driestappenplan een paar keer uitprobeert, het daarna vanzelf komt. Na verloop van tijd zal het verlangen van je ego naar de dingen die eerder nog zo aanlokkelijk leken, overgaan in een gevoel van tevredenheid met de nieuwe, positieve dingen die je hebt verkregen.

Confrontatie met de feministische idealen

Dan is er nog een, redelijk onverwacht, onderdeel van de mentale uitdaging – hoe om te gaan met onze schuld aan onze baanbrekende, feministische voorgangsters? Het is een gecompliceerde relatie – deels dankbaarheid, deels bewondering, deels schuldgevoel, deels afwijzing.

Hier ligt je uitdaging. Terwijl je probeert om positieve veranderingen door te voeren in je leven, zul je misschien op wat scepsis of kritiek stuiten van sommige oudere vrouwen die voor ons de barricades opgingen.

Misschien dat jij zo'n enorm gevoel van begrijpelijke loyaliteit naar die vrouwen toe hebt, dat je ze niet wilt teleurstellen. Of misschien behoor jij ook wel tot die 'wij moeten precies hetzelfde zijn'-groep van feministen en worstel je nu met wat in jouw ogen ongelijkheid is.

Wanneer je het gevoel hebt dat je last hebt van dit feministische conflict, of het nu echt is of verbeelding, denk dan aan het volgende:

- Er is genoeg onderzoek, zoals je in hoofdstuk 2 hebt kunnen lezen, dat aantoont dat vrouwen biologisch gezien nu eenmaal behoefte hebben aan een andere vorm van succes.
- Vrouwen zijn tegenwoordig in de positie dat ze niet alleen meetellen op de arbeidsmarkt, maar deze ook kunnen beïnvloeden en zelfs uitdagen. En wat is er nu geëmancipeerder dan een vrouw die niet alleen maar achter een bureau zit, maar die haar werkomgeving kan veranderen op basis van haar eigen inzichten als vrouw? Is dat niet ook een feministische doorbraak?
- Uiteindelijk is het heel begrijpelijk dat wij ons bewust zijn van de vrouwen die vóór ons kwamen – degenen die de weg voor ons hebben gebaand. Maar je moet ook denken aan die andere groep, die net zo belangrijk is: de jonge vrouwen die weer na ons komen. Het is echt niet egoïstisch om te kiezen voor een leven zoals jij dat wilt!

Kosten omzetten in winst

Intussen ben je er waarschijnlijk wel van overtuigd dat het aanpassen van je leven aan wat jij echt wilt en nodig hebt, enorme voordelen met zich meebrengt. Maar, waar geprofiteerd wordt, worden ook kosten gemaakt. Het bepalen van die kosten en voordelen is moeilijk en voor iedereen anders. Wij kunnen niet bepalen hoe jouw cijfers uitvallen, maar we kunnen je wel helpen om op de juiste manier met het probleem om te gaan. En dat is belangrijk, want waar het bij womenomics eigenlijk om draait is dat je de wereld op een andere manier gaat bekijken.

Om te beginnen bepaalt de manier waarop jij je leven leeft of jij iets als voordeel of als kostenpost ziet. Wanneer je continu op jacht bent naar geld, dan is een opslag van 10 procent zeker een voordeel, zelfs als je daarvoor meer uren per week moet werken.

Maar wanneer je op zoek bent naar een uitgebalanceerd leven, waarin je gezin, je passies en het genot van een klein beetje vrije tijd elke week een grote rol spelen, dan ziet het er allemaal al weer heel anders uit.

Om dit verschil draait het bij de kosten-batenanalyse op de womenomics manier. Wat we jou in dit hoofdstuk hebben proberen te laten zien is dat het er bij het mentale spel om gaat dat je enkele van de belangrijkste obstakels weet te omzeilen – de innerlijke, persoonlijke obstakels – op weg naar het echte succes. En nu willen we dat je die regels van dat mentale spel in de praktijk gaat brengen.

Tijd versus geld

Volgens de traditionele manier van denken wordt het verlies van vrije tijd om meer geld te gaan verdienen, helemaal niet als een kostenpost gezien. Maar wanneer je door de womenomics-bril kijkt dan is extra vrije tijd juist meer waard dan een hoger salaris.

Vergelijk het eens met de financiële handel. We nemen wat minder van het ene product, waardoor we meer kunnen kopen van een ander product, dat voor ons meer waarde heeft.

Hier is het belangrijk om onszelf er even aan te herinneren dat wij makkelijk praten hebben. Wij zijn in de gelukkige positie dat we kunnen kiezen voor het inleveren van een gedeelte van ons inkomen, in ruil voor meer tijd. Wanneer je arm bent, of dat nu in New York of in New Delhi is, dan heb je die keuze niet. Het is een luxe en wij, als professionele vrouwen, moeten beseffen hoe gelukkig we zijn.

Hoeveel tijd je nodig hebt en hoeveel geld je inlevert om die tijd te krijgen, zijn vragen die alleen jij kunt beantwoorden. Ook hier moet je eerlijk zijn. Wanneer jij je ongelukkig voelt als je niet regelmatig even helemaal los kunt gaan in je favoriete kledingwinkel; wanneer een leven zonder verre reizen ondraaglijk lijkt of wanneer je elke cent nodig hebt voor de vioollessen van je zoon, dan moet je misschien toch wat van je tijd inleveren, of gewoon iets efficiënter werken. (Later in dit boek zullen we je nog uitleggen hoe je tijd kunt besparen zonder dat je daarvoor je hele loopbaan moet veranderen.)

De womenomics-balans

Om je op weg te helpen, hebben we een lijst gemaakt van enkele van de andere, belangrijke 'kostenposten', die we allemaal denken tegen te komen in onze pogingen om tot een 'nieuw alles' te komen. Wat al snel duidelijk zal worden, hopen we, is dat wat in eerste instantie misschien een kostenpost lijkt, dat helemaal niet hoeft te zijn. Er zou zomaar een verborgen voordeel achter kunnen zitten.

Kostenpost 1

'Is een achteruitgang in salaris niet altijd een grote stap achteruit?'

Verborgen voordeel 1

Denk niet in uurloon – denk in waarde, zoals Jennifer ontdekte. De waardevermeerdering voor je leven dankzij die paar extra uurtjes per week kan enorm zijn. Het kan het verschil betekenen tussen welzijn en chaos.

En onthoud: niet elke minuut is gelijk. Tussen 4 en 6 uur in de gelegenheid zijn om je kinderen op te halen, of vrijdagmiddag vrij hebben om te kunnen gaan joggen of met vrienden af te spreken, geeft een voldoening die letterlijk niet te koop is. Dus, voordat je het inleveren van salaris als onnodige luxe classificeert, denk dan eens aan die paar extra uur waarin je al die kleine, maar o zo belangrijke dingen kunt doen die vanuit het perspectief van je kantoorbureau zo onbereikbaar lijken.

Katty: 'Als ik toch eens een dollar kon krijgen voor elke keer dat me gevraagd wordt: "Hoe doe je het?" Dan zou ik inmiddels behoorlijk rijk zijn. Maar dat zou dan ook mijn enige kans op een beetje rijkdom zijn, omdat ik namelijk helemaal niet zo hard werk; niet als je het aantal uren telt, tenminste. In mijn hoofd heb ik een ingebouwde klok en als die meer dan 30 uur in de week geteld heeft, dan doe ik te veel en moet ik dingen laten vallen. Mijn ideale werkweek telt niet meer dan 25 uur buitenshuis. Uiteraard zijn er periodes dat ik meer moet doen – denk maar eens aan een verkiezingsjaar! Maar daarna zorg ik er dan weer voor dat ik vrij kan nemen. Mijn eerste vraag bij elk nieuw project is: hoeveel tijd is daarvoor nodig? Mijn eerste gedachte bij elke nieuwe baan: kan ik dat doen en nog steeds genoeg tijd over hebben? Zo niet, dan weet ik dat het niets voor mij is. Ik heb beter betaalde banen afgeslagen om controle over mijn uren te kunnen houden. De middagen die ik vrij ben en waarop ik mijn kind kan verrassen door het van school af te halen of de (relatief) rustige maandagochtenden met mijn jongste, wanneer we kruiden planten in de tuin – niemand kan die van me afkopen, voor wat voor prijs dan ook.'

Kostenpost 2

'Maar geld, en de symbolische macht van geld, maken mij tot wat ik ben.'

Verborgen voordeel 2

Dat is echt niet waar en het zou zeker ook niet zo mogen zijn. Je zult zien hoe bevrijdend het werkt om je ego los te zien van wat je verdient. Wanneer je tijd voor geld ruilt, krijg je niet alleen letterlijk meer tijd om productief kinderen op te voeden of op een andere manier een bijdrage aan de maatschappij of een beter leven te leveren, maar verwijder je ook die valse, innerlijke graadmeter die alle positieve energie ondermijnt. Wanneer je je eigenwaarde bepaalt aan de hand van iets onbenulligs als een salaris, dan ben je minder in staat om tevreden te zijn met je echte werk en je andere prestaties.

Kostenpost 3

'Ik durf hier niet mee aan te komen bij mijn baas. Zij denkt dan vast dat ik lui en ongemotiveerd ben en dan krijg ik waarschijnlijk nooit meer een goede opdracht.'

Verborgen voordeel 3

Je baas hiermee confronteren kan juist heel gunstig werken. Het toont kracht, wanneer jij moedig en vol zelfvertrouwen vertelt wat je wel en niet wilt. Bazen hebben bewondering voor mensen die hun grenzen aangeven en bereid zijn om voor zichzelf op te komen. Sterker nog, in plaats van dat je ongemotiveerd overkomt, laat je, door duidelijk te maken wat jij wel en niet wilt, juist zien dat je actief en juist wel gemotiveerd bent door, op zoek naar verandering, buiten het vaste stramien te denken.

Geloof ons nu maar, het lijkt misschien onmogelijk, maar dit is echt een verborgen voordeel. En wanneer jij goed werk levert, dan denkt echt helemaal niemand dat je lui bent. In hoofdstuk 6 zullen we je meer vertellen over dit onderhandelen.

Kostenpost 4

'Mijn collega's zijn er zeker niet blij mee en krijgen vast een slechte indruk van me.'

Verborgen voordeel 4

Misschien... maar zit je daar echt mee? Is dat nu echt belangrijk? Over het algemeen denken mensen toch wat ze willen denken, hun reacties zijn hun eigen keuze en eigen verantwoordelijkheid. Maar de waarheid is dat je collega's waarschijnlijk jaloers zullen zijn op wat jij hebt weten te bereiken. En zij die het na een paar weken nog niet gewoon vergeten zijn, zullen je waarschijnlijk gaan benaderen en vragen om tips. Sterker nog: sommigen zullen jou als een rolmodel of mentor gaan zien en worden misschien aangemoedigd om hetzelfde te doen.

Kostenpost 5

'Het is niet eerlijk. Ik offer me op en mijn man doet niets. Waarom moet ik meer opgeven dan hij?'

Verborgen voordeel 5

Vergeet niet dat tijd niet voor iedereen evenveel waard is. En vooral thuis wordt dit verschil duidelijk.

Een extra uur per dag met de kinderen is voor ons misschien tien keer zo veel waard als voor iemand anders – zelfs onze echtgenoten. Een deel van onze overtuiging om te vechten voor meer tijd thuis kwam voort uit ons besef dat wij degenen zijn die bij onze kinderen willen zijn. Soms is het gemakkelijk om, in de chaotische huishoudens met twee werkende ouders, te zeggen: 'Ja, als jij eerder naar huis zou komen, dan zou ik het niet hoeven te doen.' Wij twee weten dat we dat gedaan hebben – kwaad zijn op onze mannen omdat ze niet vaak genoeg thuis waren. Maar waar het hier om gaat, is ónze tijd met onze kinderen. Wij zijn de gelukkigen die extra tijd met ze mogen doorbrengen.

(Trouwens, net zoals je niet graag beoordeeld wilt worden op hoeveel tijd je nodig hebt, zul je deze werk-leven-sommen een stuk makkelijker vinden wanneer je andermans tijd ook niet probeert te beoordelen. Toen we onderzoek deden voor dit boek, hoorden we een verhaal van een man die naar zijn baas toe stapte om te vragen om minder tijd op kantoor. 'Tja,' zei die baas, 'we kunnen misschien wel iets regelen, maar waarom wil je het eigenlijk?' 'Om meer tijd met mijn hond te kunnen doorbrengen,' antwoordde die man! En wie zijn wij dan om te beoordelen of dat het waard is.)

Succes opnieuw gedefinieerd

Zoals je gezien hebt, is het overwinnen van de mentale hindernissen het belangrijkst op zoek naar het 'nieuwe alles'. Het gaat hier om heel wat uitdagingen, variërend van op het oog eenvoudige overwegingen als 'verdien ik wel genoeg geld?', tot zorgen over hoe de mensen om ons heen zullen reageren op onze nieuwe benadering van werk en leven, tot zelfs een schuldgevoel omdat we 'opgeven' waarvoor zoveel hardwerkende vrouwen gevochten hebben om het te bereiken.

Wat belangrijk is om te onthouden, is dat om te beginnen deze angsten en zorgen heel natuurlijk zijn. Hoe belangrijk is een levensverandering tenslotte, wanneer die niet vergezeld gaat van wat zorgen en angsten?

Daarnaast moet je bedenken dat voor elk van die angsten of zorgen er een oplossing bestaat, zowel wat je leven als wat je werk betreft. Je hoeft niet de Mount Everest te beklimmen of in een boeddhistisch klooster te gaan zitten om een nieuwe kijk op alles te krijgen. Het enige wat je moet doen, is je angsten onder ogen zien, jezelf ermee confronteren en, het allerbelangrijkste, gefocust blijven op je echte wensen en doelen.

Gefeliciteerd, je bent op de goede weg. Je hebt je definitie van succes bijgesteld en besloten dat je niet van die lange dagen hoeft te werken om te laten zien wat je waard bent. Je kunt jezelf toestaan om van die ladder af te springen en je eigen koers te varen op weg naar een beter leven. Je moet nog slechts een ding doen: je denkpatroon veranderen zodat je trots bent op het feit dat je zo weinig uren werkt.

Dat is succes – en dat maakt jou niet onnozel. Schreeuw gewoon van de daken dat je een interessante baan wilt, tijd voor je gezin, én een leven.

Ja, we weten dat de kans minimaal is dat je baas je gaat feliciteren met je nieuwe instelling, wanneer je om 3 uur het kantoor verlaat of, beter nog, helemaal niet meer komt. Maar waarom geef je jezelf niet gewoon een klopje op je schouder? Waarom ga je niet nog een stapje verder dan het verwerpen van de mythe dat je enkel trots op jezelf kunt zijn wanneer je lange dagen draait? Draai gewoon die hele werk-tijd-succes-definitie om en bedenk dat, wanneer je een interessante baan hebt waarvoor je jezelf niet helemaal kapot hoeft te werken – dat pas een écht succesverhaal is.

Dat is precies wat Maria Sowder van Georgia Power zich realiseerde. Weet je nog hoe bang ze was voor de nieuwe weg die ze ging inslaan? Nou, haar bazen reageerden uitermate goed op haar carrièreverandering en hebben haar gezegd dat ze te allen tijde weer terug kan komen op een hogere functie. De meeste dagen heeft Maria nu tijd om haar zoon nog even in de klas aan het werk te zien, even met de juf te praten en hem vervolgens mee te nemen naar zwemles. Ze is overgelukkig met haar nieuwe positie en haar nieuw verworven tijd. 'Ik heb de dingen weer in perspectief gezet, meer in balans gebracht en ik vind het helemaal geweldig,' zegt ze, terwijl ze haar hoofd schudt. 'Wanneer ik erop terugkijk, snap ik niet dat ik niet eerder ingezien heb hoe we ons leven zouden moeten leiden en hoe we de dingen in balans moeten brengen.'

Wij hebben allebei jarenlang net gedaan alsof meer tijd op het werk onze belangrijkste ambitie was. Wij, zoals zo veel vrouwen die wij kennen, zijn zelfs zo ver gegaan dat we opschepten over het aantal overuren dat we maakten – alsof dat iets is om trots op te zijn. We knikten ernstig, wanneer collega's vertelden dat ze toch echt niet meer dan twee weken vakantie per jaar konden opnemen.

Waarom geloven we toch steeds weer in dat ouderwetse, machodenkbeeld dat het aantal uren dat je doorbrengt op je werk de definitie van succes is?

Nou, vooral omdat we ons dan zóóó belangrijk voelen. Wanneer we continu moeten werken, lijkt het er op de een of andere manier op dat onze bedrijven echt van ons afhankelijk zijn; zozeer zelfs, dat ze het niet zouden overleven wanneer wij om 5 uur naar huis of op vakantie zouden gaan. O nee, want wij zijn onvervangbaar! Wij kunnen niet weggaan; het hele bedrijf zou in elkaar storten!

Bedrijven realiseren zich steeds vaker dat wat jij produceert belangrijk is, niet hoe, waar en wanneer je dat doet. Succes in deze nieuwe zakenwereld wordt niet langer op dezelfde manier gemeten.

Volgens ons ben jij, wanneer je je doelen voor je werk vaststelt, die haalt en ook nog tijd overhebt, een echte superster. Want laten we eerlijk zijn, de meesten van ons zouden met gemak de wereld kunnen leiden, als we vijftien uur per dag achter ons bureau zouden zitten. De meeste capabele, goed opgeleide vrouwen zouden dat kunnen – en sommigen doen dat ook. Maar is het niet net zo indrukwekkend, misschien zelfs nog wel meer, om een nieuw, vrijer, meer geïntegreerd 'alles' bereikt te hebben? Dat is onze nieuwe balans en volgens ons is het de nieuwe definitie van een succesvolle vrouw.

Nieuws waar je wat aan hebt

1. Bepaal wat jij echt wilt – niet wat anderen zeggen dat jij zou moeten willen.
2. Probeer die statusvalkuil te ontwijken – status is helemaal niet goed voor je ego.
3. Zie je angsten onder ogen en doe de rekensom: de kosten van veranderingen zullen al snel veranderen in voordelen wanneer je door de womenomics-bril kijkt.

4

Vaarwel schuldgevoel (en welkom 'nee')

Al sinds mensenheugenis hebben vrouwen de last van het schuldge-voel met zich meegedragen. Adam neemt een hapje van de verboden appel en – ja hoor, geef de schuld maar weer aan Eva. Het allereerste schuldgevoel. En helaas maken vrouwen het ook makkelijk. Door de jaren heen hebben wij 'uit het paradijs geschopt worden' stilletjes toegevoegd aan de lange lijst met dingen waarover we ons schuldig moeten voelen.

Volgens ons is schuld zo'n enorm probleem voor vrouwen, bij hun pogingen om de manier waarop ze werken te veranderen, dat we er een apart hoofdstuk aan wijden. Maar dit is wel een goed-nieuwshoofdstuk. We helpen je inzien hoe één verraderlijke emotie je kan beletten om het werkende leven te krijgen dat je werkelijk wilt. Schuldgevoel belet je naar huis te gaan om drie uur zodat je de kin-deren van school kunt halen, ook al ben je klaar voor die dag. Het weerhoudt je ervan die extra opdrachten, waar je mannelijke colle-ga's geen zin in hebben, af te slaan. Het kan de hele dag verpesten, ook al heb je dat niet verdiend.

Kijk – wij hebben nu eenmaal een natuurlijke gave voor allerlei emoties en, zoals we in hoofdstuk 1 al geschreven hebben, dat kan in ons voordeel werken. Maar te veel van iets goeds, te veel intuïtie en meeleven, en opeens bevind je je in een gevecht met die vernietigen-de kwelgeest schuldgevoel. En niet te vergeten diens boze stiefzus-ter, het gevoel dat je anderen een plezier moet doen. Wij zullen je hier een kaart aanreiken, die jou om al die door schuldgevoel bezette valkuilen heen zal leiden, zodat je ook echt je 'nieuwe alles' kunt be-reiken.

Geloof het of niet, er zijn echt vrouwen die hun emoties onder controle hebben weten te krijgen en ze vervolgens ingezet hebben om er hun voordeel mee te doen, in plaats van hun nadeel. In dit hoofdstuk zul je zien dat je jezelf geen slap, op-de-vloer-zittend, meditatief feestje meer hoeft aan te doen (nogmaals, als je dat leuk vindt, dan moet je het vooral doen...), maar dat je concrete, realistische stappen kunt ondernemen om die verraderlijke, berekenende, negatieve emoties kwijt te raken en de positieve, versterkende, typisch vrouwelijke emoties, die jou maken tot wat je bent, te behouden.

Net zoals met alles is hier oefening en toewijding voor nodig. Maar gelukkig zijn dat twee dingen waar jij, als professionele vrouw, waarschijnlijk heel goed in bent. In dit hoofdstuk gaan we eens goed naar je emoties en slechte gewoontes kijken, waarbij we je een procedure aanleren waarmee de belangrijkste boosdoener, schuld, uit je leven verdreven kan worden. Daarna leren we je de positieve mogelijkheden van het woord 'nee' en hoe je die kunt gebruiken. De gave om dat belangrijke, kleine woordje 'nee' te gebruiken, is het ultieme bewijs dat jij je van schuld doordrenkte emoties onder controle hebt. Het betekent dat je echt kunt gaan beginnen met vragen om wat jij wilt.

Linda Brooks, onze parttime partner bij dat kleine advocatenkantoor in New York, zegt dat de grootste uitdaging bij wat ze bereikt heeft, vrijwel zeker op het emotionele vlak ligt. En ze raadt andere partners die haar voorbeeld willen volgen dan ook aan om zich te hoeden voor de stroom van emoties.

'Ik denk echt dat de ene persoon een beetje meer zelfvertrouwen nodig zal hebben dan de ander,' zegt ze. 'Want je moet stevig in je schoenen staan om halverwege een contract als associé op te staan en te zeggen: "Ik wil een leven!" En te zeggen: "Ik wil een leven en ik word partner en ik ga proberen dat allebei te doen." Dat is geweldig, maar ik denk wel dat er een beetje meer zelfvertrouwen nodig is om niet paranoïde te worden en je schuldig te voelen en het op te geven wanneer het allemaal niet zo makkelijk blijkt te gaan.'

Schuld: de waardeloze emotie

Zie het zo: we weten dat onze hersenopbouw en onze chemie beter ontwikkeld zijn, beter en sneller in staat zijn om consequenties te overzien en met anderen mee te leven dan dat dit bij mannen het geval is. Het spreekwoordelijke zesde zintuig is een vrouwelijk zintuig – het is de gave om onuitgesproken dingen, waarvan mannen niet eens weten dat ze bestaan, aan te voelen en te begrijpen.

Maar daartegenover staat ons schuldgevoel. Dat is echt de andere kant van de medaille. Omdat wij zo meevoelend zijn en ons verbonden voelen, zijn we ons ook zeer bewust van wat mogelijk is of zou moeten zijn of wat er gebeurd is of zou moeten gebeuren of wie wat zou kunnen voelen en – uiteraard – waarom dat allemaal onze schuld is.

Claires herkenbare, vijf minuten durende, alles verterende maalstroom van schuldbewuste gedachten, de schuldgevoel-soundtrack – ook wel bekend onder de naam schuldtrip: Ik voel me schuldig omdat ik Della achterlaat bij onze geweldige oppas, waar ze gek op is. Ook al ben ik vandaag vrij, ik moet toch echt gaan nadenken over die reportage die ik moet gaan maken over de moord op Bobby Kennedy – want dat moet wel kundig gedaan worden. Er komen vrienden eten en ik zal iets makkelijks moeten verzinnen. Zullen ze teleurgesteld zijn? Ik heb nog steeds die aardige mensen niet teruggebeld over wie ik die medische reportage gemaakt heb, om te vragen of het naar hun zin was. Zouden ze kwaad zijn? Ons huis is een zootje, er zitten mieren in mijn werkkamer, de kinderen houden echt iets over aan alle chaos en rotzooi hier. Ik heb nog steeds niets gekocht voor de verjaardag van mijn man. Komt het wel goed met die vloerbedekking die ze beneden aan het leggen zijn? Volgens mij hebben de mannen honger. Moet ik broodjes voor ze gaan kopen?

Bij Amazon.com zijn honderden zelfhulpboeken verkrijgbaar die je kunnen helpen om van dit soort schuldgevoelens af te komen. En er is ook wel een dik boek (zo niet meer) voor nodig om het schuldgevoel compleet uit je hoofd te verbannen. Wij behandelen hier slechts een klein, maar belangrijk puntje uit die enorme, vrouwelijke schuldtaart: je moet proberen om die nutteloze emotie geen belemmering te laten zijn om je doelen te halen – door jou 'ja' te laten zeggen tegen meer werk dan je eigenlijk wilt. Je hoort je goed te voelen, niet schuldig, over het krijgen van wat je wilt in je werk. In feite heb je niets aan schuld; het is door jezelf opgelegd en je wordt er niet beter van, noch je collega's, noch je kinderen en je baas.

Hierover onderhandel je met jezelf en niet met je baas. Maar wanneer je het goed doet, garanderen we je dat het je heel veel tijd op je werk bespaart.

Het belangrijkste is dus om je ervan bewust te zijn dat schuldgevoel, wanneer je helemaal niets verkeerd gedaan hebt, een nutteloze emotie is. Blijf dit voor jezelf herhalen: schuld is nutteloos. Schuld is nutteloos.

Schuldtrips: de klassiekers

Wanneer je niet zeker weet of schuld je werkleven (of welk deel van je leven dan ook) in de wurggreep heeft, kijk dan eens of je ooit een van onze populairste schuldtrips hebt meegemaakt. De meesten van jullie zullen inzien dat ze nog heel wat werk voor de boeg hebben.

Je zit op je vrije dag met je kinderen in het park, de zon schijnt op je rug, niemand heeft ruzie (ja, ja... maar goed; je snapt wat we bedoelen) en in je achterhoofd maak je je zorgen over de plotseling toegenomen hoeveelheid werk op kantoor. Zou je eigenlijk niet daar moeten zijn om mee te helpen, in plaats van hier in het park te spelen? Ben je een slecht mens omdat je nu niet werkt?

Of:
Je hebt je opdracht af en besluit om naar huis te gaan. Niemand heeft je nog nodig, je hebt gedaan wat je moest doen die dag. Je hebt je baas al lang geleden duidelijk gemaakt dat, wanneer je niet echt meer nodig bent, je naar huis zult gaan. Maar ja, het is nog maar lunchtijd. Terwijl je je

jas pakt, ben je je er pijnlijk van bewust dat je collega's nog vlijtig achter hun bureaus zitten. Daar heb je het weer: het schuldgevoel. Je zou eigenlijk op kantoor moeten blijven, nietwaar?

Of:
Je zegt nee tegen extra werk omdat het niet tot jouw taken behoort en omdat je, eerlijk gezegd, liever wat tijd thuis door wilt brengen. Maar toch, elke keer als het gevraagd wordt en je nee moet zeggen, voel je je toch weer schuldig. Misschien als je voor deze ene keer eens ja zegt, zou dat dan al die andere keren goedmaken?

Of:
Je hebt nog een week aan vakantiedagen staan die voor het eind van het jaar opgemaakt moeten worden, maar je collega's hebben nog niet eens de helft van hun vakantiedagen opgenomen. Mag jij wel een vierde week opnemen, wanneer de rest nog niet eens drie weken heeft gehad? Ze hebben je die week niet nodig op kantoor, maar misschien moet je toch maar gewoon doorwerken, zodat mensen niet gaan denken dat je continu vakantie hebt?

Wanneer je deze manier van denken herkent – of, erger nog, ja geantwoord hebt op een van de bovengenoemde vragen, of, nog erger, je anders gaat gedragen in zo'n situatie – heb je hier onze eerste tijdbesparende tip: verspil geen tijd met boos worden op jezelf.

Je bent normaal. Een normale, door schuld geobsedeerde vrouw

Christy Runningen, zakelijk talentencoach bij Best Buy in Minnesota, weet uit ervaring hoe vernietigend schuldgevoel kan zijn en hoe moeilijk het is om ervan af te komen, ook al heeft zij geluk gehad. Ze werkt in een ROWE: Results Only Work Environment – een werkomgeving waarin de werknemers betaald worden naar de door hen behaalde resultaten, in plaats van naar het aantal gewerkte uren. Het is een heerlijke, nieuwe wereld zoals we die al noemden in hoofdstuk 2 en waarover we in hoofdstuk 7 meer schrijven – waar het aantal uren onbelangrijk geworden is en het enige wat telt, de output is. Christy, moeder van twee kleine kinderen en iemand die al jaren moeite had met wispelturige bazen, heeft haar leven zien veranderen door ROWE. Maar, zegt ze, het moeilijkste van werken in zo'n volledig ondersteunende, flexibele situatie was ook nu weer het aanpakken van die schuldbewuste stemmetjes in haar hoofd.

'Ik maak me schuldig aan het feit dat ik zo'n supermoeder wil zijn. Zelfs mijn eigen moeder werkt me op mijn zenuwen met opmerkingen als: "Ontspan, je hoeft echt niet bij alles wat je doet de beste te zijn." Maar ik wil niet dat de mensen op mijn werk gaan zeggen: "O, zij heeft kinderen, dus kan ze ook niet goed presteren, of zij moet naar school, dus kan ze waarschijnlijk niet al die dingen tegelijk doen." En ik wilde iedereen gewoon laten zien dat ik het wel allemaal kan, weet je. Ik heb mijn diploma met de hoogste cijfers gehaald en ik doe mijn werk goed en ik probeer een supermoeder te zijn en dan nog al die andere dingen. Maar langzamerhand ben ik nu zo ver dat, wanneer ik eerder naar huis ga van mijn werk, ik me geen zorgen meer maak over mensen die mij met scheve ogen nakijken.'

Hoor dat nou. Dat is toch gewoon een enorme tijdverspilling. Denk eens aan al die keren dat jij net zo geobsedeerd bezig bent als Christy, je afvragend wat 'juist' is, wat je baas of je collega of wie dan ook zal denken, in plaats van dat je je concentreert op je werk of tijd doorbrengt met je gezin. Het vreet aan ons en het zuigt al onze energie op. Het moet maar eens afgelopen zijn!

Wij hebben enkelen van de meest door schuldgevoelens gekwelde en met hun schuldgevoelens worstelende vrouwen tot taak gesteld om een methode te ontwikkelen die ervoor zorgt dat je van die tijdverspillende schuldgevoelens af komt. Bijna allemaal waren ze het erover eens dat een geval van onredelijk schuldgevoel vergelijkbaar is met een emotionele aanval – die uit zichzelf steeds krachtiger wordt en drijft op zijn eigen logica. Om je tegen zo'n aanval te kunnen weren moet je het initiatief nemen, snel kunnen vaststellen wat er aan de hand is en daar dan meteen de confrontatie mee aangaan. Onze schuldbestrijders helpen jou om snel van je schuldgevoelens af te komen.

Schuldbestrijders

Schuld is een geniepige emotie. In tegenstelling tot woede, liefde of verdriet, kan het schuldgevoel achter de schermen al aanwezig zijn, zonder dat jij daar erg in hebt. Dit betekent dat je er eerst achter moet zien te komen dat het er is – dat de onderstroom van emoties achter deze vlaag van negatieve, zelf beschuldigende gedachten schuld is. Daarna is de stap richting het uitbannen van schuldgevoelens uit je gedachten en je dagelijkse leven relatief eenvoudig.

Stap 1: Stel de juiste vragen

Eerst moet je erachter komen wat er aan de hand is. Je hebt het gevoel dat je iets verkeerd gedaan hebt. Maar is dat ook zo? Stel jezelf de vraag:

1. *Heb ik echt gelogen, bedrogen of iemand teleurgesteld?*

Misschien heb je vreselijke schuldgevoelens – wat eigenlijk meer lijkt op wroeging. Als dat zo is, en de situatie is al voorbij, doe er dan iets aan en ga vervolgens alsjeblieft vérder. Stuur een kaartje, schrijf een e-mail, pleeg een telefoontje. Verontschuldig je, leg het uit, wat dan ook. Zorg dat je er niet langer mee zit en geef het een plekje. Het heeft geen nut om ermee te blijven rondlopen. Daar is niemand bij gebaat en, belangrijker nog, het kost je veel kostbare tijd.

2. Is mijn schuldgevoel overdreven?

Vaak is een schuldgevoel best begrijpelijk, maar is de reactie nogal overdreven. Probeer je eens voor te stellen dat iemand jou aangedaan heeft waarover jij je nu zo schuldig voelt. Negen van de tien keer zou je waarschijnlijk zeggen: 'Ja, dat was niet echt slim van ze, maar het was ook zeker geen ramp. Ik kan ermee leven, dus moeten zij dat ook kunnen.'

3. Lijd ik aan onterechte schuldgevoelens?

Over het algemeen wel, denken wij. Misschien vraagt je baas, hoewel je eigenlijk vrij bent op vrijdag, of een lunchafspraak hebt, of later zou beginnen, of je je plannen even opzij kunt zetten en mee kunt helpen om iemand anders' opdracht af te krijgen. Je voelt je ongemakkelijk en schuldig. Je begint weer aan het bekende ritueel, die uitgekauwde, innerlijke dialoog met jezelf, waar je helemaal gek van wordt. 'O, ik zal mijn vrije dag wel opgeven, of mijn lunchafspraak of mijn uitstapje dit weekend.' 'Ik had nooit om die vrije dag moeten vragen, om die tijd voor de school van mijn zoon, om een keer wat later te beginnen.' 'Mijn baas denkt vast dat ik lui ben, me aan het werk onttrek, geen ambitie heb.' 'Ik stel mijn baas, mijn team, mijn seksegenoten teleur.' 'Misschien raak ik mijn baan, mijn respect, mijn identiteit wel kwijt.'

Wanneer je op deze manier bezig bent, probeer dat dan in te zien voordat je helemaal gek van schuldgevoel bent. Wanneer je de aanval herkent, ben je al op weg naar een gezonder emotioneel leven. Je ziet wat ongepast is. Die dag, die lunchafspraak, dat vrije weekend was van jou. Je verliest tijd wanneer je dat opgeeft.

'Ik ben al zoveel beter in het erkennen van het feit dat een deel hiervan mijn eigen schuld is,' zegt Linda Brooks, de advocate uit New York. 'Die paranoia en dat stemmetje in mijn hoofd dat zegt dat ik niet goed bezig ben. Dat ik 24 uur per dag, 7 dagen in de week beschikbaar moet zijn.'

Wanneer je er moeite mee hebt om erachter te komen of het

schuldgevoel gerechtvaardigd is, kan het helpen om de bron van het 'moeten' te ontdekken. Vergeet niet: schuld is een van de fundamentele, menselijke emoties die mensen om je heen kunnen gebruiken om jou te manipuleren. Het is een zeer sterk, zeer subtiel emotioneel hulpmiddel – eentje waar bazen gek op zijn. De verklaring is simpel: in situaties waarin jij recht hebt op je pauze, je vakantie, om iemand anders voor een opdracht te vragen, weet jouw baas dat het onredelijk is om, vanuit zijn positie, een beroep op jou te doen. En dus maakt hij of zij gebruik van je schuldgevoel om dit toch te doen.

Vermijden van dit soort schuldgevoelens, ook wel het gevoel van falen ten opzichte van je baas, is een kwestie van onderscheid maken tussen het werkelijk niet nakomen van verplichtingen en onterecht opgelegde verwachtingen.

Lauren Tyler, een persoonlijk-vermogensbankier bij JP Morgan, die op sommige dagen wel een klein circus lijkt te leiden met zo'n baan, drie kinderen en twee stiefkinderen, zegt dat de bedrijfstak waarin zij werkzaam is, bijna drijft op het schuldgevoel dat mensen hebben als ze hun werk niet afkrijgen. 'Het feit dat je alle vrijheid kwijt bent, is gewoon onderdeel van deze cultuur,' zegt ze. 'Ik heb ondertussen een hele dikke huid gekregen. Maar ook ik moet me nog elke keer afvragen of er met recht aan mijn schuldgevoel geappelleerd wordt of dat het enkel tactiek is. Wanneer ik het gevoel heb dat er misbruik van mijn schuldgevoel gemaakt wordt om mij mijn rooster, mijn plannen of iets anders dat belangrijk voor me is te laten veranderen, negeer ik het en ga door met waar ik mee bezig was. Het is niet altijd makkelijk, maar ik heb geleerd ermee om te gaan. Ik weet dat ik mijn werk goed doe en ik heb geen tijd voor dit soort negatieve gevoelens.'

Vraag je dus af: is het schuldgevoel dat je op bepaalde momenten voelt goed voor jou en je moraal of is het vooral gunstig voor iemand anders' behoeften en wensen? Wanneer je moet concluderen dat er misbruik van je schuldgevoelens gemaakt wordt ten gunste van iemand anders, moet je dat gevoel gewoon negeren.

Stap 2: Schrijf alles op

Al vroeg in het schuldbestrijdende, tijdwinnende proces zul je ontdekken dat alleen denken niet voldoende is. Het is moeilijk om wijs te worden uit al die vertrouwde schuldgedachtes en minder vertrouwde schuldoverwinnende gedachtes en ze van elkaar te onderscheiden. Pak dus je pen.

1. Maak een lijstje van alles waarvan jij denkt dat je je er slecht over moet voelen. Je persoonlijke, klassieke schuldtrips. Allemaal.
2. Bekijk die lijst. Maak nu, op een ander stuk papier, een andere lijst. Een lijst van schuldbestrijders. Alles wat jou een goed gevoel zou moeten geven. (Dat komt uiteraard zelden bij een van ons voor.) Bijvoorbeeld: 'Ik heb om een vrije dag gevraagd.' 'Mensen hebben recht op vrije dagen in dit bedrijf.' 'Ik ga lunchen, ik ga niet naar China.' 'Ik heb laatst goed werk geleverd met dat Brenner-verslag.' 'Mijn baas gaat hier niet lang bij stilstaan, hij heeft belangrijkere dingen aan zijn hoofd.' 'Managers proberen meestal zoveel ze kunnen gedaan te krijgen van hun mensen en wanneer ze daar niet in slagen, gaan ze gewoon verder.' 'Het is zijn baan, hij bedoelt het niet persoonlijk.' 'Hij denkt niet slecht over mij.' 'Ik kom sterker over wanneer ik mijn poot stijf houd.'

Je snapt waar we heen willen. We proberen je eraan te herinneren hoe je de dingen in perspectief moet blijven zien. Uiteindelijk zul je dit zonder hulp van oefeningen kunnen. Maar soms moeten we onze gedachten gewoon even rust gunnen en alles op papier zetten om het goed te kunnen bekijken. Het helpt echt.

Stap 3: Stel je je baas in luiers voor

Denk aan je baas als een huilend, jammerend kind dat gewoon even hard aangepakt moet worden. Vergeef ons de vergelijking, maar het lijkt echt heel veel op het opvoeden van kleine kinderen. De eerste keer dat er een driftbui ontstaat of als je kind niet op tijd naar bed wil gaan, of, laten we zeggen, als er een onredelijk werkverzoek wordt gedaan, voel je je nog vreselijk en schuldig omdat je je kind/baas teleur moet stellen. Maar wanneer je eenmaal door die tranen/druk heen bent, wat overigens veel sneller gaat dan je had gedacht, zul je je al snel realiseren dat je meer macht gekregen hebt. Je hebt grenzen gesteld en een voorbeeld voor de toekomst gegeven. Bovendien zul je je afvragen waarom je dit niet al veel eerder hebt gedaan. De volgende keer zal je kind/baas minder huilen/vragen. En de keer daarna wordt er misschien helemaal niet meer gehuild/iets onredelijks gevraagd. En jij hebt macht. En niet te vergeten een ontspannende, innerlijke giechelbui om je baas.

Stap 4: Verander de soundtrack

Al snel kun je alle lijstjes en grappige voorstellingen laten varen en doe je het allemaal automatisch. Je kunt je gedachten in de hand houden voordat ze op hol slaan. Dan zul je echt tijd gaan besparen. Je kunt dat hele lange, kronkelende, emotioneel uitputtende proces aan het begin al afkappen en verdergaan.

Wat je ook kunt doen, wanneer er weer van die negatieve gedachten de kop opsteken: letterlijk de 'gedachten-track' in je hoofd veranderen. Verander jouw innerlijke boodschap. In plaats van die negatieve soundtrack over alle dingen die je niet gedaan hebt en de redenen dat je aan die onredelijke verzoeken zou moeten voldoen omdat je anders voor altijd verdoemd bent, zet je de positieve soundtrack op die je herinnert aan je macht en alles wat je bereikt hebt. Laat die laatste zich steeds weer herhalen en al je negatieve gevoelens zullen verdwijnen.

Christy Runningen van Best Buy zegt dat de enige manier om er een eind aan te maken, is haar gedachten letterlijk een betere kant op te sturen.

'Het is zo makkelijk om overweldigd te raken of je gedachten op hol te laten slaan en te denken: o, ik moet dit nog doen of dat, of weer te vervallen in: ik voel me schuldig omdat het 10 uur 's ochtends op een doordeweekse dag is en ik nu niet werk. Wat ik nu doe is terugschakelen en eens goed kijken naar mijn verantwoordelijkheden. Het geeft niet als ik het nu niet meteen doe, ik haal al mijn doelen op het werk en daar gaat het om.'

Stap 5: Een compromis sluiten telt ook

Er zullen momenten zijn dat je je onterecht schuldig voelt en dat je niet had moeten 'toegeven', maar het is nu eenmaal zo dat het niet altijd zal gaan op de manier zoals jij dat wilt. Probeer je niet te veel te fixeren op een 'alles of niets'-resultaat. Dat alleen al zorgt voor veel spanningen. In plaats van, overmand door schuldgevoelens, toe te geven, moet je op zulke momenten kijken of er een compromis mogelijk is. Misschien is het mogelijk dat je een gedeelte van wat je zou willen voor elkaar kunt krijgen. 'Vrijdag kan ik niet komen werken omdat ik, sinds ik een maand geleden vrij gevraagd heb, al plannen gemaakt heb, maar ik zou vandaag tijdens lunchtijd kunnen doorwerken. Hopelijk helpt dat ook!' Een tegemoetkoming als deze komt kordaat over, kan je een goed gevoel geven en zorgt ervoor dat je het belangrijkste nog steeds krijgt. En wanneer je zo'n compromis moet sluiten, voel je er dan in 's hemelsnaam niet schuldig over. Je hebt jezelf niet verraden, je hebt niet gefaald, je hebt enkel een gulden middenweg gevonden!

Je bent wat tijd kwijt tijdens je lunchpauze, maar je vrije vrijdag heb je behouden.

Stap 6: Haal de retorische schuldpantsers maar tevoorschijn

Wij denken dat zwijgend glimlachen het beste werkt om schuldgevoelens te verbloemen, maar als je er nog steeds moeite mee hebt, volgen hier een paar kant-en-klare teksten die je kunt gebruiken om een aanval van collega's en bazen af te weren.

*   *'Zo vroeg al naar huis?' hoont je vervelende collega.*

*   *'Goed hè, hoe snel ik dat Brenner-verslag voor elkaar had,' antwoord jij met een glimlach.*

    ———

*   *'Ik heb gisteren tot middernacht op kantoor zitten werken,' moppert je collega venijnig.*

*   *'Vreselijk,' antwoord jij meelevend. 'Toen ik vanochtend om 6 uur al achter de computer zat, dacht ik dat ik dood zou gaan.'*

    ———

*   *'Het zou echt goed zijn als je dit weekend nog even naar dit project zou kunnen kijken – o, zei je nu dat je wegging?' vraagt je baas, die het duidelijk nog een keer wil proberen.*

*   *'Ik ben het helemaal met je eens, ik moet het nog een keer doornemen. Maandag rond de middag krijg je het van me terug.'*

Nee – zeg het gewoon

Wanneer je eenmaal het monster van je innerlijke schuldgevoel verslagen hebt, ben je klaar voor het meest fantastische woord dat er bestaat. We weten zeker dat je het bijna nooit gebruikt. Maar het is een krachtige combinatie van drie letters die er zomaar eens voor zou kunnen zorgen dat jij niet gek wordt. Toe maar. Zeg het. Je weet welk woord we bedoelen.

NEE

Zijn we er allergisch voor, bang voor de consequenties? Wat denken we nu echt dat er kan gebeuren wanneer het een vast onderdeel van ons vocabulaire gaat worden? Misschien dat de wereld ten onder gaat aan gekwetste gevoelens? Of dat onze foto's het internet overgaan als een soort nieuwe Boze Koningin ? Of, het allerergste, dat mensen wel eens *teleurgesteld* zouden kunnen zijn?

Misschien. Maar zie hier het basisprobleem. Wanneer wij zo graag iedereen te vriend willen houden en willen voorkomen dat mensen boos op ons worden, betekent dat dat we ja zeggen tegen heel veel dingen die we niet willen. En dat betekent natuurlijk dat we heel wat meer tijd op het werk doorbrengen dan we eigenlijk zouden willen. En daarom lees jij nu dit boek.

'Vroeger was ik een echte ja-knikker,' vertelt Stephanie Hampton, de woordvoerster van Marriott. 'Ik zei tegen bijna alles en iedereen 'ja', in de overtuiging dat ik daardoor een reputatie voor mezelf opbouwde als iemand die alles aankon en bij wie je altijd terecht kon. Ik keek om me heen en ontdekte dat heel veel succesvolle mensen helemaal niet op alles ja zeggen; zij zijn veel meer doordacht . Ze zeggen om verschillende redenen ja. En ja, soms hangt dat af van wie het vraagt. Maar meestal zeggen succesvolle mensen ja tegen werk waar ze wat aan hebben, dat hen iets oplevert. Ik denk nu dus ook na over of een project echt klanten oplevert of op een andere manier bijdraagt aan de goede naam van Marriott. Als dat niet zo is, probeer ik een manier van nee zeggen te vinden, zonder echt nee te zeggen.'

Onze New Yorkse advocate, Linda Brooks, zegt dat ze nog steeds af en toe een terugval heeft. 'Ik denk dat mensen het niet fijn vinden om nee te horen te krijgen, dus ik moet echt een dikkere huid krijgen en de neiging onderdrukken om mensen tegemoet te komen, omdat ik nog steeds denk: o god, hij haat me nu, en: van hem krijg ik nooit meer een nieuwe opdracht, en: ik weet zeker dat de partners er volgende week voor zijn dat ik ontslagen word omdat ik nee gezegd heb tegen die opdracht. Dat soort dingen denk ik nog steeds. Er is dus echt een olifantenhuid voor nodig. Maar het begint al makkelijker te worden.'

Je zult het nu misschien nog niet geloven, maar nee zeggen zal echt een tweede natuur gaan worden. Het is iets wat je moet beheersen om womenomics te kunnen toepassen. In de komende hoofdstukken zul je zien hoeveel je eraan kunt hebben. Wanneer je eenmaal je doelstellingen duidelijk voor ogen hebt, zul je veel beter weten wat je wel en wat je niet wilt doen. Eigenlijk wordt het allemaal verrassend duidelijk – werken in het weekend, nee; extra uren, nee; die promotie met al het gereis en de extra verantwoordelijkheden, nee. Je zult niet alleen leren om nee te zeggen, maar ook om nee te denken, nee te bedoelen en nee te handelen.

En ja, het toepassen kan betekenen dat je mensen moet teleurstellen, kwaad maken en dwarszitten. Maar het zal ook betekenen dat jij gelukkiger, gezonder en directer bent. Voor jou zal het zeker beter zijn en daarom, uiteindelijk, voor iedereen om jou heen. Zelfs voor de ontvangers van jouw nee's!

Claire: 'Ik ben altijd al iemand geweest die iedereen te vriend wil houden. Op de een of andere manier groeide ik op met het idee dat zo veel mogelijk ja zeggen belangrijker is dan wat dan ook. Mensen teleurstellen, in de steek laten – alleen de gedachte al kan ervoor zorgen dat ik me dagenlang schuldig voel. Ik geloofde langzamerhand dat mijn leven pas geslaagd was wanneer mensen mij als een aardig persoon zouden zien. En ik vind medeleven en zorg nog steeds heel belangrijk. Maar ik ben ook tot het inzicht gekomen dat mijn ja-knik-gedrag een zeer frustrerende en belastende uitwerking heeft op mij, op de mensen om mij heen en op de mensen die ik wilde helpen! Ik was continu bezig meer op me te nemen dan ik aankon – om me vervolgens uit projecten of verplichtingen terug te moeten trekken – waardoor ik de mensen die ik juist een plezier had willen doen, uiteindelijk kwader maakte dan ze geweest zouden zijn wanneer ik simpelweg nee gezegd zou hebben. Toen mijn zoon eenmaal geboren was, begon ik te begrijpen dat ik moest stoppen met mensen altijd maar een plezier te willen doen, omdat ik nu iemand had die mijn aandacht echt wilde en nodig had en hij kwam voor mij duidelijk op de eerste plek. Maar nog steeds probeerde ik te veel te doen, totdat één incident mijn kijk op de dingen radicaal veranderde. Ik had ja gezegd tegen een reis naar het westen voor een verhaal waarvan ik wist dat het niet super belangrijk was. Maar ik wilde de senior producer die het mij vroeg niet teleurstellen. Ik was ook nog met allerlei andere projecten bezig, waarvan er eentje uitgezonden werd en lauwe kritieken kreeg. Daar kwam nog bij dat mijn man en ik elkaar amper meer zagen en mijn zoon was nogal aanhankelijk. Ik kwam van die reis terug met de typische verkoudheid, waarvan mijn dokter dacht dat die door stress veroorzaakt werd, aangezien ik het zeven of acht keer per jaar had. Ik bracht twee dagen ziek thuis door, ruziemakend met mijn man, in plaats van dat we een gezellig weekend hadden, zoals was gepland. En ik was te ziek en te moe om met mijn zoon naar zijn eerste zwemles te gaan. Uiteindelijk moest ik de senior producer vertellen dat ik niet in staat was om het project af te maken, wat haar des duivels maakte, om het zacht uit te drukken. Het was zeker een hele nare periode, maar wel een die mij deed beseffen hoe machtig en belangrijk het woordje nee kan zijn.'

In de hoofdstukken 5, 6 en 7 zullen nog verschillende, specifieke nee-situaties besproken worden. Maar eerst heb je de psychologische basisscholing nodig, de mentale bereidheid om dit krachtige instrument in te zetten *zonder dat je je daarbij druk maakt over wat andere mensen van jou denken wanneer je dat doet.* Je zult echt gaan inzien dat nee niet negatief hoeft te zijn. Positiever kan het bijna niet.

Een nee-moment herkennen

Je zult ontdekken dat je een hele goede, innerlijke radar hebt die een redelijk verzoek kan onderscheiden van een onredelijk verzoek. Wat is onderdeel van je baan en wat is dat niet. Het is grappig hoe wij allemaal, direct nadat we ergens ja op geantwoord hebben, weten dat het een verkeerde zet was. Hoe vaak hebben we al niet geroepen: 'Waarom heb ik daar ja op gezegd?' En we weten het van tevoren ook al. Je moet gewoon een betere detective worden.

Jezelf deze vragen stellen zal je helpen om een rationele evaluatie van de consequenties op het werk te maken, en in jouw emoties te graven op zoek naar je instinct – dat bijna altijd gelijk heeft, maar moeilijk te ontdekken is.

De beste openingsvraag die je jezelf kunt stellen is heel simpel:

'Levert dit verzoek mij, op wat voor manier dan ook, iets op?'

Wanneer je je realiseert dat het verzoek jou totaal niets oplevert, dan heb je een duidelijk nee-moment. Misschien moet je even bedenken hoe je nee moet zeggen (zie hieronder), maar er zal nee gezegd moeten worden.

Wanneer het verzoek wel iets voor jou kan betekenen en je er wel iets aan hebt, dan zijn er nog een paar vervolgvragen die je jezelf kunt stellen. Probeer om te beginnen de relevantie van het verzoek in te schatten door te vragen:

'Gaat dit een groot verschil voor mijn carrière maken?'

In veel gevallen zal het antwoord nee zijn. En ook hier zul je dus kleinere vragen moeten gaan stellen als: heb ik echt de tijd en de kennis die nodig zijn om deze opdracht goed uit te kunnen voeren? Anders zou het namelijk wel eens een negatief effect op je carrière kunnen hebben! Maar misschien zeg je wel tegen jezelf dat het wél belangrijk is voor je carrière en dat je het aankunt. Ongetwijfeld weet je intussen dat, wanneer iets invloed heeft op je carrière, hetzelfde waarschijnlijk zal gelden voor de rest van je leven. Vandaar de volgende vraag:

'Wat voor invloed heeft dit op de balans die ik thuis heb?'

Wees hier eerlijk. Misschien weet je van jezelf dat je gauw het ergste vreest en dus denkt dat elke verandering van schema een persoonlijke tsunami zal zijn, waarvan je kinderen de dupe zullen worden omdat ze hun moeder dan bijna nooit meer zien. Of je gaat er heel karakteristiek van uit dat je alles wel aankunt, om het dan later op een vreselijke manier allemaal in elkaar te zien storten. Ken jezelf, weet hoe je in elkaar steekt en denk goed na over wat er echt zou kunnen gaan gebeuren.

Lauren Tyler van JP Morgan bruist werkelijk van aangename, magnetische energie. Haar karakter is een van de dingen waardoor ze zo succesvol is, maar tegelijkertijd zorgt het er ook voor dat ze nog al eens overbelast is en onnodige verzoeken krijgt. Twintig jaar heeft ze nodig gehad om het proces naar nee zeggen te doorlopen en ze houdt het simpel met een variatie op de drie vragen hierboven. 'Nu vraag ik altijd: "Helpt het mijn carrière? Hebben mijn kinderen hier iets aan?" Wanneer het antwoord nee is, dan neem ik de opdracht niet aan.'

Robin Ehlers van General Mills weet de voor de hand liggende nee's heel makkelijk te vinden aan de hand van bovengestelde vragen, maar heeft ook geleerd dat ze nog wel eens de neiging heeft om opdrachten, die ze eigenlijk leuk zou vinden, af te slaan omdat ze er tegen opziet. 'Zelfs als het moeilijk lijkt en misschien voor onrust gaat zorgen, kan het toch iets zijn waaraan ik uiteindelijk plezier ga beleven? Daar probeer ik achter te komen,' zegt ze. 'Zoals afgelopen maandagavond, toen ik 30 mensen over de vloer had voor een liefdadigheidsdiner. Ik dacht echt: niet te geloven dat ik dit gedaan heb. Maar ik had er echt lol in en ik heb ook geleerd dat ik me niet zo druk moet maken over of het huis er wel perfect uitziet of dat het eten geweldig is.'

We komen bij de wat meer persoonlijke vragen die gesteld moeten worden. Die hebben betrekking op je instinct, je gevoel diep vanbinnen, je intuïtie, je zesde zintuig – een emotionele lakmoesproef.

'Voel ik mijn maag samentrekken wanneer ik denk aan ja zeggen?'

Wanneer je dit vervelende gevoel hebt – als het niet meer alleen vlinders zijn – moet je stoppen en erachter zien te komen wat er aan de hand is. Dit is namelijk een emotioneel waarschuwingsteken. Het feit dat jij een lichamelijke reactie vertoont is een indicatie voor hoe erg je twijfelt.

'Word ik kwaad op mezelf wanneer ik ja in plaats van nee ga zeggen?'

Wanneer je vermoedt dat je kwaad gaat worden of andere negatieve gevoelens voor jezelf gaat krijgen, dan moet je serieus gaan overwegen om nee te zeggen. Kwaad zijn op jezelf geeft namelijk aan dat je het gevoel hebt dat je jezelf verraadt.

Zorg er ten slotte voor dat je echt een positief gevoel hebt over het verzoek:

'Wil ik dit allemaal graag doen? Vind ik het leuk?'

Hier helpt het om te doen wat Robin doet, zoeken naar aanwijzingen uit het verleden. Zijn er situaties geweest waarin je dacht dat het moeilijk zou zijn, of niet verstandig, en waarbij je uiteindelijk blij was dat je ja gezegd had? Ook hier is het weer belangrijk dat je jezelf goed kent en begrijpt of je reactie voortkomt uit een soort nietszeggende gewoonte of dat er daadwerkelijk alarmbellen aan het rinkelen zijn.

Maak je klaar voor nee

Naarmate de tijd verstrijkt, zal het proces van vraag en antwoord met als doel erachter te komen of je ja of nee moet zeggen, steeds makkelijker worden. En natuurlijk is er geen standaardformule die je kunt gebruiken om tot die beslissing te komen. Wij kunnen jou niet vertellen dat, wanneer jij op een bepaalde manier op vijf van die zes vragen reageert bijvoorbeeld, je uit volle borst 'Vergeet het maar!' moet roepen. Maar we weten wel dat je door oefening en door elke keer weer die vragen te gebruiken als beoordelend instrument voor elke potentiële nee-situatie, uiteindelijk zult merken dat een beslissing natuurlijk gaat aanvoelen. Uiteindelijk zal het vlot en soepel gaan omdat je in staat zult zijn om in een oogopslag alle belangrijke elementen waar te nemen, alle positieve en negatieve kanten te zien. Je nee's (en dus ook jouw ja's) zullen zelfverzekerd, zonder aarzelen en constructief zijn.

Maar er is oefening voor nodig. Gelukkig is er een relatief een-voudige manier om te oefenen met dat nee en je hoeft er niet, als-maar nee roepend, het kantoor van je baas voor binnen te stormen.

De nee-training

›› Denk eens aan alle keren dat iemand nee tegen jou zei. Weet je het überhaupt nog? Was je er echt kapot van? Denk je er nog steeds aan? Waarschijnlijk niet. Vergeet niet dat de realiteit altijd minder erg is dan je had gedacht.

›› Houd een lijst bij met al je verplichtingen. Dat doet Robin Ehlers ook. 'Het is de eenvoudigste manier om sterk te zijn,' lacht ze. Haal die lijst tevoorschijn wanneer je je weer eens schuldig voelt. Zorg dat je een kopie op je werk hebt en thuis, zelfs een in je tas. Kijk ernaar wanneer iemand weer iets aan je vraagt. Het maakt het een stuk makkelijker om nee te zeggen!

›› Op het moment dat iemand weer iets van je vraagt, denk dan: echt niet. Denk het gewoon. Zelfs wanneer je later toch mis-schien ja zegt. Het helpt om je grenzen vast te stellen.

›› Zeg nooit ja enkel om een conflict te vermijden of om verder te kunnen. Nooit. Het maakt de dingen later alleen maar vreselijk gecompliceerd. Wanneer je echt geen tijd of zin hebt en je later misschien toch nog nee moet zeggen, maak je de zaak alleen maar erger. Iets niet goed doen, of iemand later moeten teleur-stellen is veel kwalijker. Zie het als een soort tijdmanagement. Je bent niet lui, je bent gewoon professioneel. 'Ik ben inmiddels een enorme voorstander van directheid,' verklaart Lauren Tyler. 'Ik reageer snel op e-mails en telefoontjes, en ook met nee zeggen. Je moet andermans tijd niet verspillen.'

›› Zoek op je werk naar nee-rolmodellen, waarvan jij vindt dat ze goed nee kunnen zeggen. Wees niet bang om hun technieken te pikken. Kijk ook rond op kantoor en bedenk tegen welke mensen jij het moeilijkst nee kunt zeggen. Bedenk waarom dat zo is en verzin nieuwe technieken om met hen om te gaan.

Nee met het womenomics-keurmerk

Waar het bij dit nee om draait, is hoe je het zegt. Het gaat om de vorm, omdat je een heel duidelijke boodschap op een niet aanstootgevende manier probeert over te brengen. Dat is niet makkelijk, maar het is wel te doen. Wat je moet onthouden (zowel voor het diplomatieke nee als voor nee in het algemeen):

Denk om je manieren: maak oogcontact, glimlach, wees vriendelijk. Vergeet niet dat je nee zegt! Je kunt het je veroorloven om hoffelijk te zijn.

Wees duidelijk: wanneer het verzoek onduidelijk is, vraag dan direct om een verklaring. 'Wat vraag je precies?' 'Wie zou het nog meer kunnen doen?' 'Wie kan er meehelpen?' Houd het allemaal kort en op een informatie vragende toon.

Neem je tijd: het is altijd goed om tijd te winnen, vooral omdat je moet wennen aan deze nieuwe stand van zaken. 'Ik wil er graag even over nadenken en kijken wat ik nog meer voor verplichtingen heb. Ik kom erop terug.' 'Ik heb nog een gesprek op de andere lijn. Kan ik je terugbellen?' Meestal zul je zien dat je een beter ja of nee zegt wanneer je er lang genoeg over hebt kunnen nadenken. Vergeet niet dat als je nee gaat zeggen, je niet mag aarzelen. Elke aarzeling biedt perspectief aan de persoon die het verzoek doet.

Houd het simpel: hoe minder woorden, hoe beter. Het meest ideale zou natuurlijk zijn wanneer we alleen maar nee zouden hoeven te zeggen en weg zouden lopen, à la Clint Eastwood. Dat zou pas echt sterk overkomen, maar volgens ons is dat niet echt realistisch. Wij hebben dus een meer genuanceerd nee bedacht, dat we de volgende naam gegeven hebben:

De drielaagse nee-sandwich.
(Je zult er al gauw verslaafd aan zijn!)

Bovenop:
Luchtige en oprechte verontschuldiging of lof:

'Ik wou dat ik kon helpen.' 'Normaal gesproken zou ik het graag doen.' 'Dat is precies wat ik zou willen doen.'

De vulling:
Knapperig, eenvoudig en hartig nee-vlees:

'Ik heb andere verplichtingen, deadlines, plannen, vergaderingen.'
'Met mijn rooster gaat me dat niet lukken.'

De onderkant:
Een alternatief:

'Anders misschien dinsdag/volgende week/Carri Logan/een tijdelijke kracht inhuren?'
'Ik zou Bert kunnen vragen als je dat goedvindt.'

Plannen kunnen... alles zijn wat jij wilt!
Wij zijn gek op dit woord! Vergeet niet dat wanneer je zegt dat je 'plannen' hebt, als onderdeel van de vulling van onze sandwich, dan hoeft dat niet te betekenen dat je iets buitenshuis of zelfs op kantoor moet doen. Plannen hebben kan ook betekenen dat je een afspraak met je favoriete boek of tv-programma hebt, wilt eten met de kinderen, of een middag lekker wilt rondhangen. Niemand hoeft de details te weten. Gebruik dit zo veel mogelijk!

Bedenk regels
Wanneer je moeite hebt met het vinden van een goede nee-vulling voor jouw sandwich, kunnen persoonlijke regels daarbij helpen. Dat kunnen handige antwoorden zijn op zowel persoonlijke als werkgerelateerde verzoeken die tijd vragen. 'O, ik wou dat ik kon, maar wij hebben thuis de regel dat we door de week niet weggaan,' of 'Vrijdagavond is onze filmavond, sorry.' En op het werk: 'Ik heb me voorgenomen om niet meer dan één keer per week op reis te gaan. Kan het ook volgende week?' 'Wij hebben thuis de regel dat er geen ontbijtvergaderingen gehouden worden voordat de kinderen naar school

zijn. Zullen we het rond 9 uur bij een kopje koffie bespreken?'

Regels klinken officieel en zelfs wanneer je een gezinsregel op je werk gebruikt, dan kom je georganiseerd en zorgzaam over. Bovendien maakt het het nee minder persoonlijk en willekeurig. Je zegt geen nee tegen die persoon, maar je geeft de schuld als het ware aan de regel. Het kan het allemaal net wat minder scherp maken. En het allerbeste is dat je er misschien nog wel hele nieuwe prioriteiten door gaat verzinnen!

Het diplomatieke nee

Er zijn veel manieren om nee te zeggen, zonder dat je echt die noodlottige combinatie van drie letters moet uitspreken. Als je het gevoel hebt dat het nodig is, moet je vooral gewoon direct nee zeggen, maar soms zul je dat wellicht niet aandurven. Dan is een diplomatiek nee gewoon onderdeel van een meer effectieve strategie.

Je kunt het ook zien als een hulpmiddel. Het is eigenlijk een belangrijk deel van de onderkant van onze nee-sandwich. Het is geweldig wanneer je een verzoek gedeeltelijk met ja en gedeeltelijk met nee kunt beantwoorden. Je maakt dan een goede indruk omdat je ja gezegd hebt, maar je kunt de situatie meer naar jouw hand zetten. Jouw antwoord zal vaak om tijd draaien. 'Ik wil het graag doen. Ik kan het maandag over drie weken klaar hebben, is dat goed?' 'Natuurlijk, je krijgt het morgen van me. Maar volgende week krijg jij van mij het Condon-verslag. Ik neem aan dat dat geen probleem is?'

'Ik zeg vaak dat ik graag meehelp, maar dat dit op het moment voor mij belangrijker is,' zegt Christy Runningen. 'Kan ik er later op terugkomen? Dit moet ik nog allemaal doen, dus kunnen we dit gedeelte misschien tot dinsdag uitstellen? Het is eerlijk en laat zien dat je de ander graag tegemoet wilt komen. Het is vaak aanleiding voor hen om op zoek te gaan naar alternatieve oplossingen.'

Robin Ehlers vertrouwt het liefst op haar agenda.

'Laatst nog belde iemand uit Minneapolis mij om te vertellen dat we op 14 november een onderdeel gaan opnemen over een van onze voedselproducten en ze wilden graag dat ik daarbij zou zijn. Ik zei:

'Ik zal eens even in mijn agenda kijken of ik het met een andere af-spraak kan combineren, ik laat het je nog weten." Vervolgens liet ik het gewoon even op me inwerken. Ik dacht: oké, hoe belangrijk is het dat ik daarbij ben? Ja, ik zou erbij zijn als vertegenwoordigster van General Mills, maar verder zal het bedrijf er weinig aan hebben. Misschien dat ik er wat mensen ontmoet, maar echt iets concreets zal het niet opleveren. Ik kwam dus tot de conclusie dat ik er alleen heen zou gaan als ik het kon combineren met iets wat wel waardevol was.'

En hier volgt de diplomatieke nee-versie van onze advocate uit New York:

'O, ik zou het heel graag doen. Jeetje, dat klinkt echt interessant. Ik wou dat ik het kon, maar laat me er even over nadenken en dan laat ik het je weten.' 'Vervolgens bel ik ze terug en zeg: "Het spijt me, maar ik kan niet."'

Christy Runningen houdt ook van vragen stellen.

'Elke keer wanneer ik dat nare gevoel vanbinnen krijg, omdat er weer veel van mij gevraagd wordt, vraag ik meestal als eerste: "Waarom hebben jullie mijn hulp hiervoor nodig? Wat hebben jullie voor ogen?" Ik heb psychologie gestudeerd en stel dus graag vragen. En vaak komen we er dan samen achter dat er ook nog een andere oplossing mogelijk is.'

De methode van Katty: 'Ik vind dit heel moeilijk. Ik haat het wanneer mensen mij niet aardig vinden en dus wring ik mij in duizend bochten om mensen tegemoet te komen en ze niet teleur te hoeven stellen. Ik ben heel slecht in confrontaties en je hoeft geen psycholoog te zijn om te zien dat dat allemaal met elkaar samenhangt. Ik vond het altijd vreselijk om nee te moeten zeggen tegen mensen maar nu ik vier kinderen en een baan heb, dwing ik mezelf om het toch te doen. Maar ik ben nog steeds niet goed in ronduit nee zeggen. Ik ben nog steeds bang voor de negatieve reactie die ik dan kan krijgen. En dus probeer ik mijn nee's zo mooi mogelijk in te kleden. Mij ontbreekt het zelfvertrouwen om te zeggen: "Nee en hoe haal je het in je hoofd om mij zoiets te vragen", en dus zeg ik: "Het klinkt heel aanlokkelijk maar ik ben bang dat ik al te veel andere dingen heb." Toch moet ik werken aan het kort en bondig nee zeggen – omdat dat er vast voor zorgt dat mensen niet meer verder durven te vragen.'

Vat de koe bij de horens

Wanneer je eenmaal je beslissing hebt genomen, dan moet je er ook voor gaan. Je hebt het hele proces doorlopen, hebt waarschijnlijk heel wat afgepiekerd en je hebt het antwoord gevonden op wat een onmogelijke vraag leek. Handel dus nu vol zelfvertrouwen. Zwak je boodschap niet af met onzekere taal als 'Ik denk...', 'Misschien als...', 'Ik weet niet zeker...'. Dan loop je gegarandeerd vast!

Zeg het meteen

Gebruik nee zodra je denkt dat het nodig is. Nogmaals – je zult overkomen als iemand die georganiseerd is, de boel onder controle heeft en voor zichzelf durft op te komen.

Claire: 'Al maandenlang zag ik dit probleem aankomen en elke keer wanneer ik eraan dacht, kromp mijn maag in elkaar. De conventie van de Republikeinse Partij stond heel handig gepland voor de eerste week van september 2008, precies tegelijk met de eerste schoolweek van mijn twee kinderen. Mijn man zou er waarschijnlijk ook bij moeten zijn, maar ik wist dat ik, zelfs als hij thuis zou kunnen blijven, er zou willen zijn om de kinderen emotioneel bij te kunnen staan bij hun eerste dagen in hun nieuwe klas. Ik denk dat de meeste ouders wel weten dat de boel klaarmaken voor die eerste schooldag, er zijn wanneer ze naar huis komen met hun verhalen, heel belangrijk is. Voor mezelf had ik al besloten dat ik dan echt niet weg kon zijn. Maar ik wist ook dat ze mij vrijwel zeker bij die conventie wilden hebben. Uiteindelijk besloot ik te handelen vóórdat ze de verslaggeving over de conventie gingen plannen. Eind mei maakte ik een afspraak met de executive producer en vertelde hem botweg dat ik een probleem voorzag. Ik vertelde hem dat ik niet in staat zou zijn om naar de Republikeinse conventie te gaan. En ik vertelde hem ook waarom, duidelijk makend waarom ik die week thuis moest zijn. Ik deed mijn best om resoluut maar niet agressief over te komen. Hij dacht erover na, ging bij zichzelf na wie er dan zou moeten gaan en wat voor consequenties dat zou hebben en zei uiteindelijk: "Dat kunnen we waarschijnlijk wel regelen." De rest van die dag liep ik op wolken. Er was zo'n enorme last van me afgevallen. En ik ben ervan overtuigd dat het kwam omdat ik al zo vroeg aan de bel getrokken had. Wanneer ze mij al op de lijst gezet zouden hebben en bedacht hadden wat ik allemaal had moeten doen, dan zouden ze al veel meer op mij gerekend hebben en dan was het een stuk moeilijker geworden.'

Het mooie van grenzen stellen

Wat onder andere zo mooi is aan nee zeggen, is dat het veel meer bereikt dan alleen maar afhouden van een ongewenste opdracht of nieuwe verantwoordelijkheid of verplichting. Het gevoel van zelfvertrouwen en zelfs het enigszins onrealistische, prettige gevoel dat over je heen komt na een beslissend nee-moment, komt onder andere voort uit de wetenschap dat je je niet in duizend bochten hoeft te wringen om een opdracht in je rooster in te passen. Het gevoel van rust, vermengd met trots, komt ook doordat je merkt dat je als persoon een stapje verder gekomen bent, gegroeid bent.

De reden daarvoor is dat nee kunnen zeggen wanneer je het wilt, betekent dat je grenzen kunt stellen. Je kunt dit zelfs zien aan de hand van je eigen groei wat betreft door de jaren heen vastgestelde grenzen voor je gezin en je persoonlijke leven. Terwijl velen van ons heel goed zijn in het thuis vaststellen van grenzen – vooral wanneer er kinderen zijn voor wie die grenzen gelden – zijn we er vaak niet zo goed in om datzelfde talent in onze werkomgeving toe te passen. Maar grenzen op het werk zijn net zo belangrijk als thuis, al is het alleen maar omdat wat er op kantoor gebeurt, zijn weerslag heeft op de thuissituatie. Jouw bazen en de mensen die onder jou werken, hebben net zulke duidelijke grenzen nodig als jouw vijf jaar oude kind. Duidelijkheid helpt hen bij het maken van beslissingen en zorgt ervoor dat ze goed kunnen werken en, uiteindelijk, je volwassenheid enorm zullen respecteren.

En wat nog het mooiste is, het moedigt aan. Denk aan elke nee als aan een klein puntje – onderdeel van een duidelijke lijn die jij rond je leven en je prioriteiten trekt. Elk nee-puntje maakt het volgende eenvoudiger, maar zorgt er ook voor dat je het minder vaak hoeft te zeggen. In hoofdstuk 6 ga je dit nog beter begrijpen, wanneer we gedetailleerd zullen ingaan op de vele voordelen van nee voor je reputatie op het werk. Nee zeggen zorgt ervoor dat jij zelfverzekerder overkomt. Wanneer je duidelijk maakt dat je tijd waardevol is, dan gaan anderen dat uiteindelijk ook zo zien. Schuldgevoelens ver achter je laten en een gezond gebruik van nee zullen ervoor zorgen dat jij gerespecteerd wordt. En uiteindelijk heb je er op je werk meer aan om gerespecteerd te worden dan om aardig gevonden te worden.

Andere verantwoordelijkheid

Veel vrouwen, onder wie wijzelf, zeggen niet graag nee vanwege de gecompliceerde emoties die we hierboven hebben beschreven. Voor veel vrouwen bestaat er nog een extra hindernis met betrekking tot het zelfbevestigende nee, en wel de sociale, of misschien moeten we zeggen sociologische verplichting.

Melissa James begrijpt net als iedereen de emotie van sociologische verantwoordelijkheid. In veel dingen is Melissa uniek. Ze is een van de weinige Afro-Amerikaanse vrouwen die is opgeklommen tot in de bovenste regionen van de machtige investeringsbank Morgan Stanley. Ze behoort tot het selecte groepje van Afro-Amerikaanse vrouwen dat het binnen die hele macho, niets ontziende, financiële sector zo ver geschopt heeft.

Naast haar professionele successen is het Melissa ook gelukt om handig met haar leven, en de balans daarin om te gaan. Om maar in de termen van dit boek te blijven: zij kreeg het voor elkaar om haar perspectief te veranderen en haar werk en leven door de womenomics-bril te bekijken. Ergens in haar carrière nam ze het initiatief, maakte een afspraak met haar baas en vroeg om 'meer flexibiliteit'. Nadat ze had uitgelegd wat ze bedoelde met die enigszins vage twee woorden, zei haar baas iets waarvan ze lichtelijk stond te kijken: 'Dat is geweldig.' Ze wilden haar niet kwijtraken.

Sindsdien is ze weer fulltime aan het werk als Global Head of Loan Products van het bedrijf, maar ze weet nog dat haar grootste probleem destijds niet het schuldgevoel naar haar baas toe was, of professionele twijfel aan zichzelf. Het was iets anders.

'Wanneer je tot een minderheid behoort, wat voor minderheid dan ook, dan brengt dat altijd de nodige problemen met zich mee,' vertelt Melissa ons. 'Of het nu gaat om je sekse, je ras, of wat dan ook... er is altijd wel iets. Je hebt meer bagage, meer uitdagingen, meer hindernissen... Je weet dat het op sommige gebieden moeilijker zal zijn... en misschien wel makkelijker op andere gebieden... Maar over het algemeen toch moeilijker. En dus niet alleen wat betreft de waarde van je bedrijf en de hindernissen en uitdagingen die je te wachten staan, maar ook wat betreft de waarde van het soort persoonlijke bagage dat je met je meebrengt. Dat je een grotere druk voelt om dingen te bereiken of goed te doen... zoals ik de dingen goed moet doen omdat ik zo'n unieke positie heb. Als ik bijvoorbeeld dit niet zou doen... weet je, ik doe dit voor mijn hele ras, of voor alle Afro-Amerikaanse vrouwen of wat dan ook – ik mag nu niet toegeven.'

Denk hier eens even over na. Melissa is iemand die, tegen alle verwachtingen in, bereikt heeft wat ze wilde bereiken. En niet alleen dat, het is haar ook nog eens gelukt om de controle over haar leven te krijgen, tijd vrij te krijgen, haar werklast te verminderen en nog steeds een belangrijke positie bij een machtige, financiële instelling te bekleden. En toch voelde ze zich nog altijd schuldig.

De emotionele wateren van vrouwen zijn diep. Ondanks het jarenlang harde werken en de aanzienlijke, traditionele vorm van succes, werd Melissa toch niet die intimiderende, zakelijke ijskoningin die je in films altijd ziet. Nadat ze alle professionele hindernissen had genomen, kreeg ze te maken met de persoonlijke: moeizame zwangerschappen en jarenlange onderhandelingen over de balans tussen werk en privéleven. Nadat ze ook die persoonlijke hindernissen overwonnen had, moest ze zich gaan bezighouden met haar verplichtingen naar de maatschappij in het algemeen. Maar uiteindelijk kwam ze als winnaar uit de bus.

'Ik ben heel gelukkig met wat ik bereikt heb,' vertelt ze ons, 'en dat betekent niet dat ik nu alles heb wat ik wil of dat alles nu ideaal of perfect is en dat er geen angst- of conflictgevoelens meer zijn. Maar wanneer ik kijk naar het geheel van mijn leven en naar de successen die ik behaald heb en de positie die ik nu heb, mijn verantwoordelijkheden, het geld dat ik verdien, het hele pakket aan flexibiliteit op het werk, dan kan ik zeggen dat dit voor mij nu ideaal is.'

We hadden geen beter voorbeeld kunnen bedenken dan Melissa James, om te laten zien wat er bereikt kan worden, zowel professioneel als privé, wanneer je het maar op de juiste manier aanpakt. Melissa, en wij allemaal, moeten gewoon een stapje verder gaan: in plaats van ons verplicht te voelen om steeds maar meer te doen, moeten we die drijvende emotie juist gebruiken om ons trots te kunnen voelen op wat we al gedaan hebben. In plaats van ons schuldig te voelen en ons zorgen te maken over wat onze vrouwelijke voorgangers wel niet moeten denken van onze keuze om minder uren te gaan werken, of wat onze etnische medemensen of zelfs onze familie misschien van ons vinden, moeten we inzien dat bijna al deze mensen waarschijnlijk onder de indruk zijn van wat wij al gepresteerd hebben, namelijk de mogelijkheid om te kunnen beslissen. Dankzij deze mogelijkheid kun jij nee zeggen wanneer jij dat wilt, zonder je daarover schuldig te hoeven voelen. En bovendien zorgt nee zeggen ervoor dat er een wereld ontstaat waarvoor onze nakomelingen ons dankbaar zullen zijn.

In de volgende drie hoofdstukken zullen we de weg beschrijven die naar deze wereld leidt – de wereld van vrijheid van werken en leven – vanaf de allereerste kleine stapjes van minuten vrijmaken in je dag tot aan de reuzenstappen van het veranderen van je arbeidsvoorwaarden.

We zullen klein en gemakkelijk beginnen. Vandaag al kun je beginnen met tijd winnen, zonder confrontaties of afspraken of om gunsten te vragen. We zullen je thuissituatie en je werksituatie bekijken om erachter te komen hoe je je taken kunt verminderen en efficiënter te werk kunt gaan. Vervolgens worden we strategischer en, jawel, nog psychologischer, om te kijken hoe jij meer vrijheid voor jezelf kunt krijgen en je werkgever kunt helpen met een veranderde werkhouding. Je zult bijvoorbeeld leren om die begerenswaardige opdrachten eruit te pikken om zo je invloed en het voordeel voor het bedrijf te maximaliseren. En daarna gaan we het hebben over hoe je het beste kunt onderhandelen over dit alles. Hoe je er gewoon voor moet gaan om de tirannie van werkdagen van 9-6 of 8-7 of 7-9, of wat jouw persoonlijke gevangenis ook is, voor eens en voor altijd van je af te schudden.

Nieuws waar je wat aan hebt

1. Schuld is een waardeloze emotie die je ervan weerhoudt om een gezonde balans tussen werk en leven te vinden.

2. Het veranderen van de schuld-soundtrack in je hoofd verschaft toegang tot dat krachtige, levensveranderende woordje, het woordje dat absoluut nodig is om womenomics toe te kunnen passen: nee.

3. Wanneer je niet af en toe nee zegt tegen dingen, zul je uiteindelijk alles doen.

5

Zo lui als een vos: werk slimmer, niet harder

Werk slimmer, niet harder – het is net zo simpel en geniaal als $E = mc^2$.

De formule van Einstein veranderde de wereld en onze onfeilbare womenomics-formule zal die van jou veranderen. Wat ze met elkaar gemeen hebben, is een nieuwe kijk op energie. Wanneer je minder gaat werken en nog steeds goed wilt blijven presteren, zul je moeten weten hoe je je waardevolle energiebronnen moet inzetten. Vergeet niet dat je tijd en energie op kunnen raken; je moet ze optimaal gebruiken.

En daar komt de vos om de hoek kijken. Relaxed, maar sluw, een houding die wij toejuichen. Vossen weten instinctief hoe ze de beste kansen moeten grijpen, een vaardigheid waardoor ze kunnen jagen wanneer en hoe zij dat willen, met minimale inspanning. Ze verspillen geen onnodige energie maar weten wanneer ze even een sprintje moeten trekken om hun kans op succes (vangst of ontsnapping!) te maximaliseren. Dit is een overkoepelend en wezenlijk aspect van womenomics: meer waar krijgen voor je tijd.

Of bekijk het eens op deze manier: je bent aan het winkelen en je hebt 300 euro om uit te geven. Besteed je dat geld dan allemaal aan goedkope maar geweldige oorbellen en kettingen van de markt, of kun je je beter richten op een grote kwalitatieve aankoop, zoals een fantastische jurk? Met die jurk zul je een betere indruk maken dan met die goedkope, opvallende bling-bling.

Hetzelfde geldt voor je tijd. Het is een kostbaar iets.

De eerste grote, praktische stap om slimmer met je tijd om te gaan is nog eens na te denken over de relatie tussen tijd en productiviteit. Kathleen Christensen van de Sloan Foundation merkt op dat het meten van productiviteit aan de hand van hoeveelheid tijd zo langzamerhand wat gedateerd is. 'Heel lang werd gedacht dat hoe langer je werkte, hoe productiever je was. En volgens mij worden we ons er steeds meer van bewust dat het niet per se gaat om hoe lang je werkt, maar hoe slim je werkt. Ik heb duidelijke gevallen gezien van mensen die hun uren hebben teruggebracht, maar nog net zo productief zijn.'

Kathleen heeft zeker gelijk, maar ze zou nog een stapje verder kunnen gaan. Het is niet alleen mogelijk om het aantal uren terug te brengen en je productiviteit hetzelfde te houden (of zelfs te vergroten), het is zelfs absoluut noodzakelijk. Wanneer je slimmer in plaats van harder werkt, zul je zien dat heel je leven beter wordt. Minder stress, een groter gevoel van tevredenheid, minder afleidingen en minder zorgen zullen ervoor zorgen dat je productiviteit op het werk toeneemt. En je vergrote, op resultaten gebaseerde succes zal uiteindelijk voor nog meer vrije tijd gaan zorgen. In de komende drie hoofdstukken zullen we je precies laten zien hoe je, zowel op kleine als op grote schaal, slimmer kunt werken en zelfs hoe je slimmer kunt omgaan met je pas verworven flexibiliteit.

Chandra Dhandaprani, vicepresident bij het grote financiële bedrijf Capital One, zegt dat sinds ze slimmer met haar tijd omgaat, ze nu genoeg tijd heeft om zich te ontspannen met haar man en jonge zoon. 'Het heeft een positieve, vicieuze cirkel in gang gezet,' zegt ze. 'Ik voel me een beter mens en dus ben ik meer betrokken bij en productiever op het werk en daardoor makkelijker om mee te werken!'

Slim met je tijd omgaan kan er zelfs voor zorgen dat de behoefte aan parttime werken verdwijnt. Ja, we weten dat alle vrouwen graag parttime zouden willen werken en het klinkt misschien als een natuurlijke oplossing voor ons 'minder werken'-motto. Er heerst een romantisch beeld van de perfecte driedaagse werkweek, met tijd om thuis brood te bakken of aan modelbouw of yoga te doen. Maar vergeet niet dat een geformaliseerde driedaagse werkweek gepaard gaat met een geformaliseerd, driedaags salaris en driedaagse verdiensten. Je inkomen zal er drastisch door verminderen. En we weten allemaal dat je uiteindelijk dan toch nog vaak hetzelfde werk zit te doen voor minder geld. Het kan voor jou de oplossing zijn – en in hoofdstuk 7 hebben we wat onderhandelingstips voor je die je kunnen helpen, mocht je voor deze oplossing kiezen – maar voordat je nu het kantoor van je baas binnen stormt en om minder uren voor minder geld gaat vragen, waarom probeer je niet eerst wat tijd in je week te besparen door slimmer te gaan werken voor hetzelfde, fulltime salaris?

Dit hoofdstuk gaat over de eerste, makkelijke stapjes op het womenomics pad. Je kunt vandaag al dingen doen, zonder confrontaties of gunsten te vragen, om meer tijd voor jezelf te winnen. En je kunt niet alleen de kwantiteit van de tijd in je dag veranderen, maar ook het besef – de kwaliteit – van je tijd. Thuis, op je werk, in de auto – wij gaan je laten zien hoe je tijd kunt besparen, hoe je nieuwe bronnen van ongerepte tijd kunt aanboren en, het allerbelangrijkste, hoe je beter kunt gaan leven, nu meteen.

De 80-20-regel

Zowel slimme businessmanagers als analisten signaleren een vreemde maar eigenlijk niet zo verbazende trend: 80 procent van de bruikbare output in de zakenwereld komt voort uit ongeveer 20 procent van de inspannings-input. Deze regel, ook wel de 80-20-regel of 'the law of the vital few' genoemd, betekent dat de gemiddelde werknemer bijna 80 procent van zijn tijd verspilt aan onproductieve handelingen of, wat ook mogelijk is, aan het doen alsof hij productief bezig is.

Wat dit voor jou betekent, is dat er enerzijds taken zijn die echt een verschil maken en anderzijds taken die uiteindelijk weinig toevoegen voor jou of voor je bedrijf, maar die wel heel veel tijd in beslag nemen. Waarschijnlijk heb je zelfs al een innerlijke graadmeter ontwikkeld die je in staat stelt om in te schatten of een bepaalde taak iets op zal leveren of dat het een nutteloze tijdsverspilling is.

Het gaat er natuurlijk om dat je niet alleen het onderscheid weet te maken tussen het nuttige en het nutteloze, maar dat je die wetenschap ook kunt toepassen in de praktijk. In de volgende hoofdstukken zul je zien wat dit concreet betekent, wanneer je vergaderingen en technieken beoordeelt en kijkt welke projecten jouw kostbare tijd verdienen. Nog belangrijker is dat je gaat inzien dat je het aan jezelf en aan je bedrijf verplicht bent om dingen te doen die de zaken van je bedrijf positief beïnvloeden en om je tijd niet te verspillen aan het nemen van hindernissen, enkel omdat die hindernissen er zijn.

Pak dus snel pen en papier. Het is weer de hoogste tijd. We gaan het hebben over wat je moet doen. En het eerste wat je moet onthouden is dat je nooit maar dan ook nooit iets moet doen omdat dat nou eenmaal bovenaan een nog-te-doen-lijstje staat. Of omdat het het makkelijkst lijkt. Op jouw lijstje mogen alleen maar prioriteiten staan.

Ten eerste – Maak een lijst van alle dingen die je de komende dagen of weken wilt doen. Kijk ernaar. Accepteer dat je niet alles kunt doen. Wanneer er bijvoorbeeld 20 dingen op de lijst staan, omcirkel dan de vijf die het meeste effect zullen hebben. Denk eraan om dingen te kiezen waar jij goed in bent. Wanneer je al weet dat je het niet goed zult doen, doe het dan niet. En omcirkel die dingen waarvan je weet dat je tevreden zult zijn wanneer ze gedaan zijn. Wees realistisch, er zijn misschien ook taken die weinig effect hebben maar wel noodzakelijk zijn en dus op de lijst moeten blijven staan. Geef die een plekje tussen de belangrijke punten. Maar streep de rest door.

Ten tweede – Schrijf in grote lijnen op wat jij deze maand hoopt te bereiken – dit is dus een concrete definitie van iets groots dat jij deze maand voor elkaar wilt krijgen, iets wat verder gaat dan je dagelijkse taken. Schrijf vervolgens tien dingen op die je moeten helpen om zo ver te komen. Stel je nu voor dat iemand een pistool op je richt en je dwingt om de twee belangrijkste dingen eruit te pikken. Richt je op die twee punten en op niets anders.

Ten derde – Schrijf in grote lijnen op wat jij dit jaar hoopt te bereiken. (Dit is prettig voor diegenen onder ons die moeite hebben met details.) Verdeel dit nu over maanden, weken en zelfs dagen. Als je doel bijvoorbeeld is om aan het einde van het jaar tien nieuwe klanten erbij te hebben, splits dit dan op in aparte handelingen die daar uiteindelijk toe kunnen leiden. Zorg er vervolgens voor dat je elke maand genoeg tijd aan die specifieke handelingen besteedt.

Terwijl je hiermee bezig bent, vergeet dan niet dat je, hoe overweldigend dit allemaal misschien ook lijkt, groot moet denken om deze prioriteitenlijsten te maken. Wees duidelijk. Anders blijf je worstelen met alles wat andere mensen jou opdragen, of met dingen van jouw lijst die 'makkelijk' leken. En hoewel je dan misschien het gevoel hebt dat je dingen voor elkaar krijgt, slurpen al die kleine dingen eigenlijk al je tijd op en saboteren ze op die manier misschien wel je hele carrière.

Linda Brooks, onze advocate uit New York, ziet dit elke dag bij vrouwen:

'Ik zie heel veel vrouwen die op elk klein detail letten en ervoor zorgen dat elk woord in een stuk klopt, terwijl een man in dezelfde positie dat lang niet zo vaak doet, maar meer denkt aan het grotere geheel. Mannen denken meer 'outside the box', zijn creatiever bezig. Ze handelen veel eerder en, eerlijk gezegd, soms ook wel te snel, en dan moet je ze op hun vingers tikken en zeggen: "Zorg dat je die papieren nu in orde krijgt, dan kunnen we daarna gaan praten over hoe we de balansproblemen van Exxon kunnen oplossen..." Het is grappig om te zien hoe een man die nog maar drie dagen advocaat is, zich meteen laat gelden, terwijl een vrouw die het al drie jaar doet, nog steeds bezig is met het overdoen van typewerk van assistenten, omdat die het niet goed gedaan hebben. Het gebeurt elke keer weer en het is vreselijk frustrerend.'

Robin Ehlers van General Mills is een van onze vrouwen die dit inzag en in staat was om haar manier van werken te veranderen. Ze werkt nu aan de hand van slimme prioriteiten (denk aan de vos), met als resultaat dat ze een fulltime baan heeft met genoeg vrijheid en tijd voor haar familie.

'Af en toe,' zegt ze, 'zie ik dat andere mensen fanatieker werken dan ikzelf. Maar eerlijk gezegd denk ik dat ik gewoon slimmer werk. Ik spendeer geen tijd aan telefoontjes, waarbij ik me opwind over de bedrijfsregels, ik verspil geen tijd aan vergaderingen of rondhangen op kantoor. Ik richt me exclusief op het gewenste resultaat en ik denk dat dat gewaardeerd wordt. Ik concentreer me echt op de dingen die gedaan moeten worden en die het bedrijf iets opleveren – en over dingen die niet echt veel toevoegen maak ik me niet druk.'

Verdoe je tijd niet

Zelfs wanneer je al onze vorige hoofdstukken ter harte neemt en je prioriteiten goed op een rijtje hebt gezet, dan nog is elke dag op kantoor, of wanneer je thuis werkt, een mijnenveld vol valkuilen wat betreft tijd. Wij allemaal verspillen veel te veel tijd, elke dag weer. Hier zijn de strategieën waardoor je slimmer kunt blijven werken. Misschien dat je de indruk krijgt dat wij enorm georganiseerd zijn, met al ons gepraat over lijstjes, schema's en efficiëntie. Maar helaas. De waarheid is dat wij allebei eigenlijk helemaal niet houden van schematiseren en organiseren. Maar we zijn gaan inzien dat weten hoe onze dag efficiënter ingedeeld kan worden, heel belangrijk is om te krijgen wat wij willen: meer tijd om thuis te zijn.

1. Neem controle over je werktijden
Dit is een belangrijke, filosofische verandering. Zorg dat je de baas bent op elk gebied en in elke situatie. Wanneer je andere mensen vergaderingen laat plannen, telefoontjes laat plegen en opdrachten laat uitdelen, dan is de kans groot dat jij uiteindelijk werktijden hebt die hun uitkomen en niet jou. Wanneer je volgens jouw schema wilt werken, neem dan de controle over jouw tijdschema. En trouwens, je moet ook de controle over jezelf nemen. Het zijn niet alleen de anderen die je productiviteit ondermijnen. Beperk het aantal keren dat je je e-mail checkt en telefoontjes beantwoordt tot een paar keer per

dag. Plan genoeg 'denktijd' in voor jezelf om de belangrijkste taken uit te kunnen voeren.

2. *Kom als eerste met een deadline voor het werk*

Probeer zo vaak mogelijk (en dat is waarschijnlijk heel wat vaker dan je zou denken) je werkindeling te bepalen voor het halen van de deadline. Laat je baas al vroeg weten wanneer jij het werk af denkt te hebben. Hierdoor ben je in de positie om een schema te bepalen dat jou het best uitkomt. Wees realistisch, beloof geen gouden bergen wanneer je het niet waar kunt maken.

3. *Wanneer jou een project aangeboden wordt, neem dan genoeg tijd om erover te kunnen nadenken. Bekijk meteen hoe lang je met een project bezig zult zijn:*

- Laat je niet tot een overhaaste beslissing verleiden. 'Ik zal het eens bekijken en dan hoor je morgen van me wat de deadline wordt.' Dit is volkomen acceptabel.
- Hoe lang zul je nodig hebben voor dit karwei? Hoeveel uur per dag kun je er in werkelijkheid aan besteden?
- Heb je nog andere verplichtingen die dit project misschien in de weg staan?
- Hoeveel extra tijd moet je inplannen als buffer voor eventuele tegenslagen, kwijtgeraakte documenten, een zieke collega, of andere onvermijdelijke ongelukjes?

4. *Word een opportunistische workaholic*

Wanneer je ook maar een mogelijkheid ziet – de kinderen zijn er even niet, je moet toch reizen, je partner of ouders hebben je hulp niet nodig – stort je je helemaal op je werk! Zie het als een 'strategisch ja', of gebruik je vosachtige sluwheid. Dit zijn geweldige mogelijkheden waarbij je op een makkelijke manier oude tijden kan doen herleven.

'Precies,' zegt Robin Ehlers. 'En weet je wat ik ook doe? Wanneer ik voor mijn werk op reis ben, neem ik mijn computer mee en werk ik gedurende de hele periode dat ik weg ben. Ik ga laat naar bed en geniet echt, het is dan net alsof ik de hele week hard aan het werk ben en wanneer ik dan weer thuis ben, geniet ik van mijn vrijheid.'

5. *Stel grenzen aan je werktijden*

Laat mensen weten wanneer je op kantoor bent en wees realistisch en flink assertief. Wanneer je op reis bent geweest en een paar uurtjes thuis wilt zijn voordat je weer naar kantoor komt, zeg dat dan: 'Ik kom 's middags werken.' Zie dit als een 'strategisch nee'. Je hebt die tijd met je gezin nodig en de wereld vergaat echt niet omdat jij een paar uur later begint.

Maak andere mensen op kantoor ook duidelijk dat wanneer je er bent, je dan druk bent. Noem het 'denktijd'. Laat iedereen weten wanneer je wel bereikbaar bent voor telefoontjes of e-mails. Je zou zelfs een regel kunnen voorstellen dat, tenzij het dringend is, je alleen 's ochtends en 's avonds laat e-mails beantwoordt. Je zult dan alleen maar georganiseerd en belangrijk overkomen.

Vermijd de verleiding om, als een soort Hermelien Griffel, altijd de beste en altijd beschikbaar te willen zijn. We beloven veel te vaak dingen van tevoren om een goede indruk bij de baas te maken om dan, wanneer het moment daar is, te wensen dat we nooit aangeboden hadden om er zo vroeg/zo laat/in het weekend bij te zijn. En dan zijn we opeens niet meer zulke goede werknemers.

Claire: 'Vroeger zei ik nooit wanneer ik niet op kantoor zou zijn, ook al was mijn afwezigheid gerechtvaardigd. Op de een of andere manier was ik bang dat er dan te veel aandacht gevestigd zou worden op het feit dat ik er niet was. Maar inmiddels weet ik dat het veel beter is voor de mensen met wie ik werk wanneer die mijn plannen voor die dag kennen, of ze die nu leuk vinden of niet! Ik zeg echt niet elke keer: "Ik ga thuis in mijn joggingpak achter de computer zitten, haal tussen de middag mijn dochter af van school om met haar een hapje eten, waarna ik weer achter de computer kruip." Zulke details hoeven ze niet te weten. Maar ik zeg nu wel: "Morgen ben ik er niet, ik ben bereikbaar op mijn mobiel, maar ik kan ervoor zorgen dat je dat script om twee uur hebt." Of: "Ik werk vanuit huis, laat me weten als er wat is." Het voorkomt spanningen en ook situaties waarin ontevreden collega's kunnen zeggen: "We wisten helemaal niet waar ze was!" '

6. *Ga bewust om met vergaderingen*

Wat is dat toch, dat zodra een aantal collega's bij elkaar zit, ze het gevoel hebben dat ze maar moeten blijven kletsen en daarmee een ieders tijd verknoeien? We weten zeker dat jullie er allemaal al wel eens mee te maken gehad hebben. Die meestal totaal nutteloze vergaderingen in benauwde, raamloze conferentiekamers, waar de een of andere kantoorsukkel denkt dat hij maar kan blijven praten, waardoor wij gedwongen zijn om te blijven zitten terwijl we het liefst gillend naar buiten zouden rennen.

Vergaderingen zijn zonde van de tijd. Hier volgen een paar tips om ermee om te gaan:

Stel je de vraag: is het noodzakelijk?

Om te beginnen: als het niet absoluut nodig is, ga dan niet. Je zult erachter komen, dat de meeste vergaderingen in de categorie van 80 procent vallen. Ze hebben geen enkel nut. Het is verbazingwekkend hoeveel vergaderingen je kunt missen zonder dat dat consequenties heeft voor de manier waarop jij je werk doet. En net zo verbazingwekkend is het hoe snel mensen gewend zijn aan het feit dat jij niet aanwezig bent bij vergaderingen. Al snel zullen ze er zelfs van uitgaan dat je er niet bij bent.

Katty: 'Wij hebben elke dag om 10 uur en om 3 uur een redactievergadering. Toen ik aan mijn huidige baan begon, zei mijn redacteur dat het geweldig zou zijn wanneer ik daar ook een paar keer per week bij zou kunnen zijn. Ik vertelde hem dat ik het zou proberen. Ik ben bang dat ik gelogen heb. Ik ben nog nooit bij zo'n vergadering geweest, noch persoonlijk, noch telefonisch. En het heeft echt geen enkele invloed op hoe ik mijn werk doe. Sterker nog: ik besteed mijn tijd nu veel nuttiger door verslagen te lezen en met mensen te praten. En het grootste voordeel: niet naar die vergaderingen gaan, spaart mij ten minste een uur per dag. Wanneer ik iets te bespreken heb over mijn reportage, dan bel of e-mail ik de redacteur rechtstreeks. Dat kost me 5 minuten in plaats van 50.'

Claire: 'Voor mij geldt hetzelfde. Bij *Good Morning America* kunnen ze ook uren vergaderen. Oorspronkelijk werd je wel geacht om "deel te nemen", maar ik kwam er al snel achter dat het een vreselijke tijdsverspilling was. Ik hoor veel liever een korte samenvatting en gebruik de bespaarde tijd voor het maken van reportages of het doen van onderzoek.'

Bepaal en houd toezicht op het vergaderschema

Soms is het echt even nodig om een aantal mensen samen op een plek te hebben. Wanneer dat het geval is, probeer dan de leiding over het vergaderschema te krijgen. Jij bent degene die de begin- en eindtijd bepaalt. Wanneer de vergadering plaatsvindt in een conferentiekamer die gereserveerd moet worden, maak die reservering dan en zorg dat de tijd kort is en wordt vastgelegd. Deel van tevoren de lijst met agendapunten uit, om te zorgen dat alles duidelijk is. Zelfs wanneer je niet de leiding hebt, probeer er dan voor te zorgen dat er niet afgedwaald wordt. 'Interessant, en wat was je volgende vraag?' Je zult intelligent en betrokken overkomen en het zorgt er ook voor dat alles volgens jouw plan verloopt.

Stel voor om de vergadering telefonisch te doen

De telefonische vergadering is de uitkomst voor elke drukbezette vrouw. In plaats van kostbare tijd te verliezen met naar kantoor gaan, naar de vergaderzaal lopen, alle kletspraat aan te horen en te blijven hangen voor het napraten na de vergadering, kun je gewoon inbellen en beginnen. En het allermooiste is dat je niet eens 'aanwezig' hoeft te zijn om aanwezig te zijn: je kunt iets eten, een document doorbladeren of gewoon van het uitzicht genieten – er is toch niemand die het ziet. Wanneer dit allemaal vanuit huis mogelijk is, hoef je ook geen tijd te verliezen aan het 'klaarmaken voor kantoor'. (Je weet wel: haar, make-up, kleren strijken, al die tijdverslindende dingen.)

Het hoofd van de afdeling human resources van Marriott is David Rodriguez. David heeft de werkwijze van zijn bedrijf voor zijn ogen zien veranderen. Helaas zijn niet al zijn managers (vooral de ouderen) even snel met het zich aanpassen aan veranderingen. Zij houden vast aan de oude manier van zakendoen – vergaderingen in vergaderzalen, mensen die rond een glimmende vergadertafel zitten, het in de gaten houden van onderdanen. Maar daardoor komen ze minder goed mee in de huidige tijd.

'Onze hotelbusiness in Amerika is verdeeld in drie grote afdelingen: West, Centraal en Oost. Elk regionaal team bestaat uit zo'n twaalf tot vijftien mensen en ze zien elkaar bijna nooit. Veel telefonische vergaderingen en veel gereis. Wanneer wij een senior manager gehad hadden die daar weinig affiniteit mee had, dan had ik diegene niet geschikt gevonden om zo'n team te leiden. Sommige mensen hebben gewoon zo'n houding van: "Ik wil al mijn mensen fysiek om mij heen hebben." Maar daar zou de business niet bij gebaat zijn, omdat onze mensen nu eenmaal overal moeten zitten.'

In David Rodriguez' geval is flexibiliteit, in de vorm van telefonisch vergaderen en relaties onderhouden via virtuele communicatie, dus een zeer positieve ontwikkeling. Goed nieuws voor iedereen die wat minder vaak achter zijn bureau wil zitten. Je vermogen om flexibel te zijn, om ook buiten kantoor te kunnen functioneren, is toegevoegde waarde voor het bedrijf en levert een enorme tijdbesparing op.

De twee kanten van technologie

Het is toch vooral dankzij de technologie dat we er tegenwoordig een steeds flexibelere levensstijl op na kunnen houden. Wij professionele vrouwen weten allemaal dat de flexibiliteit die wij nu hebben zonder technologie onmogelijk zou zijn.

Telefonisch vergaderen vanuit huis betekent dat je niet in alle vroegte op kantoor hoeft te zijn om met Hongkong te kunnen bellen of juist heel laat om contact te hebben met Los Angeles. Je kunt e-mails versturen terwijl je in de file staat. Dankzij je laptop kun je net zo makkelijk bij je werkdocumenten als wanneer je op kantoor bent.

Kimberley Archer ontdekte de ultieme waarde van de webcam toen zij, tijdens haar derde zwangerschap, gedwongen was om bedrust te houden. Na 27 weken hoorde Kimberley, die in verwachting was van een tweeling, dat er een kans was dat de baby's te vroeg geboren zouden worden. Haar dokters stuurden haar naar bed, maar Kimberley, die werkt voor een professioneel rekruteringsbedrijf, wilde per se blijven werken. Technologie was voor haar de uitkomst. Ze wist al dat ze kon e-mailen, telefonisch kon vergaderen en vanaf haar laptop bedrijfsdocumenten kon inzien. Maar, vastgeketend aan haar bed, ontdekte ze dat ze eventuele kandidaten en werkgevers ook kon 'ontmoeten', door zich vanaf haar middel netjes aan te kleden en haar webcam aan te zetten. Niemand die de kruimels en de verkreukte lakens zag – ze zagen enkel een professionele vrouw in een keurig jasje.

Voor Jennifer Dickey, werktuigkundig ingenieur in Detroit, zorgt technologie ervoor dat ze waardevolle tijd thuis kan doorbrengen wanneer daar onverwacht iets aan de hand is. 'Ik kan vanaf mijn computer thuis inloggen op de computer van kantoor en dan is het net alsof ik daar ben. De desktop ziet er hetzelfde uit. Ik heb dezelfde toegang tot dezelfde programma's als die ik op kantoor gebruik. Het helpt enorm. Bijvoorbeeld vanochtend. Mijn dochtertje van drie is niet bepaald een kind dat elke dag staat te springen om naar school te gaan. Het is nog steeds af en toe moeilijk. Vandaag was ik dus een uur te laat op mijn werk. Maar die tijd kan ik 's avonds inhalen, wanneer de kinderen naar bed zijn. Ik hoef alleen maar in te loggen en het werk is zo gepiept.'

Maar deze wonderbaarlijke, flexibiliteit verschaffende snufjes kunnen ook stiekem steeds meer van onze kostbare tijd opslokken. Je moet het vaak helemaal zelf uitzoeken bij deze apparaatjes en – wanneer je net zo bent als wij – af en toe nog wel eens midden op een enorm frustrerende avond willen weten hoe je belangrijke documenten van je server zou kunnen verwijderen. Wanneer je niet gedisciplineerd genoeg bent, kunnen deze technische snufjes zomaar eens een enorme inbreuk op je privéleven gaan maken.

'Mijn zoon Jasper noemde mijn BlackBerry laatst mijn nieuwe, beste vriend. Op dat moment besefte ik dat ik een probleem had,' vertelt Sarah Slusser. 'Ik heb gehoord dat het 's nachts checken van je e-mails een verslaving is. Voor mij was het dat zeker. Wanneer ik om 3 uur 's nachts opstond om een glaasje water te drinken, dan checkte ik ook meteen even mijn BlackBerry,' geeft Chandra van Capital One toe.

'Wanneer ik een vrije dag heb, check ik mijn BlackBerry slechts vier keer per dag,' vertelt Stephanie van Marriott trots – totdat ze even nadenkt en zich realiseert dat ze het wel over haar vrije dag heeft!

Klinkt dit aardig bekend? O, dat glanzende, kleine apparaatje – 12 cm lang, 1,5 cm dik. Het maakt vrijheid mogelijk maar neemt deze ook weer af. Onze perfecte persoonlijk assistent; ons onophoudelijke, draagbare, zakelijke geweten.

Katty: 'Ik liep jaren achter wat BlackBerry's betrof. Ik keek toe hoe verslaafden tijdens etentjes maar bleven doortypen en vond het vreselijk. Ik kon niet begrijpen wat er nu zo dringend was, dat ze daarvoor hun salade moesten onderbreken om op "verzenden" te kunnen drukken. Ik was nogal trots op het feit dat ik niet zo was, dat ik meer zelfdiscipline had. Maar ergens tijdens de presidentiële campagne van 2008 besloot de BBC dat het genoeg was en dat zij in staat moesten zijn om contact met mij op te nemen wanneer ik onderweg was. Op een maandagochtend kreeg ik van mijn producer een BlackBerry. Die bleef een week in de verpakking zitten. Maar toen ik het apparaatje eenmaal begon te gebruiken, was ik direct verslaafd. Ik kon het niet wegleggen. Elke tien minuten checkte ik mijn e-mails en al snel checkte ik ze ook 's avonds en in het weekend. Voor het werk was het niet nodig, maar op de een of andere manier dwong het feit dat ze daar waren, binnen bereik in mijn handtas, mij er steeds weer toe. Binnen de kortste keren besteedde ik steeds meer vrije tijd aan mijn werk, op een manier die vóór de BlackBerry niet bestond.'

Claire: 'Mijn BlackBerry zorgt ervoor dat ik niet altijd op kantoor hoef te zijn en bij mijn kinderen kan zijn wanneer dat nodig is. Ik ben gek op dat ding. Maar tussen 5 en 8 uur 's avonds heb ik er een hekel aan gekregen. Ik heb gemerkt dat ik het moeilijk vind om hem tijdens die kritieke uren van eten en bedtijd weg te leggen en dat ik, wanneer er e-mails binnenkomen van het werk – en die komen er veel en vaak – het gevoel heb dat ik meteen moet antwoorden. Erger nog, het lijkt wel of die kleine berichtjes spanning overdragen. Zodra ik lees wat iemand van mij vraagt, trek ik mijn schouders op, worden mijn hersens in de werkstand gezet en ben ik opeens tien keer zo chagrijnig naar mijn kinderen toe. De laatste tijd leg ik de BlackBerry weg totdat iedereen in bed ligt – en je kunt je niet voorstellen hoe relaxed ik me daarbij voel!'

De risico's van een e-mailverslaving zijn enorm. Voor je het weet helpt die je persoonlijke productiviteit om zeep, leidt die je af van je werk en belemmert je creativiteit. En dat beeld je je niet slechts in – er is onderzoek dat het bewijst.

Kijk maar eens naar de uitkomsten van de volgende drie onderzoeken:

- **Overspannen? – Houd eens op met steeds je e-mail te checken!**
Onderzoekers van de universiteiten van Glasgow en Paisley in Schotland ontdekten in 2007 dat e-mail en het verkeerd gebruik daarvan, een directe oorzaak zijn van stress onder werknemers. Het onderzoek – gedaan door een psycholoog, een statisticus en een ICT'er – toonde aan dat meer dan eenderde van de ondervraagden zich gestrest voelde door e-mail en de verplichting om direct te antwoorden.[36]

- **Dodelijk voor je productiviteit – e-mail, telefoongesprekken en onzinnige bereikbaarheid**
Een onderzoek uit 2008, in opdracht van autofabrikant Cadillac, toonde aan dat e-mails, telefoongesprekken en gedachteloos surfen op het internet, tot een productiviteitsverlies van wel vier van de acht uur per dag kunnen leiden![37]

- **Steek liever een joint op – van e-mails word je dommer**
Onderzoekers van de King's College London University zagen bij 80 onafhankelijke onderzoeken dat wanneer mensen veel dingen tegelijk doen op het werk, waaronder constant hun e-mail checken, hun IQ tijdelijk met 10 punten daalt, net zoveel als wanneer je een nacht slaap zou missen. En wanneer je bedenkt dat het roken van een joint zorgt voor een tijdelijke daling van 4 punten, zou je dus kunnen concluderen dat je beter stoned kunt zijn dan dat je elke paar minuten je e-mail checkt.[38]

Maar wanneer je eenmaal inziet dat jij degene bent die de baas over de technologie zou moeten zijn, in plaats van andersom, wordt het opeens heel makkelijk assertief te zijn en zijn de voordelen grenzeloos. Trek de stekker uit je PDA's en de resultaten zijn direct zichtbaar. Je zult meteen meer tijd hebben. En dit is trouwens net zo belangrijk op kantoor. Je zult ontdekken dat je je weer op het grote geheel kunt concentreren. De meeste tijd die je spendeert aan e-mails, valt onder die verspilde 80 procent.

En buiten kantooruren zul je een gezonde afstand creëren tot je werk – zowel fysiek als mentaal, je zult je meer ontspannen voelen en beter in staat om elk moment bewust te beleven. Je zult je beter kunnen concentreren – op je gezin, je kinderen. Zelfs je vrienden zullen het waarderen. Al die echte mensen in je leven hoeven niet langer te concurreren met die onechte beste vriend, je BlackBerry. En hiermee lopen we het risico dat we misschien een beetje New Age klinken – wij denken dat je een betere echtgenote/dochter/moeder/vriendin zult zijn, doordat je niet langer afgeleid wordt.

Hier volgen een paar manieren om van je verslaving af te komen:

1. Schakel het signaal op je PDA en je computer dat aangeeft dat er een e-mail binnenkomt uit. Niet over nadenken, gewoon doen. Je zult zien dat wanneer je niet elke paar minuten die neurotische 'ping' hoort, je ook geen tijd meer zult verspillen aan het elke keer checken van je e-mails.

2. Doe het 11/4-experiment. Onderzoek heeft uitgewezen dat mensen productiever, minder gestrest en over het algemeen gelukkiger zijn wanneer ze hun e-mails nog maar twee keer per dag checken – een keer om elf uur en een keer om vier uur. Waarschijnlijk denk je nu: 'Klinkt goed, maar dat werkt bij mij niet.' Probeer het een keer, één dag maar, en laat het ons weten (liever niet per e-mail).

   Wanneer je nerveus bent omdat mensen zich misschien zullen afvragen waar jij bent of wat er aan de hand is, laat de technologie dan voor je werken. Schrijf een automatisch antwoord in de trant van: 'Hallo. Ik heb de e-mail ontvangen en zodra ik mijn e-mails check, om elf uur en om vier uur, zal ik erop reageren.'

3. Scheid je technische apparaten. Bewaar je mobiele telefoon en je mobiele e-mailapparaat apart van elkaar. Zo kun je pauzes nemen, je PDA en e-mails achterlaten, maar toch nog in staat zijn om vrienden en familie te bellen.

4. Laat je BlackBerry liggen. Ga je uit eten, heb je een afspraakje, ga je naar de film? Zeg tegen jezelf dat je je e-mails kunt checken wanneer je terugkomt. Ook bij een belangrijke afspraak met een klant of tijdens een vergadering is het prettig wanneer jij je volle aandacht kunt geven.

5. Wanneer je jezelf niet vertrouwt, wat betreft het checken van je PDA wanneer die in je handtas of naast je bed ligt, leg hem dan ergens anders neer. Laat die PDA letterlijk aan de andere kant van het huis liggen of breng hem naar boven. In de tijd die je nodig hebt om daarheen te lopen en hem te pakken, kun je je afvragen: waarom doe ik dit? Moet ik echt gaan kijken? De fysieke afstand kan je helpen om afstand te nemen.

6. Stel duidelijke grenzen aan het gebruik van technologie. Check je e-mails niet meer na zeven uur 's avonds en ook niet onder het

eten. Kijk in het weekend niet vaker dan een keer per dag. Wanneer je eenmaal hebt besloten dat je geen e-mail meer checkt of telefoontjes van je werk aanneemt, zet die telefoon, BlackBerry of computer dan ook uit.

Veranderingen thuis

Wanneer je wilt werken, een gezin wilt hebben en een leven – dan zul je op elk gebied concessies moeten doen, niet alleen op je werk. Het heeft geen nut om je werk terug te brengen naar 60 procent, maar thuis nog steeds 100 procent proberen te geven. De essentie van womenomics is om alles met elkaar te integreren, in balans te brengen; niet alleen vrij te zijn van de tirannie van professionele perfectie, maar ook van de tirannie van huishoudelijke perfectie.

Dit boek is geen hulpboek voor ouders; wanneer je net zo bent als wij, heb je er daar al genoeg van. Maar er zijn dingen in je leven thuis, waarbij je de regels van womenomics kunt toepassen om meer tijd en vrijheid te krijgen. Want veel van het mentale en praktische veldwerk dat nodig is om meer succes in je werk te krijgen, is ook hier van toepassing.

Ten eerste hoef je geen Moeder van het Jaar te zijn om een *hele goede* moeder te zijn.

Katty: 'Ik ga nooit naar een ouderavond. Ik ga niet naar elke schoolvoorstelling. Ik sta erom bekend dat ik vaak iets vergeet. Ik ben nooit hulpmoeder geweest. De enige carnavalskostuums die ik zelf gemaakt heb, waren zo lelijk dat mijn kinderen weigerden om ze aan te trekken.'

Claire: 'Twee jaar achter elkaar was ik elke avond in december tot bloedens toe bezig om mijn zoon (of mijzelf, of wie dan ook) te bewijzen dat ik zelf kerstsokken kon breien. Totdat Hugo dit jaar opmerkte, terwijl hij worstelde om zijn cadeautjes van de Kerstman uit mijn absurde creatie te krijgen, die een veel te nauwe opening had, dat de vorm van de sok misschien toch "niet helemaal klopte". Op dat moment realiseerde ik mij dat ik me beter kon focussen op mijn sterke kanten. Breien? Liever maar niet. Een kartonnen huis bouwen? Dat kan ik wel. Ik ben me serieus gaan concentreren op de schoolactiviteiten waar mijn zoon en dochter ook daadwerkelijk iets aan hebben. Een keer komen voorlezen in de klas, meegaan met een schoolreisje, dat vind ik leuk en zij ook. Maar een oudergroep of veiling leiden of meehelpen in de schoolbibliotheek – daar zeg ik meteen nee tegen. Wanneer het voor mij geen waarde heeft, gaat het niet door.'

Of het nu in je eigen sociale leven is, het leven van je kinderen, je leven naast het werk of welk deel van je leven dan ook, stel grenzen. Wij zijn grote voorstanders van vrije tijd – maak letterlijk tijd. Tijd waarin je geen afspraken hebt. Wanneer je op je werk minder gaat doen, maar de gewonnen tijd vervolgens weer volpropt met andere dingen, heb je het nog niet door. Hier een paar gedachten wat betreft de thuissituatie:

Een paar dingen waarvan wij persoonlijk vinden dat ze moeten...
* Reserveer tijd om in het weekend gewoon een beetje te kunnen rondhangen. Probeer een halve dag door te komen zonder georganiseerde activiteiten. Vergeet niet dat in een altijd druk en hectisch gezin niets doen juist heel waardevol is. Probeer het eens en zie hoe je gezin iets zeldzaams en vreemds doet: zich ontspannen.
* Voel je vrij om verplichtingen voor de avond af te zeggen. Je mag best zeggen: 'Het spijt me, maar het gaat me toch niet lukken.'
* Zeg gerust: 'Ik heb al plannen', wanneer die plannen bestaan uit naar de film gaan met de kinderen of spaghetti eten met het gezin. In hoofdstuk 4 kwam dit ook al aan bod en het is echt belangrijk. Dit zijn niet alleen de beste plannen, maar je gezin verdient het dat jij je aan je afspraken met hen houdt.
* Zorg dat je aanwezig bent bij belangrijke dingen op school: diploma-uitreikingen, kerstshows, ouderavonden, maar maak het je niet te moeilijk wanneer je andere dingen mist.

- Delegeer – je man kan ook wel eens alleen naar een ouderavond wanneer jij niet kunt. Het is voor vaders vaak helemaal niet zo slecht wanneer moeder er een keer niet bij is.

En wat je niet moet doen...
- Probeer niet met te veel vrienden tegelijk af te spreken in het weekend – dan kun je je nooit optimaal op iedereen concentreren.
- Laat je kinderen niet meer activiteiten doen dan jullie aankunnen – dat vereist alleen maar meer organisatie en jij en je man zullen elk weekend voor chauffeur mogen spelen, apart van elkaar.
- Laat je werk niet te veel overgaan in je vrije tijd, in de vorm van te veel zogenaamd 'sociale' bijeenkomsten. Of dit nu goede doelen, kantoorborrels, geldinzamelacties of boekenparty's zijn. Maak een strenge selectie.

Vakantiedagen – neem ze op

438 miljoen. Nee, we hebben het hier niet over het aantal sterren in het heelal of zandduinen in de Sahara. 438 miljoen is het geschatte aantal niet opgenomen vakantiedagen van Amerikanen in 2007. Wij waren sprakeloos, geschokt, terneergeslagen toen we het hoorden. Hoe vaak moeten we het nog zeggen? Neem vakantie!

Elk jaar voeren de reisgoeroes van Expedia.com een onderzoek uit naar de voordelen van vakantietijd (en ja, we weten het, helemaal objectief zijn ze natuurlijk niet, maar toch: de uitkomst is behoorlijk interessant). Expedia laat een typisch Amerikaans puriteins arbeidsethos zien, de angst om uitgemaakt te worden voor iemand die niet wil werken en de nogal prozaïsche neiging om vakantiedagen op te sparen voor onverwachte gebeurtenissen. Blijkbaar zijn dit de belangrijkste redenen die mensen aanvoeren om niet vrij te nemen.

Je hebt niet voor niets recht op vakantie. Je hebt het nodig. Maak er gebruik van. Van alle dagen. En vervolgens, wanneer dat mogelijk is, neem je er nog meer. We hebben Expedia niet nodig om te weten dat werkende mensen beter presteren wanneer ze uitgerust zijn.

Zoals je ziet, hebben wij een vrij duidelijke mening over vakantie. Iedereen weet dat Amerikanen veel minder vakantie opnemen dan mensen in de rest van de geïndustrialiseerde wereld, maar wist je ook hoeveel minder?

Amerikanen werken twee weken langer dan de Japanners, die toch meestal werken totdat ze erbij neervallen, en meerdere weken langer dan de meeste Europeanen, waar werknemers soms tot wel vijftien weken betaald verlof per jaar hebben. Amerika is een van de weinige geïndustrialiseerde landen ter wereld waar de overheid helemaal geen betaalde vakantiedagen verplicht stelt. Alleen de Mexicanen hebben nog minder betaalde vakantiedagen dan de Amerikanen: een schamele zes dagen per jaar. Dus voor het geval dat jij je schuldig voelde om die vakantiedagen op te nemen, het is niet nodig. Waarschijnlijk nam je toch al niet genoeg.

Die leeg rakende batterijen moeten echt af en toe weer opgeladen worden. Misschien helpt het als je het zo ziet: wanneer jij je vakantiedagen opneemt, ben je een effectievere werknemer en omdat je er toch al zo weinig hebt, kun je ze maar beter allemaal opnemen om je productiviteit op het werk te maximaliseren. De realiteit is dat, naast dat je er beter door gaat werken, je er ook beter door zult gaan denken en je beter zult voelen. Je zult een betere moeder, een betere echtgenote en een betere vriendin zijn. Bovendien zul je genoeg mentale energie hebben om echt te kunnen nadenken over iets diepzinnigs als womenomics.

Katty: 'Een paar jaar geleden, toen ik op het punt stond om mijn familie in Europa te gaan bezoeken, zei een Amerikaanse collega verbaasd: "Ga je echt vier weken weg? Wauw, jullie Europeanen nemen echt veel vrij!" Ze heeft gelijk. Vergeleken met de meeste Amerikanen hebben wij echt geluk. Wij kunnen nog steeds, net, een maand lang op vakantie. Mijn collega had in drie jaar tijd niet meer dan een driedaagse vakantie gehad en dacht niet dat ze ooit twee weken, laat staan vier, had opgenomen. Opeens voelde ik me iemand die zich drukt van het werk. Mijn god, wat zou ze wel niet denken van mijn vierdaagse werkweek, mijn innerlijke, 30-uurs-klok, mijn streven om in de weekenden thuis te zijn, mijn contract van 172 dagen, mijn weigering om in het weekend of 's avonds mijn e-mails te checken. Ik merkte dus hoe ik weer op de klassieke manier stoer ging zitten vertellen dat ik bijna nooit vrij had. Toen drong het tot me door. Wat ik voor elkaar gekregen heb – in principe zat ik op hetzelfde niveau als die collega, maar dan met veel meer tijd thuis – is best wel indrukwekkend. Ik ben tevreden op mijn werk en heb een volkomen respectabele functie, zonder daarvoor getrouwd te moeten zijn met mijn werk. En dat is, zeker in de huidige door werk geobsedeerde wereld, een behoorlijke prestatie. Het laat zien dat ik efficiënt met mijn tijd weet om te gaan, goed presteer op mijn werk en weet wat ik wil, ook al druist dat soms in tegen de algemene, slaafse arbeidsnorm. Nu doe ik nooit meer geheimzinnig over mijn vakanties, ik heb er zelfs wel plezier in om mijn collega's te choqueren door ze te vertellen dat ik weg ben – inderdaad, voor een maand.'

Wij snappen niet echt waarom iemand geholpen zou moeten worden bij het opnemen van vakantiedagen; wij tweeën lijken in ieder geval nooit genoeg dagen te hebben. Wat de reden ook moge zijn, of het nu machogedrag is of iets anders, het is duidelijk dat sommige mensen hun dagen nooit opmaken. Om er dus zeker van te zijn dat jij komende december niet nog twee weken aan vakantiedagen over hebt, volgen hier een paar tips.

Plan je vakantie vroeg. Wij boeken onze volgende vakantie vaak al direct nadat we terug gekomen zijn van de vorige. Dat alleen al zorgt voor een morele oppepper!

1. Geef maanden en niet weken van tevoren aan wanneer je op vakantie wilt. Dan heb je meer kans om de dagen te krijgen die jij wilt en is iedereen ruim van tevoren gewaarschuwd.
2. Wanneer je weg wilt, boek je vluchten dan ruim op tijd. Het kost dan minder en wanneer je er eenmaal voor betaald hebt, zul je ook minder snel in de verleiding zijn om je vakantie te annuleren.

3. Wanneer je niet op reis gaat, voel je dan niet geroepen om aan te bieden dat je wel komt werken wanneer dat nodig is. Het is nog steeds jouw vakantie en ook al ben je thuis, je moet zo veel mogelijk ontspannen. Denk aan die batterijen!

4. Wanneer je thuis blijft tijdens een vakantie, doe dan net alsof je op het strand bent en schakel zo veel mogelijk technische apparaten uit. Wanneer je toch je e-mails checkt, sla die van het werk dan over. Zet je mobiele telefoon uit. Zeg het krantenabonnement op. Maak dagtripjes naar plekken waar je minder in de verleiding zult zijn om tijd achter de computer te verspillen.

5. Probeer een lange periode aan een stuk vrij te krijgen. Wanneer je normaal gesproken altijd maar een week opneemt, probeer er dan nu twee te nemen. En wanneer je al twee gewend was, doe dan nu drie. Je zult versteld staan van het verschil. Hoe meer tijd je in één keer opneemt, hoe meer je je kunt ontspannen.

Wanneer je de ideeën uit dit hoofdstuk gaat toepassen, zul je versteld staan van de hoeveelheid tijd die het bij elkaar rapen van al die extra minuten, uren en dagen je oplevert. Nooit opgeëist, maar vrij opneembaar – voor jou, wanneer je je een beetje anders gaat opstellen. En zoals je in hoofdstuk 6 zult zien, er is nog veel meer te halen, wanneer je de wijsheden van womenomics toepast op belangrijke, strategische en psychologische gebieden. De veranderingen zullen jou gaan helpen om de controle over je werkende leven weer helemaal in handen te krijgen.

Nieuws waar je wat aan hebt

1. Werk slimmer en gebruik de maatstaf 80-20. Zorg dat je inspanningen niet voor niets zijn.
2. Plan vergaderingen, deadlines en werktijden vroeg – en op jouw voorwaarden.
3. Gebruik de technologie – maar met mate.
4. Neem je vakantiedagen op – en geniet ervan.

6

Toegevoegde waarde: herdefinieer je waarde, waardeer je tijd

Het is duidelijk dat in de wereld van womenomics, tijd het belangrijke nieuwe handelsproduct is. En om daar een heleboel van te kunnen vergaren, zul je meer moeten doen dan alleen die beginstapjes zoals beschreven in hoofdstuk 5. Bekijk het eens op deze manier: zoals met alle andere handelsproducten, hoe minder ervan beschikbaar is, hoe hoger de waarde. Je weet vast wel dat dit in ieder geval voor jou persoonlijk geldt. Want daarom, daar zijn wij zeker van, lees jij nu dit boek.

Maar het geldt ook voor wat betreft de waarde van tijd op het werk. Wanneer jij telkens weer tijd vrijmaakt voor elke kleine opdracht, zal men denken dat jouw tijd niet echt veel waarde heeft. Wanneer iets makkelijk (lees: goedkoop) te krijgen is, blijft het altijd goedkoop. Maar wanneer jij de leiding neemt over je tijd en jezelf neerzet als iemand die, bijvoorbeeld, alleen maar de belangrijkste opdrachten wil uitvoeren, dan zal jouw tijd als handelsproduct opeens heel veel waard worden.

Wat betekent dit nu? Jij zult veel en veel gewiekster moeten worden in je manier van werken. In dit hoofdstuk zul je leren om lak te hebben aan alle oude, door mannen verzonnen, regeltjes en beginnen om elke opdracht nauwkeurig te beoordelen en af te wegen, alleen die dingen eruit te pikken die van belang zijn voor de bazen.

En met dat nieuwe, slimme tijdmanagement komt brutale, schaamteloze zelfpromotie. Zoals wij allemaal weten is dit voor veel vrouwen niet makkelijk. Maar wanneer je al die uren gaat besparen en ontdekt hoe je daarvan zult genieten, zal het vanzelf een soort tweede natuur worden.

Je hoeft niet perfect te zijn

Ergens diep begraven in het DNA van de vrouw zit een verraderlijk gen dat ons doet geloven dat we voor alles verantwoordelijk zijn. En omdat ons brein zo gemaakt is dat we elke mogelijke situatie voorzien – alles wat mogelijk mis of beter zou kunnen gaan – is het logisch dat wij die neiging hebben. Maar deze, door oestrogeen veroorzaakte overmaat van toewijding en verantwoordelijkheid is een vreselijke verspilling van tijd.

Je weet wat we bedoelen. Wij doen niet alleen ons werk, maar voelen ons ook nog eens verantwoordelijk voor andermans taken. We zorgen dat er verjaardagstaarten en -kaarten zijn voor collega's, zelfs als die ze misschien helemaal niet wilden. We denken na over vakantiecadeautjes voor assistenten die daar eigenlijk helemaal niet zo mee zitten. We weten er alles van. Wij zijn net zo schuldig als jij.

Katty: 'Tijdens de presidentsverkiezingen van 2008 moest ik voor mijn werk heel wat reizen. Voor elk tripje wilde ik er zeker van zijn dat alles goed georganiseerd was thuis, zodat ze zo weinig mogelijk zouden merken van mijn afwezigheid. Ik zorgde ervoor dat de koelkast gevuld was, dat er voor elke dag eten was, dat de babysitter voor alle extra uren geboekt was, en dat de kinderen speelafspraken hadden. Mijn man Tom vroeg me niet om dit te doen, ik deed het automatisch. Totdat ik merkte dat het te veel werd. Het gereis was al vermoeiend genoeg zonder dat ik me druk hoefde te maken om al die huishoudelijke dingen. Het drong opeens tot me door dat Tom nooit het gevoel had dat hij de inhoud van de koelkast moest controleren voordat hij op zakenreis ging. Al snel werd ik boos. Waar bleef de waardering voor al die stress en tijd die het me kostte om er zeker van te zijn dat alles op rolletjes liep tijdens mijn afwezigheid? Maar eigenlijk was het gewoon mijn eigen schuld. Tom heeft me nooit gevraagd om die boodschappen te doen en dingen te regelen voordat ik wegging. Hij is een zeer betrokken en zorgzame vader, die heel goed in staat is om zelf een paar dagen voor het huishouden te zorgen. Ik maakte me schuldig aan micromanagement; ik bemoeide me onnodig met dingen die een ander net zo goed zou kunnen doen. En niet zo'n klein beetje ook. Bij de volgende zakenreis besloot ik dus alleen mijn eigen tas te pakken en te vertrekken. En raad eens? Iedereen redde zich prima. Niemand kwam om van de honger, mijn man zorgde voor de babysitter en de kinderen kwamen op tijd op school. Zonder mij! Niet te geloven! Uiteraard was ik diep vanbinnen, controlfreak die ik ben, toch wel een beetje geïrriteerd – blijkbaar is het universum van mijn huis niet helemaal alleen van mij afhankelijk! Maar toen ik eenmaal korte metten met mijn huishoudelijke ego had gemaakt, ontdekte ik dat het eigenlijk heel bevrijdend werkte.'

En in de werkomgeving zijn wij al net zo geneigd om elk detail van een project te controleren als de keuken of kinderkamer. Voor professionele, ambitieuze vrouwen geldt dit nog eens extra – wij zijn van die overijverige perfectionisten, dus uiteraard vertrouwen wij het niemand anders toe om de dingen goed af te handelen. Wij weten het tenslotte het beste!

Claire: 'Ik was vroeger een vreselijke perfectionist, vooral op mijn werk. Ik had het gevoel dat elke uitzending die ik maakte dezelfde hoeveelheid bloed, zweet en tranen moest kosten. Ik werkte tot diep in de nacht en heb heel wat avonden van collega's, vrienden en mijn man verpest. Uiteindelijk realiseerde ik mij dat het zo niet langer kon, wanneer ik ook nog wat van mijn gezin wilde zien. Ik heb me dus aangepast. Ik heb ontdekt wanneer iets wel kan en wanneer niet. Bij bijna elke opdracht die ik krijg of bedenk, probeer ik aan het begin al in te schatten hoeveel tijd ervoor nodig is, voordat ik begin te "perfectioneren". Wanneer iets in opdracht van een grote baas, nieuwslezer of show is, vind ik het mijn tijd waard. Wanneer het een project is waarin ik geloof, of waarvoor ik mij interesseer, dan ook. Maar in alle andere gevallen durf ik nu te denken dat ik al "goed genoeg" ben. Ik heb geleerd om nee te zeggen en doe dat ook.'

Er zijn twee belangrijke veranderingen die jullie superperfectionistische controlfreaks moeten doorvoeren in jullie leven – ten eerste: bedenk dat je goed genoeg bent; ten tweede: ga delegeren.

Goed genoeg

Met 'goed genoeg' bedoelen we absoluut, eerlijk waar, niet ons uiterste best, niet perfect. Wij proberen je aan te moedigen om af en toe eens onder de maat te presteren. Toe maar, het mag van ons. Eigenlijk stellen we een proefperiode voor, waarin jij er bewust een gewoonte van gaat maken om de dingen niet zo goed te doen als je normaal gesproken zou doen – en we denken dat je zelfs dan nog goed genoeg bent in plaats van alleen maar middelmatig. Een drastische maatregel, maar wanneer je er eenmaal handig in bent, zul je merken dat je je weer kunt gaan richten op activiteiten met hoge waarde/hoge waardering zowel in je professionele als je privéleven.

'Je moet je blijven afvragen,' adviseert Julie Wellner, de architect uit Kansas City, 'probeer je voor jezelf goed genoeg te zijn of doe je het voor iemand anders? Wat dat betreft lopen wij achter op de mannen. Mannen zijn veel beter in zeggen: "Oké, ik vind dit goed genoeg." Vrouwen denken alleen maar: vinden anderen dit goed genoeg?'

Wanneer je het eenmaal voor elkaar hebt om 'goed genoeg' tactisch in te zetten, zul je je activiteiten een tandje hoger kunnen gaan zetten en 'helemaal geweldig' kunnen zijn op momenten dat het echt belangrijk is. Je kunt tenslotte nooit tijd genoeg hebben om alles op je allerbest te doen. Dan ontstaan die 60-urige werkweken en die proberen we hier juist te voorkomen. Nee, wanneer je een gezond leven wilt, dan is constante perfectie niet mogelijk. Laat het! Ons streven is niet om 'goed genoeg' te worden bevonden door Gandhi.

'Goed genoeg' willen zijn, is gewoon een slimme zet. Bekijk het eens zo: wij zijn zo goed en zo gewild dat we gewoon niet alles perfect kunnen doen. En trouwens, wat wij goed genoeg vinden, is al geweldig.

Loslaten

De succesvolste mensen – zij die het grote geheel zien – proberen niet alles te doen. In plaats daarvan delegeren ze. Dat is beter voor hen, beter voor hun baas en ze geven daarmee de indruk dat ze de boel onder controle hebben.

Als baas van haar eigen communicatiebedrijf moest Christine Heenan de kunst van het delegeren wel leren. Voor haar was het een bewust proces waarin ze haar perfectionistische trekjes onder controle leerde krijgen. Ze vond het vreselijk om dingen los te laten, omdat ze precies wist hoe ze het gedaan wilde hebben en bovendien kon zij het immers ook het best! Maar ze wilde ook graag tijd doorbrengen met haar twee zoontjes en ze kon zichzelf niet opsplitsen.

'Ik denk dat succesvol delegeren betekent dat je andere mensen dan jijzelf de gelegenheid geeft om iets te doen op een manier die misschien niet helemaal de jouwe is,' legt ze uit. 'Ik kan bijvoorbeeld zeggen: "Dit persbericht is niet geschreven op de manier zoals ik dat gedaan zou hebben." Maar vervolgens is het al verstuurd en krijg ik een e-mail terug van de klant, waarin hij schrijft dat het er goed uitziet. Dan moet ik het dus gewoon loslaten.'

Hetzelfde merkt ze thuis. 'Stel dat mijn oppas het goedvond dat mijn zoon Colin zijn huiswerk bij zijn vriendje Ben thuis maakt,' vertelt Christine. 'Ik vind dat hij zijn huiswerk thuis moet maken, voordat hij naar een vriendje toe gaat, maar zij is ter plekke de baas. En wanneer ik merk dat niemand eronder geleden heeft en er geen problemen zijn ontstaan, moet ik het gewoon loslaten.'

Wanneer je delegeert, zendt dat ook meteen heel slim een signaal naar jouw bazen, oppas en man, namelijk dat jij het te druk hebt om alles te kunnen doen. Het kan een andere vorm zijn van nee zeggen, waarvan uiteindelijk iedereen profiteert.

Herinneren jullie je Lauren Tyler nog, die top-vermogensbeheerder bij JP Morgan in New York, die drie kinderen en twee stiefkinderen heeft en vastberaden is om daarnaast ook nog eens de controle te houden over de balans tussen haar werk en haar privéleven, in een wereld waar dit eigenlijk niet mogelijk is? Zij zegt dat delegeren voor haar de oplossing is, wil zij de baan waar ze van houdt houden en ook nog tijd overhebben voor het gezin waar ze van houdt. 'Het is voor mij de oplossing voor drie problemen – ik houd tijd over, iemand anders krijgt de kans om iets te laten zien en het is goed voor de loyaliteit. Uiteindelijk heb ik er alleen maar profijt van. Maar je moet kunnen loslaten!'

Dat is meestal makkelijker gezegd dan gedaan. Accepteren dat bepaalde gedelegeerde taken misschien niet helemaal zo gedaan worden zoals jij het graag ziet, kan voor stress zorgen. Hoe gaan succesvolle vrouwen om met dit lastige probleem?

Hier volgen enkele delegatietips:

1. Wanneer jij overbelast bent, maar nog niet zo goed weet hoe je moet delegeren, kies dan één taak om te delegeren en doe dat direct, voordat je je bedenkt. Zodra je het er minder moeilijk mee hebt, gebruik dan de 80-20-regel om te kijken welke taken je kunt afschuiven.

2. Vraag je af wie er geschikt is voor die klus. Dat hoeft niet altijd de ster van het team te zijn. Iemand die nieuw en fris is kan voor sommige taken perfect zijn. Voor andere dingen is iemand met veel ervaring misschien weer geschikter.

3. Wanneer je weet aan wie je de taak wilt delegeren, leg dan uit wat de bedoeling is, wanneer het af moet zijn en hoe het beoordeeld zal worden. Stel je beschikbaar voor eventuele vragen maar ga niet elke tien minuten kijken hoever het staat. Vergeet niet dat je gedelegeerd hebt om tijd te winnen – niet om die tijd te gebruiken om elke keer te gaan kijken hoe het gaat!

4. Vraag je af: kan ik iets leren van deze opdracht? Ga ik er nieuwe vaardigheden en kennis aan overhouden waar ik in de toekomst iets aan heb of is het een routineklusje dat ik snel zou kunnen afhandelen – maar dat niet echt iets bijdraagt aan mijn waarde als werknemer? En zou het misschien een leerzame ervaring voor een van mijn jongere medewerkers zijn? Wat voor mij routine is, kan voor een ander heel nuttig zijn. Dat zijn de perfecte klusjes om te delegeren.

5. Mobiliseer je assistent, mocht je in de gelukkige omstandigheid

zijn dat je die hebt. Iedereen die jou kan helpen door telefoontjes af te handelen, te beslissen welke beslissingen later genomen kunnen worden wanneer jij vrij bent, of die jou zelfs heel geraffineerd weg kan loodsen uit vergaderingen waar jij liever niet tot het bittere einde bij wilt zitten, is van onschatbare waarde. Het spreekt vanzelf dat je zulke mensen goed en met respect behandelt, maar aarzel niet om ze te vragen jou mee te helpen.

'Met een goede assistent,' zegt Lauren, 'krijg ik het allemaal voor elkaar. Zij kennen mijn kinderen, de scholen, weten wanneer ze tijdens een vergadering mogen storen voor een telefoontje, en hoe ze moeten zeggen dat ik "een ontbijtafspraak" heb, wanneer ik gewoon te laat ben. Ik heb veel geleerd van de assistente van mijn partner. Op een dag vroeg ik waar hij was. "Ontbijtafspraak," vertelde ze mij. Toen ik twee uur later, toen hij er inmiddels was, zijn kantoor inging om wat te bespreken, zei hij: "Ik heb toch lekker gefitnest!" Ik moest lachen en bedacht weer dat dit niets nieuws is. Mannen doen dit soort dingen al jaren.'

Je assistent is meer dan een goede vriend. Zie hem of haar als een bodyguard.

Promoot jezelf

Zou het nut hebben om de Nobelprijs anoniem toe te kennen? Worden de winnaars van de Pulitzerprijs geheimgehouden? Wanneer CEO's een succesvolle fusie voor elkaar gekregen hebben, houden ze dat dan liever voor zichzelf? Nee, natuurlijk niet. En terecht.

Mensen maken reclame voor zichzelf omdat dat een belangrijk onderdeel van het zakenleven is. Zowel bij succes als bij mislukking dienen anderen op de hoogte gehouden te worden. Je tijd efficiënt gebruiken voor je werk houdt in dat je zo veel mogelijk waar voor je geld probeert te krijgen, wat weer betekent dat, wanneer jij winst behaalt, je dat aan de juiste mensen moet laten weten. En vergeet niet: je baas wil echt wel weten dat jij een winnaar bent.

Zoals met alles in het leven is er een goede en een slechte manier om dit te doen. De verkeerde manier is wel duidelijk (opscheppen tegenover je eigen mensen, er steeds maar weer over beginnen, jezelf continu de hemel in prijzen). De goede manier ligt minder voor de hand, maar is wel heel belangrijk. Onze ervaring is dat vrouwen bang zijn voor dit soort zelfpromotie. Niet nodig.

Gewoon een voorbeeld van wat het echt kost wanneer vrouwen zichzelf niet verkopen: een studie uit 2002 waarin gekeken werd naar de beginsalarissen van mannen en vrouwen die afgestudeerd waren aan de universiteit van Carnegie Mellon, wees uit dat slechts 7 procent van de vrouwen onderhandelde over meer geld, vergeleken met 57 procent van de mannen. Gemiddeld genomen verdienden die mannen uiteindelijk vierduizend dollar meer.

De volgende tips zorgen ervoor dat jij netjes binnen de grenzen blijft van hoe je de mensen om je heen kunt attenderen op je successen, zonder daarbij te vervallen in nutteloze, tijdverslindende, onsympathieke opschepperij.

1. *Vermijd vervelende of opschepperige opmerkingen*
Zeg iets liever op een informatieve, nonchalante, maar directe toon. Wanneer jij zegt: 'Bob, heb je het gehoord? We hebben die Backstraklant binnen. Het was geweldig om dat voor elkaar te krijgen! Bedankt, dat je dat mogelijk gemaakt hebt.' Dan hoort hij: jij bent zo vrolijk over dat succes dat je je niet kon inhouden.

Robin Ehlers vertelt hoe zij vroeger te verlegen was om de aandacht te trekken met haar werk, maar zich gaandeweg begon te realiseren dat de mensen boven haar het echt waarderen en zien als onderdeel van haar loyaliteit aan het bedrijf. 'De mensen voor wie ik werk, weten dat ik van het bedrijf houd, ik houd van wat ik doe, ze kunnen altijd op mij rekenen,' legt ze uit. 'Dus om mezelf bij hen kenbaar te maken, zorg ik ervoor dat wanneer ik iets goed gedaan heb, ik dat mijn baas laat weten.'

2. *Dreun niet simpelweg al je goede prestaties achter elkaar op*
Het is veel beter om tijdens een gesprek even terloops te verwijzen

naar onlangs behaalde successen. Dit kan vaak betekenen dat je veel vragen stelt en zelfs complimentjes uitdeelt. Je kunt zeggen: 'Hoe staat het met die klant uit Canada? O ja, dat gevoel had ik al toen ik ze vorige week eindelijk zo ver had dat ze bereid waren toe te zeggen dat ze uiteindelijk zouden tekenen. Maar het was niet makkelijk. Ze hielden hun poot behoorlijk stijf. Dank je wel trouwens, voor die tip om de regionale business erbij te halen. Toen ik daar uiteindelijk over begon, werden we het eens. Gefeliciteerd, Bob. Geweldig nieuws voor het bedrijf.' Zij horen: ik ben geweldig en ik heb duidelijk een geweldige medewerker die van mij leert.

3. Heb zelfkritiek
Zeg: 'Ik zal nooit dat moment vergeten, toen ik vorige maand die prijs kreeg... en struikelde toen ik naar het podium liep!' Zij horen: je bent duidelijk een ster, maar je ziet het blijkbaar allemaal met veel humor.

4. Kijk naar jezelf zoals anderen dat zouden doen
Het is heel belangrijk hoe je met je imago omgaat. De manier waarop jij binnen het bedrijf wordt gezien, klopt misschien niet altijd helemaal, maar het is nu eenmaal zo en wanneer je daar werkt, dan moet je ermee leren leven. 'Het kan een reden zijn,' vertelt Melissa James, 'dat zelfpromotie of krachtige taal van vrouwen er soms toe leidt dat wij overkomen als echte bitches. Soms weet ik heel goed hoe ik mannen kan intimideren,' geeft ze toe. Niet helemaal eerlijk, maar omdat ze zich ervan bewust is, komt ze ermee weg.

5. Vertel een verhaal
Dit kan heel goed werken en het is makkelijk en leuk op het moment dat je oog in oog met meerderen staat. Wanneer je goed nadenkt, kun je van elk recent behaald succes een mooi verhaal maken.

Je zegt: 'Jim, dat was me het reisje wel, naar Minneapolis. Het vliegtuig had vier uur vertraging en toen we eruit waren bleek onze bagage niet te zijn meegekomen, inclusief onze PowerPoint-presentatie! Nou, je kunt je voorstellen dat mijn team het even niet meer zag zitten. Gelukkig had ik die presentatie de hele week zitten oefenen – en het hele team kende hem uit z'n hoofd. Ik gaf ze een peptalk en zei dat gekreukte kleren en gebrek aan apparaten niet erg waren, en dat we onszelf moesten verkopen. En de klant was diep onder de indruk. Ik ben nog nooit zo trots op onze mensen geweest.'

Zij horen: jij bent duidelijk een briljante teamleider, die niet bang is om ook over de mindere momenten te praten, die zijn mensen motiveert, het bedrijf uit de problemen weet te halen en, het allerbelangrijkste, beslist niet slechter wordt van zulke ervaringen!

Melissa James, volgens wie alle vrouwen moeite hebben met het zich promoten, vindt dat complimenteren van het team altijd goed is. 'Elke keer wanneer ik iets over mijn team kan vertellen, stuur ik een mailtje rond. Daar gaat het ook eigenlijk om, wanneer je de leider bent. Het motiveren en steunen van anderen.'

Het tactische ja

Heel belangrijk bij slimmer in plaats van harder werken en een slimme zelfpromotor te zijn, is om je te richten op de belangrijke taken die je baas relevant vindt. Zo heb je de meeste kans op resultaat. En door die momenten te leren herkennen, zul je zien dat er opdrachten zijn die, hoewel ze niet in je rooster kunnen passen, wel heel voordelig voor jou kunnen uitpakken. Wanneer wij elkaar adviseren, hebben wij het hier over 'tactische ja-momenten'. Op deze momenten moet je je realiseren dat het gunstig voor jou kan zijn, wanneer je ja zegt. Het zijn momenten waarvoor je in je privéleven misschien iets moet inleveren, maar die jou op professioneel gebied zoveel opleveren, dat ze die vroege start op zondagochtend op kantoor of die vermoeiende reis naar Houston toch waard zijn. Deze momenten moet je proberen te pakken, die moet je verzamelen, zodat je het later weer wat rustiger aan kunt doen.

Zo doe je dat:

1. Ken je baas. Naast wat je toch al moet doen voor je werk, moet je ervoor zorgen dat je alles afweet van waar je baas van houdt – wanneer iets voor hem belangrijk is, zorg er dan voor dat het dat voor jou ook wordt. Werk je niet helemaal uit de naad voor iets waarin hij helemaal niet zo geïnteresseerd is. Maar wanneer al zijn aandacht uitgaat naar een bepaalde klant, zorg of product, kun jij enorm scoren door daarvoor extra je best te doen en er misschien wat extra uren aan te spenderen.

   Voor Stephanie Hampton van Marriott kwam het strategische ja-moment tijdens een milieu project, waarvan ze wist dat het heel belangrijk was voor haar baas. Marriott wilde 2 miljoen dollar investeren om het Amazoneregenwoud te beschermen – en daarvoor was een enorm communicatie-offensief nodig. Dit groene initiatief werd persoonlijk gesponsord door de financieel manager en Stephanies executive vicepresident, er speelden dus heel wat hoge omes mee

   'Het was helemaal nieuw, binnen deze bedrijfstak was zoiets nog nooit voorgekomen en hiervan mocht ik deel uitmaken. Ik had het gevoel dat wanneer ik mijn taak goed zou doen, we de harten en hoofden van veel klanten, investeerders en werknemers zouden kunnen winnen voor dit zeer realistische initiatief om de klimaatverandering aan de kaak te stellen. Ik moest af en toe 's avonds doorwerken en ook een paar keer in het weekend, maar het was maar tijdelijk en dus deed ik het graag.'

2. Houd de nieuwtjes en geruchten binnen het bedrijf of de bedrijfstak in de gaten. Zo leer je je baas kennen. Hier moet je je misschien een beetje extra voor inzetten, maar je kunt er wel mee scoren. Wanneer je de belangrijke nieuwtjes van dit moment bijhoudt, of die nu over het bedrijf of over de bedrijfstak gaan, dan kun je al je energie richten op die belangrijke, lucratieve projecten waar iedereen het over heeft. En wanneer je goed op de hoogte bent van alle laatste nieuwtjes, heb je zelfs een kans om snel te reageren en de indruk te wekken dat jij met die projecten gekomen bent.

In onze bedrijfstak betekent dat dat wij goed moeten weten met welke nieuwe verhaallijnen onze redacteuren op dit moment bezig zijn – in die van jou kan het misschien de implementatie van een nieuwe technologie zijn, het effect van nieuwe jurisprudentie, een spannend, nieuw medisch onderzoek of hoe de zorgen om de energiecrisis voordelig kunnen worden ingezet voor je bedrijf. Wat het ook is, houd oren en ogen wijdopen en zorg dat je binnen het bedrijf bekend komt te staan als een trendsetter.

3. Bedenk hoe je je onmisbaar kunt maken.
Melissa James van Morgan Stanley zegt dat het heel belangrijk is om hier even bij stil te staan, vooral nu het economisch zo slecht gaat. Wat doe jij wat niemand anders kan en wat je baas niet zou kunnen afhandelen zonder jouw hulp? Verdubbel dit. En wanneer je niets kunt bedenken, concentreer je dan harder. 'Maar dit is allemaal niet makkelijk,' zegt James. 'Het kan heel moeilijk zijn om erachter te komen hoe jij je tijd het beste kunt besteden voor je bazen en voor jezelf. Er komt ook intuïtie bij kijken.'

4. Tactisch ja zeggen ter compensatie van het vele nee zeggen!
Wij tweeën houden continu onze aantallen nee's en ja's bij. Het is een kwestie van balans. Wanneer wij een aantal opdrachten, reizen of verhalen niet aangenomen hebben, realiseren wij ons dat het misschien slim is om ook weer een keer ja te zeggen. En wanneer je een extra schouderklopje wilt krijgen, bied dan aan om iets te doen, nog voordat het gevraagd is. Zorg ervoor dat je 'ja' luid en duidelijk te horen is, om er zo veel mogelijk professionele goodwill mee te oogsten (die je dan later natuurlijk weer kunt gebruiken om tijd mee te kopen).
Wanneer je normaal gesproken niet echt staat te springen om opdrachten aan te nemen, dan zal dit niet makkelijk zijn – houd dat vrouwelijke, zesde zintuig dus gericht op de verwachtingen van je baas. Wanneer je hints opvangt die erop kunnen duiden dat je niet genoeg presteert/je drukt van het werk/niet echt goed samenwerkt de laatste tijd – laat dan eens een enthousiast, zelfver-

zekerd ja horen en geef je over aan een korte aanval van werklust. En, eerlijk is eerlijk, ook wij krijgen dit niet altijd voor elkaar!

Claire: 'Al drie weken achter elkaar moest ik elke week voor mijn werk op reis. Bovendien zat er ook nog een reis naar Italië aan te komen voor *Good Morning America*. Omdat ik al zo vaak weg geweest was, zag ik hier vreselijk tegenop. In diezelfde periode werd er ook druk op mij uitgeoefend om naar Texas af te reizen om daar verslag te doen van het huwelijk van Jenna Bush, slechts drie dagen na die trip naar Italië. Mijn man en ik wilden dat weekend de verjaardag van onze dochter vieren, dus daarmee en al het gereis in mijn achterhoofd besloot ik om nee te zeggen tegen die Bush-bruiloft. Ik dacht dat het daarmee afgedaan zou zijn. Helaas. Ik kreeg een telefoontje van een van mijn bazen die mij vertelde dat alle leidinggevenden vonden dat ik moest gaan en dat iedereen het erover eens was dat ik tussen de reisjes door "genoeg tijd" had ter compensatie.

Ik was laaiend. Ik belde de vrouwelijke leidinggevende die deze beslissing had genomen en legde haar nog eens duidelijk uit waarom ik niet wilde gaan. Ze antwoordde dat het in opdracht van de omroep was en, nogmaals, dat ik "genoeg tijd" overhield tussen mijn reisjes door. Ik ontplofte, vroeg hoe zij dachten te kunnen oordelen over mijn privéleven, herinnerde haar eraan dat ik geen "slaafje" was (ja, dat zei ik echt) dat willekeurig op pad gestuurd kon worden en nog veel meer, inclusief hysterische tranen. Ik eindigde met de mededeling dat ik niet zou gaan en als dat zou betekenen dat ik ontslagen zou worden, dan moest dat maar zo zijn. (Ik was toen bezig met het schrijven van *Womenomics*, dus ik denk dat ik een beetje onder invloed was van al dat gepraat over empowerment!)

Katty zat midden in een interview en dus belde ik direct mijn man. Misschien dat hij aan onze hypotheek dacht, maar hij raadde me aan om een beetje in te binden. Hij stelde voor dat we Della's verjaardag het weekend daarna zouden vieren en dat hij wel op de kinderen kon passen als ik weg moest. Het belangrijkste was dat hij mij erop wees dat dit als een belangrijke opdracht klonk die mij in een klap veel uitzendtijd in heel wat programma's zou opleveren. Hoog rendement dus. Juist. Op die manier had ik het allemaal nog niet bekeken. Ik had een paar uur nodig om weer een beetje tot rust te komen, maar toen belde ik de leidinggevende terug en vertelde haar dat ik toch zou gaan. Ze reageerde blij en dankbaar en deed net alsof mijn emotionele uitbarsting niets voorstelde. Pfff.

Hoe dan ook, ik realiseerde me veel te laat dat dit reisje naar Texas echt een kans was. En dat bleek het ook te zijn. Drie dagen in Texas en ik was in elke uitzending te zien. Misschien dat ik een belangrijk punt maakte met de manier waarop ik reageerde, en waarbij ik toch de voordelen binnenhaalde. Maar ik weet niet of ik het iemand zou aanraden. Veel te vermoeiend. Vooral voor mijn man!'

Tactisch nee zeggen

Wij kunnen met absolute zekerheid voorspellen dat er tijdens jouw loopbaan een moment zal komen dat je, hoe goed je ook zult zijn in het kiezen van 'goed genoeg' boven perfectie, in het delegeren, in zelfpromotie en in het uitdelen van die tactische ja's, toch geen andere keuze zult hebben dan voor jezelf op te komen door middel van een duidelijk, definitief nee. Het kan het verschil in je carrière maken.

En het is niet niks waarover we het dan hebben. Je bent gevraagd om partner te worden, maar je weet dat je gek zou worden als je dat aanbod zou aannemen. Jij kunt de leiding over het kantoor in Tokyo krijgen, maar je weet dat dat met jouw leven niet mogelijk is. Je hebt de mogelijkheid om executive vicepresident te worden, maar dan zul je zo hard moeten werken dat je je huwelijk wel kunt vergeten.

Op die momenten moet je weten wanneer en hoe je womenomics kunt toepassen om een geweldig aanbod af te slaan, zonder je carrière daarmee op het spel te zetten.

Dat is moeilijk. Vaak gaat het tijdens zulke momenten echt om de confrontatie. Er is misschien een lastige baas bij betrokken, een onredelijke maar belangrijke opdracht, misschien gaat het zelfs wel om een promotie. Je moet er niet aan denken. Maar die angst kan jou ervan weerhouden om voor jezelf op te komen. Om redelijke grenzen te stellen, om te krijgen wat jij wilt.

Misschien dat het je geruststelt wanneer je weet dat zelfs een ogenschijnlijk catastrofaal, vreselijk nee een gunstig effect kan hebben. En zelfs wanneer dat niet zo blijkt te zijn, dan nog overleeft iedereen het wel. Wij weten het, want wij hebben het allebei meegemaakt.

Katty's verhaal: 'Het begon allemaal met een onschuldig telefoontje van mijn agent. Of ik interesse had in een gesprek met een grote Amerikaanse omroep over een baan als correspondent voor het Witte Huis. Uiteraard wilde ik graag komen praten, dit was tenslotte niet niks. Nog nooit had een Amerikaanse omroep een Britse correspondent in het Witte Huis gehad. En natuurlijk voelde ik me gevleid. Het gesprek ging goed, ik vond de mensen aardig en ze mochten mij waarschijnlijk ook – ik kreeg de baan aangeboden. Mijn agent vond het geweldig en drong behoorlijk aan. "Dit moet je doen, het is een geweldige stap voor je carrière hier en wanneer je het niet doet, snap ik niet meer wat je dan wel wilt." Maar ik had al twijfels. De BBC is een publieke omroep die niet geweldig betaalt, maar waar ik wel veel vrijheid en vrije tijd heb. Ik wist dat ik bij een Amerikaanse omroep nooit meer zo veel controle over mijn werktijden zou hebben. Ik zou nog maar de helft van mijn vakantiedagen krijgen, ik zou elke dag in het Witte Huis en altijd beschikbaar moeten zijn. De omroepen zijn harde, concurrerende organisaties en ik zou een nieuwkomer zijn, een buitenlandse nieuwkomer nog wel, en ik zou me moeten bewijzen. Ik voelde de druk om ja te zeggen – van de omroep die maar bleef bellen, van mijn agent die zich steeds meer begon te ergeren, van mijn eigen gevoelige ego. Maar uiteindelijk ging ik op mijn intuïtie af – alleen al bij de gedachte aan die baan voelde ik me ellendig, dus waarom zou ik hem aannemen? Ik zei nee en ik moest het nog een keer zeggen, verschillende keren en steeds stelliger. Gelukkig kon ik Claire om raad vragen!'

Claires verhaal: 'Ik had een raar gevoel in mijn buik, maar kon het niet verklaren. Het moesten wel vlinders zijn. Er was een vacature voor een nieuwe nieuwslezer bij onze omroep en ik was een van de gegadigden! Nog maar een paar jaar geleden zou ik een moord gedaan hebben voor zo'n baan. En het was duidelijk dat mijn agent, mijn vrienden en familie helemaal opgewonden raakten bij het vooruitzicht. Maar naarmate de tijd verstreek, realiseerde ik mij dat het gevoel in mijn buik niet van vlinders kwam, het was angst. Wilde ik echt mijn hele gezin uit Washington weghalen en meenemen naar New York? Na jarenlang het gevoel te hebben gehad dat ik in een achtergebleven gebied was komen wonen, was ik uiteindelijk gaan houden van de meer ontspannen levensstijl van onze hoofdstad. Bovendien was het voor het werk van mijn man ook niet echt een goed moment om te gaan verhuizen. Mijn agent opperde dat ik heen en weer zou kunnen reizen naar New York. Misschien. Hoe zou ik tenslotte nee kunnen zeggen tegen een baan als nieuwslezeres, als die mij aangeboden werd? Zo'n baan wordt in ons werk als het toppunt gezien – iets wat we allemaal graag zouden doen. En de omroepbazen fluisterden allemaal in mijn oor hoe graag ze zouden zien dat ik ja zou zeggen. "We hebben iemand als jij nodig voor die baan," zei er een tijdens een etentje. Ze hadden me nodig! Dat klonk toch wel heel verleidelijk. Maar het enige waaraan ik kon denken was of ik die verantwoordelijkheid en de lange werkdagen echt wel wilde. Ik had een klein kind en was zwanger van de tweede en ik had eindelijk een beetje een draai gevonden in mijn leven. Nadat ik weken had gepiekerd, realiseerde ik mij dat ik niet in staat was om te doen wat het bedrijf nodig had en ook nog eens een zo goed mogelijke moeder te zijn. Sommige mensen kunnen het wel, maar ik niet. De dag voordat ik naar New York zou vliegen om te kijken hoe goed de 'chemistry' met een mannelijke nieuwslezer zou zijn, vertelde ik mijn agent dat ik me terug wilde trekken. Ik had, heel tactisch, besloten om te benadrukken hoeveel ik hield van de baan die ik nu had, in plaats van het over mijn privéleven te hebben. De leidinggevenden waren verrast, om het zacht uit te drukken. Maar uiteindelijk geloof ik dat, omdat ik in staat was om nee te zeggen, ik nu niet alleen gerespecteerd word binnen het bedrijf, maar ook makkelijker kan krijgen wat ik wil.'

Zelfs wanneer tactisch nee zeggen om iets kleiners gaat dan bedanken voor een schijnbaar fantastische promotie, dan nog kan het behoorlijk veel stress veroorzaken. Soms gaat het er gewoon om dat je bij een enkel onredelijk verzoek of een enorm moeilijke baas je poot stijf houdt...

Lauren Tyler veranderde een jaar geleden van baan. Ze kreeg een functie bij JP Morgan, waarvan ze wist dat die veeleisend zou zijn, maar haar wel meer controle over haar tijd zou geven. Binnen haar bedrijf 'zijn er geen formele gesprekken over flexibiliteit', zegt ze. 'Je probeert er gewoon het beste van te maken.'

Elke vrijdag houdt de CEO van het bedrijf een kleine personeelsvergadering met zo'n 20 mensen. Maar op een van die vrijdagen wist Lauren dat ze vanuit huis moest werken. 'Ik had twee belangrijke bijeenkomsten op school en twee afspraken bij de dokter,' vertelt ze. 'Dat was net iets te veel en ik woon niet echt dicht bij mijn werk.' Ze voelde al aan dat er spanning zou ontstaan, toen ze hoorde dat haar baas die vrijdag ook niet kon komen. De gouden regel was namelijk dat een van hen er altijd zou zijn. Ze besloot om met die regel te breken en haar plannen door te zetten. Ze negeerde de stress die langzaam bezit van haar probeerde te nemen en vertelde haar baas dat ze de vergadering vrijdag telefonisch, vanuit huis, zou bijwonen. Ze vertelde er niet bij waarom. 'Ik kon zien dat hij het niet leuk vond,' zegt ze. 'En ik voelde me zowaar even schuldig.' Maar ze bood niet aan om haar plannen te veranderen.

Hoe kwam het dat ze dit durfde? 'Ik bedacht dat er 52 van zulke vergaderingen per jaar waren en dat ik er nu eentje zou missen.' En dat was dat.

Christy Runningen zal nooit vergeten hoe vervelend de confrontatie met haar moeilijke baas bij Best Buy een paar jaar geleden was. Gedurende de zomer zou ze op vrijdag eerder naar huis mogen, maar hij wilde niet dat ze wegging als hij er nog zat.

'Ik ben helemaal niet iemand die de confrontatie aangaat met zijn baas... Ik heb altijd op katholieke scholen gezeten nota bene en bij alles wat je doet, komen steeds weer al die katholieke schuldge-voelens kijken,' herinnert ze zich nu lachend. 'Maar uiteindelijk moest ik toch zeggen: "Hoor eens, ik schrijf alle uren op, jij wilt dat ik net als jij tot half zes of zes uur of doorwerk? Maar ik moet hier ook al om zeven uur 's ochtends zijn om al mijn taken af te kunnen krij-gen. Kijk eens hoeveel uren dat bij elkaar opgeteld zijn."'

Ze herinnert zich dat hij moeilijk en onsympathiek was, maar ze had zich goed voorbereid op deze discussie en wist zich goed uit te drukken. 'En ik zei: "Mijn lunchtijd is maar zo kort, dus ik werk nu al meer dan ik zou moeten in een week en ik blijf niet zitten tot half zes of zes uur. Enkel omdat jij later begint en later naar huis gaat, hoef ik nog niet hetzelfde te doen. Dit is wat ik doe en ik doe alles wat ik zou moeten doen in meer dan genoeg uren op mijn werk."' Hij was niet blij, maar ze mocht vrijdags eerder weg en uiteindelijk, denkt ze, had hij wel respect voor haar vasthoudendheid.

Niet alle bazen reageren even goed op een tactisch nee, dus weet bij wie je het probeert. Maar niet getreurd. Bij het verkennen van dit on-bekende terrein zul je ontdekken dat er ook slimme bazen zijn die het wel snappen.

'Ik weet nog dat ik heel lang niet wilde hoeven zeggen: "Ik moet thuisblijven omdat mijn kind ziek is."' Julie Werner, eigenaresse van een architectenbureau in Kansas City, vertelt dat zij moeite had met duidelijk zeggen wat haar behoeftes waren met betrekking tot haar werktijden. En als baas geloofde ze ook niet dat haar werknemers al-tijd open over hun privéleven waren, ook al stond zij flexibele werk-tijden toe. Nu ziet ze in dat openheid, tot op zekere hoogte, wel dege-lijk nut heeft.

'Nu vind ik het niet meer erg wanneer iemand op kantoor zegt: "Dat kan ik niet doen, want ik moet naar een baseballwedstrijd." Zo-lang de informatie maar niet al te gedetailleerd wordt. Bijvoorbeeld, wanneer jij zegt, of wanneer ik of iemand van mijn personeel zegt: "Ik zal er niet zijn omdat ik bij iets op de school van mijn kind moet zijn," dan vind ik dat prima. Maar ik hoef niet te horen: "Mijn moeder is ziek en ik moet mijn zus helpen met verhuizen en bla bla bla."'

De meeste leidinggevenden richten zich gewoon liever op de essentie.

Denk aan dit belangrijke womenomics-feit, wanneer je je afvraagt of je iets kunt weigeren of naar huis kunt gaan. Een goede manager, die echt voor resultaten gaat, ziet heus wel wanneer jij alleen maar op kantoor bent om aanwezig te zijn.

'Veel van die mensen zijn wel druk, maar doen eigenlijk niets. Vaak is het van: hoe kan ik zo veel mogelijk aanwezig zijn, zodat mijn baas denkt dat ik fantastisch ben?' zegt Geraldine Laybourne, terwijl ze haar hoofd schudt. 'Dat is alleen maar onnodig aandacht trekken. Ik denk dat mensen beter naar zichzelf moeten kijken, beseffen wat ze inbrengen. Denk goed na, zorg voor nieuwe ideeën en houd voet bij stuk.'

Onthoud dus dat het stellen van grenzen, nee zeggen en lui zijn als een vos alleen maar werkt wanneer je ook zo slim bent als een vos. Niet één baas zal je immers een bonus of promotie aanbieden enkel omdat jij minder beschikbaar bent. Maar wanneer jij minder aanwezig bent terwijl je wel, zonder moeilijkheden of vertragingen, je opdrachten beter uitvoert, die dan ook nog eens van een groter kaliber zijn en voor betere resultaten zorgen, dan zal elke baas geneigd zijn om incentives aan te bieden. En dit spreekt misschien wel vanzelf, maar toch willen we het een keer zeggen, misschien zelfs wel vaker: om dit voor elkaar te krijgen moet je je werk wel goed doen. Elke baas met wie we gesproken hebben, elke vrouw met flexibele werktijden die we geïnterviewd hebben, zegt hetzelfde. Het werkt het best wanneer ze je echt mogen; en inderdaad is het vaak dankzij die flexibiliteit dat ze jou mogen, omdat je daardoor beter presteert.

Niet vragen, gewoon doen

Wanneer je al deze verschillende strategieën en technieken bij elkaar zet, zul je misschien ontdekken dat je gewoon zelf een flexibel werkrooster in elkaar kunt zetten – zelfs zonder toestemming te hoeven vragen, een nieuwe overeenkomst te sluiten, of nog belangrijker, een loonsverlaging te hoeven incasseren. Laten we eerlijk zijn: sommige bedrijven bieden je gewoon niet graag formeel de mogelijkheden aan. Het is aan jou om het mogelijk te maken. Lauren, bijvoorbeeld, zegt dat ze zich niet kan voorstellen dat iemand binnen haar bedrijfstak ooit formeel meer flexibiliteit zal krijgen.

'Wanneer je bij een investeringsbank of met privévermogens werkt, is het onmogelijk voor elkaar te krijgen, waarschijnlijk omdat er zo veel geld op het spel staat,' legt ze uit. 'Het is de hele cultuur. Er zijn altijd wel jongere mannen of vrouwen die bereid zijn om jouw plekje in te nemen. De algehele norm binnen de groep is om zo hard mogelijk te werken, anders willen ze je niet meer in de groep hebben. Dus wanneer je flexibiliteit wilt, dan moet je er niet om vragen, maar het gewoon nemen,' adviseert ze. 'Eigenlijk gewoon een kwestie van geen vragen stellen en niets zeggen.'

De meesten van ons werken weliswaar niet in zo'n genadeloze bedrijfstak, maar misschien moeten ook wij ons eigen Utopia creëren. Hier volgt de route die je moet volgen, met behulp van alle slimme technieken die we al uitgelegd hebben, naar het scheppen van een precedent – een routine – en een fijne manier van werken waarvan sommige collega's zich zullen afvragen: 'Hoe doet ze dat toch?' Maar wanneer je het eenmaal voor elkaar hebt, kunnen ze het moeilijk weer terugdraaien.

1. Maak er een gewoonte van om een paar keer per dag het kantoor te verlaten voor 'vergaderingen'. Laat iedereen weten dat je je PDA aan hebt staan. Verstuur, terwijl je weg bent, verschillende e-mailtjes naar kantoor met dringende zaken die meteen afgehandeld moeten worden. Men zal tot de conclusie komen dat je niet

aanwezig hoeft te zijn om toch alles nog onder controle te hebben.

2. Begin om zeven uur 's ochtends. Zorg ervoor dat je baas weet hoe vroeg jij er al bent. Zorg dat je de hele dag duidelijk superefficiënt bezig bent, alle deadlines haalt en aan nieuwe projecten begint. Maar vertel tijdens de lunch dat je om drie uur een afspraak hebt. Zorg ervoor dat je een opdracht of een ander indrukwekkend stukje werk af hebt dat je kunt afgeven op het moment dat je de deur uitgaat (verontschuldig je niet en beloof niet om de hele avond door te werken).

3. Of blijf 's avonds langer doorwerken; en zorg er wederom voor dat mensen dit weten. Wanneer je collega's naar huis gaan, vertel ze dan dat jij de volgende ochtend vanuit huis zult werken, omdat je de dag goed wilt beginnen en zo de files kunt vermijden. Terwijl je vanuit huis werkt, verstuur je een hoop e-mails en informatie naar iedereen die het iets aangaat. Laat ze voelen dat jij aan het werk bent.

4. Kies een project uit dat voorlopig nog niet aan de orde is. Zorg dat je het grootste deel al van tevoren af hebt, maar zeg dit niet tegen je baas. Vertel je baas vervolgens dat, omdat jij graag vroeg opstaat, je graag de volgende dag om zes uur thuis alvast wilt beginnen met het project. Wanneer je rond het middaguur op kantoor komt, leg het dan op zijn bureau. Maakt diepe indruk! Hij zal denken dat je dat allemaal die ochtend thuis gedaan hebt en zich afvragen of het misschien productiever is om vanuit huis te werken!

In het boek *The Four Hour Work Week* geeft Tim Ferris een paar creatieve tips over 'ziek zijn', maar je werkgever er toch van overtuigen dat jij je werk vanuit huis kunt doen, waarna je, terwijl je thuis bent, opeens zo productief wordt dat zowel jijzelf als je baas zich realiseert dat dit misschien wel eens de oplossing voor meer

160

efficiëntie en productiviteit zou kunnen zijn! Geweldig vinden wij zoiets.

Ondertussen snap je het nu zeker wel. Begin klein, maar wees slim. Zorg ervoor dat je kunt aantonen dat je veel werkt, zodat niemand kan zeggen dat jij niets doet. Nog beter is het wanneer jij manieren vindt om te bewijzen dat je, om wat voor reden dan ook, superefficiënt bent, zelfs wanneer je minder op kantoor bent. Je zult al snel ontdekken dat je eigenzinnige werkrooster gewoon geaccepteerd wordt en dat niemand nog bedenkingen zal hebben wanneer jij er niet bent, omdat ze weten dat je werk altijd op tijd af is. En wanneer het eenmaal zo ver is, heb je nog slechts een paar tips nodig om alles verder gladjes te laten verlopen.

1. Maak deadlines openbaar. Verkondig aan wie het maar horen wil, wanneer jij wel en niet beschikbaar bent, op een manier die zich concentreert op de productiviteit. 'Kom op, laten we hier snel mee aan de slag gaan. Ik moet om vier uur weg.' 'Jongens, laten we hier vanochtend aan werken; vanmiddag ben ik er niet.' 'We moeten die Braden-opdracht vrijdag af hebben. Ik ben er volgende week niet.' Je komt dan efficiënt en resultaatgericht over en het maakt duidelijk dat er aan jouw rooster niet te tornen valt.

2. Leidinggevende bij een elektriciteitscentrale Sarah Slusser zegt dat duidelijk zijn over werktijden en tijdslimieten alleen maar slim is en bovendien op een nuttige manier wordt gerespecteerd. – twee dingen die maken dat jij uiteindelijk sterk overkomt. 'Veel werk is teamwerk, je kunt dus niet opeens verdwijnen,' zegt ze. 'Je moet de mensen op tijd laten weten wat je plannen zijn. Dat helpt echt. Wanneer je de mensen duidelijk maakt dat jij een flexibel werkschema nodig hebt en precies aangeeft wat dat inhoudt, dan weten je collega's dat ze daaromheen moeten plannen en vinden ze het heel verantwoordelijk van jou dat je hen op de hoogte hebt gesteld. Maar het is niet makkelijk; je hebt vaak het gevoel dat je zwak bent wanneer je zegt dat je op vrijdag vroeger naar huis moet. Maar het is niet zwak; jij hebt nog een andere

verplichting, een andere verantwoordelijkheid of prioriteit en dat maakt jou tot wat jij bent.'

3. Wees assertief en duidelijk over je werktijden. En, wanneer dat binnen je bedrijf kan, verberg je gezin niet. Ze leven echt niet meer overal in het Stenen Tijdperk. Wanneer je eenmaal een vast patroon hebt, kun je maar beter zo veel mogelijk de waarheid spreken. 'Mag ik dit mee naar huis nemen? Ik zal er vanavond naar kijken, maar ik moet om vier uur bij de voetbaltraining zijn.'

4. Bied alternatieven aan. Christy Runningen van Best Buy zegt dat dat voor begrip en overeenstemming zorgt. 'Ik heb eindelijk het punt bereikt waarop ik meestal gewoon kan zeggen: "Ik kan niet,"' legt ze uit, 'maar ik probeer er wel meteen bij te zeggen: "maar ik kan dat wel doen, of zou dit ook kunnen?"'

Uitzonderingen

Er zijn natuurlijk altijd banen waarbij het noodzakelijk is dat je op bepaalde tijden aanwezig bent. Het is niet echt fijn om een knieoperatie te moeten ondergaan bij een chirurg die buiten met zijn kinderen in het park aan het spelen is. In zulke gevallen moet je niet zozeer slim zijn in het krijgen van vrije tijd, je kunt wel voor andere voordelen zorgen, die hetzelfde effect hebben. Wanneer jij goed presteert, kun je het je na verloop van tijd veroorloven om opnieuw te onderhandelen – om je baan aan te passen aan jouw voorwaarden en tijden.

Linda Brooks, onze advocate uit New York, wiens advocatenkantoor, zoals de meeste advocatenkantoren, op urenbasis werkt, zegt dat haar firma manieren om tijd te besparen niet bepaald aanmoedigt.

'Je zult bij ons niet veel mensen zien die bezig zijn met zoeken naar mogelijkheden om minder uren in rekening te brengen,' geeft ze toe. 'Zelfs wanneer je je werk sneller af hebt, zullen de partners nog steeds willen dat jij een bepaald aantal uren in rekening brengt, of werkt. Ik denk dat het idee van slim werken, louter fundamenteel en economisch, een interessante combinatie vormt met het principe van werken op urenbasis,' zegt ze. 'Het strookt niet echt met elkaar.'

Het spreekt vanzelf dat wanneer jij slimmer en efficiënter werkt, je echt als een betere werknemer gezien zult worden – maar misschien is het niet mogelijk om je beloning daarvoor in de vorm van vrije tijd te krijgen. Het feit dat Linda zo slim en effectief werkt, was voor haar partners reden om akkoord te gaan met haar verzoek om salaris in te leveren, zodat ze een dag per week vrij kon hebben. 'Ik denk dat ik door deze beslissing sowieso al slimmer ben gaan werken,' legt ze uit. 'Ik probeer zo veel mogelijk werk te verzetten in die vier dagen dat ik op kantoor ben, zodat ik op mijn vrije vrijdag meer vrije tijd heb.'

Economisch gezien was het niet de beste oplossing voor haar. Maar psychologisch gezien heeft ze nu het leven dat ze wil en ze was maar al te graag bereid om voor deze vrijheid, letterlijk, de prijs te betalen.

Lieve generatie X en Y

Katty: 'Toen ik 29 jaar was en in Tokyo woonde als buitenlandcorrespondent voor de BBC, ontdekte ik dat ik zwanger was van mijn eerste kind. Ik belde mijn beste vriendin, een collega, op en barstte in tranen uit. "Dit is een ramp. Hoe moet het nu met mijn carrière? Niemand zal me ooit nog serieus nemen." Voor het eerst in mijn leven hield ik echt van mijn werk, ik kreeg complimentjes van mijn bazen en was trots op wat ik bereikt had. Wanneer ik 's avonds om acht uur naar huis ging, vond ik dat vroeg. Ik was ervan overtuigd dat het krijgen van een baby aan dit alles een einde zou maken. Dertien jaar en vier kinderen later weet ik dat het niet waar is. Mijn carrière heeft heel wat stages doorlopen, soms ging het beter, soms wat minder, maar hij bestaat nog steeds. Maar ik weet wel dat ik, bij het jarenlange zoeken naar flexibiliteit, geprofiteerd heb van het feit dat ik in het begin zo hard gewerkt heb en van de carrièrebasis die ik daarmee voor mijzelf gelegd heb.'

De realiteit is dat je meestal niet aan een nieuwe baan begint en met-een gaat vragen om meer flexibiliteit. Aan het begin van je carrière kun je dus net zo goed wat opofferingen doen, je voordoen als een keiharde werker, doen alsof je niets liever doet dan nachten achter el-kaar doorwerken.

Valerie Jarrett, hoogste adviseur van president Barack Obama en tevens een vriendin van de familie, zegt dat ze hard gewerkt heeft om haar dochter, die rechten studeert, vertrouwd te maken met haar nieuwe werkterrein. Zelf is ze ook advocate, tot vorig jaar had ze de leiding over de Habitat Company in Chicago, en ze drukt haar doch-ter op het hart om haar baan heel zorgvuldig uit te zoeken, zodat ze ook nog een leven en een gezin kan hebben.

'De vrouwen van tegenwoordig hebben zo veel meer keuzes, maar toch moet je nog steeds goed kijken wat je kiest en weten wat een bepaald beroep van je eist,' zegt ze.

Jarrett zegt dat ze haar dochter ook aanmoedigt om in het begin hard te werken, zodat ze, wanneer ze later meer flexibiliteit nodig heeft, dat ook verdiend heeft. 'We hadden lange gesprekken over goodwill. Ik zei tegen haar: "Laura, daar kun je veel aan hebben in het leven en het is dus belangrijk dat je het kweekt." Dat was toen ze er voor het eerst mee in aanraking kwam, want uiteraard zijn er heel veel verschillende omstandigheden waarin goodwill ter sprake komt. En elke keer wanneer het van toepassing was, zei ik: "Laura, in het leven hangt veel af van goodwill en je zult die dus moeten opbou-wen." Aan het begin van de zomer werkte ze bijvoorbeeld ontzettend hard. Ik zei haar dat je maar één kans krijgt om een goede eerste in-druk te maken en dat je daarom in het begin overdreven hard moet werken om de mensen te laten zien uit wat voor hout jij gesneden bent.'

'Ik vertel vrouwen altijd dat ze flink wat goodwill moeten opbou-wen, en al in het begin opofferingen moeten doen,' vertelt Melissa James van Morgan Stanley. 'Verderop in je carrière wordt het steeds moeilijker om die opofferingen te doen en wanneer je een flinke por-tie goodwill gekweekt hebt, kun je daar hopelijk op een later tijdstip van profiteren.'

Dat gezegd hebbende, vinden we dat je nog steeds veel kunt leren van de technieken die in hoofdstuk 3, 4, 5 en 6 besproken zijn. Nu al moet je groot denken en je tijd nuttig besteden. We willen echt niet dat je je als een deurmat laat gebruiken – gewoon hard werken, maar gefocust blijven op je werk/privéprioriteiten. Verzeker je ervan dat de projecten waar jij je tijd aan spendeert, ook wat zullen opleveren voor je. Zorg dat jij niet alle rotkarweitjes krijgt. Je hebt waardevolle talenten en ze zullen vanaf het begin aantonen dat jij een leider in de dop bent. Begin vandaag nog te experimenteren met je technieken, nu er nog niet zoveel op het spel staat.

De 32-jarige Anne Hurst, afgestudeerd in bestuurskunde, heeft net een non-profitbaan als onderwijsadviseur opgezegd om aan de slag te gaan bij Jump Start. Hiermee gaat ze jaarlijks wel 10.000 dollar of 20 procent achteruit in salaris. Waarom? Zoals bij zo veel jonge vrouwen van haar en misschien ook jouw generatie, is de balans tussen werk en privéleven nu al heel belangrijk.

'Er was weinig begrip voor het feit dat ik ook behoeftes en verlangens had buiten mijn werk, dat ik bijvoorbeeld wilde gaan fitnessen of joggen. Natuurlijk zei iedereen dat dat niet meer dan normaal was, maar de realiteit was dat het aantal uren dat ik werkte, dat ik op kantoor zat, niet echt bijdroeg aan mijn geluk.'

Anne gaat binnenkort trouwen, wil graag kinderen en werken voor een bedrijf dat haar flexibiliteit kan aanbieden is nu erg belangrijk voor haar.

'Het is zeker van belang geweest bij het aannemen van deze baan. Ik dacht na over de sfeer op kantoor en dat ik, wanneer ik een kind heb, mijn behoefte om mijn werktijden af en toe aan te kunnen passen makkelijker kenbaar kan maken. Bij mijn laatste baan had ik vreselijke deadlines. Je moest hoe dan ook doorwerken, wat echt niet kan wanneer je naar huis moet om je kind van het kinderdagverblijf af te halen.'

Het is ook belangrijk dat je de bedrijfstak waarin je werkt, of denkt te gaan werken, goed bestudeert. Doe onderzoek. Bekijk hoe ze met vrouwen omgaan. Werken er veel vrouwen? Ook in leidinggevende posities? Dat zijn goede tekens. En hoe leven die vrouwen?

Praat met vrouwen die daar werken over hun ervaringen. Vraag je af, voordat je van baan wisselt, of het een bedrijfstak is waarin vrouwen makkelijker het 'nieuwe alles' kunnen bereiken.

Misschien dat je nog geen kinderen hebt en er ook nog helemaal niet mee bezig bent. Misschien wil jij wel een groot deel van je vrije tijd aan je carrière besteden. Maar ook dan zul je profijt hebben van het feit dat je beter in staat bent om tijd te kopen en efficiënter bent in het afschudden van schuldgevoelens.

En wanneer je meer wilt? Iets meer dan slim verkregen tijd? Een formelere flexibiliteit? Erin O'Connell was verbaasd toen ze zich realiseerde dat dat was wat ze wilde. Deze intelligente, ambitieuze communicatiespecialist had nooit gedacht dat ze haar meer dan 50-urige werkweek zou willen inkorten. Totdat ze Nate leerde kennen. Haar nieuwe baby. Ze probeerde de tijdsbesparende technieken die wij hier hebben beschreven, maar wist dat het niet genoeg was. 'Ik moest gewoon zeker weten dat ik genoeg tijd met Nate kon doorbrengen. Ik kon echt niet meer fulltime werken.'

Ze haalde diep adem en nam een moedige stap. Op een dag verscheen ze vastbesloten op haar werk. Ze zou haar baas vragen om het leven dat ze echt wilde. Ze kwam met hem overeen dat ze vier dagen per week zou gaan werken, zo lang als dat nodig was. Verderop zul je de ultieme tips krijgen om op een succesvolle manier voor meer formele flexibiliteit te zorgen – voor een compleet nieuw leven.

Nieuws waar je wat aan hebt

1. Wanneer je constant perfect probeert te zijn, dan zul je constant moeten werken.
2. Wees slim: delegeer, doe aan zelfpromotie en leer nee te zeggen – en ook ja.
3. Opmerking aan generatie X en Y: zoals je moeder al zei, je bent nooit te jong om een gezonde gewoonte aan te leren.

7

Negen regels om te onderhandelen over nirwana: hoe je heel je arbeidscontract kunt veranderen

'Elke zondag, naargelang de dag vorderde,' herinnert Christy Runningen zich, 'werd ik steeds ongelukkiger, chagrijniger en gestoorder.'

O, dat zondagavondgevoel. Wij weten er alles van.

'Ken je dat afschuwelijke gevoel in je maag,' legt Christy uit, 'voordat de werkweek weer begint en je denkt: oké, weer meer dan 40 uur opgesloten zitten op kantoor.'

Wat denk je van een wereld waarin je nooit meer dat zondagavondgevoel hoeft te hebben? Waarin je geen misselijk gevoel meer in je maag hoeft te hebben?

Wat denk je van een wereld waarin het idee van 49 weken per jaar van acht tot half zes werken helemaal niet bestaat? Een wereld waarin je kunt werken wanneer jij dat wilt, waar jij dat wilt en hoe jij dat wilt – zolang je het werk maar doet en het ook goed doet.

Wat denk je van een wereld waarin je nooit een gevoel van paniek bekruipt bij de gedachte aan het aantal uren dat je na je werk overhoudt en waarbij je je realiseert dat je te weinig tijd doorbrengt met je kinderen? Een wereld waarin het huilen je niet nader staat dan het lachen doordat je overbelast, ondergewaardeerd en helemaal kapot bent?

We hebben het hier over een wereld waarin maandagochtend (bijna) voelt als vrijdagmiddag. Waarin naar het werk gaan niet langer een deprimerende plicht is, maar een genoegen waarvoor jij zelf gekozen hebt. Waarin werk bevredigend is, maar waarbij je niet onderdrukt wordt.

Dat is ons nirwana. En het kan ook het jouwe zijn. Jij kunt de hele structuur van je werkende leven veranderen – het geheel in de lucht gooien en weer laten neerkomen in een patroon van jouw keuze.

Je zult leren hoe je hierover moet onderhandelen. Wij zullen je leren hoe je groots en brutaal moet denken en we laten je zien hoe andere vrouwen te werk gegaan zijn om dit allemaal voor elkaar te krijgen.

O, en trouwens, wij zullen je ook laten zien hoe je ervoor kunt zorgen dat jouw baas net zoveel van dit nirwana gaat houden!

Hoe je arbeidscontract te veranderen

Er zijn letterlijk honderden verschillende manieren om het arbeidscontract te krijgen dat jij wilt. Herinner je je Stephanie Hampton nog? Onze briljante public relations-medewerkster bij Marriott Hotels? Nadat ze jarenlang fulltime gewerkt had als workaholic, is ze nu terug gegaan naar vier dagen per week. En raad eens hoe ze dat voor elkaar gekregen heeft? Ze heeft het gewoon gevraagd! Maar ze heeft er wel belachelijk lang over gedaan.

'Het was tijdens het zwangerschapsverlof na de geboorte van mijn zoon en ik wist gewoon dat ik niet meer fulltime wilde gaan werken. Ik sprak erover met mijn man en we waren het erover eens dat ik om een vierdaagse werkweek zou gaan vragen. Het enige probleem was, dat ik het niet durfde. Elke dag vroegen vrienden en familieleden aan me: "En, heb je het al gevraagd?" Uiteindelijk kwam mijn moeder logeren en zij dwong me ertoe. Gelukkig maar, want anders had ik het misschien nooit gedaan.'

Stephanie kreeg haar nieuwe overeenkomst eigenlijk heel makkelijk – toen ze het eenmaal gevraagd had. Haar baas was niet in alle staten, hij ontsloeg haar niet, hij degradeerde haar ook niet en stuurde haar niet het typische 'moederpad' op, waarin de kans op een carrière voorgoed is verkeken. Ze is nog steeds een hoog gewaardeerd, goed presterend lid van het Marriott-managementteam, op een hoge positie. Stephanie vermoedt dat haar baas het al wel zag aankomen. Maar, jeetje, wat een stress om zo ver te komen.

Weet jij wat de belangrijkste reden is dat vrouwen op hun werk niet het 'nieuwe alles' dat zij zouden willen, bereiken? Ze vragen er niet om. Op een dag zullen wij hier niet meer, ieder voor zich, voor hoeven vechten; de wereld is echt aan het veranderen en over niet al te lange tijd zullen alle bedrijven de voordelen van flexibiliteit inzien. Maar tot die tijd zul je er zelf om moeten vragen.

Wij kennen niet één baas die achteloos naar jouw bureau zal komen lopen en voorstelt: 'Clara, je lijkt een beetje overbelast de laatste tijd. Ik neem aan dat het ook niet niets is om de balans in je leven een beetje op peil te houden. Maar wij willen jou hier graag houden en we willen dat je gelukkig bent. Zou je het niet fijner vinden wanneer wij je werktijden aanpassen? Laat mij er gewoon op vertrouwen dat jij je werk afkrijgt, waarvandaan of wanneer je dat ook wilt doen. Wat dacht je daarvan?'

Droom lekker verder. (Oké, wanneer iemand wel zo'n baas kent, dan willen we die graag leren kennen voor onze lijst van Beste Bazen. Stuur de namen maar naar onze website.)

Luister, wij leven met jullie mee. We weten dat het niet makkelijk is om tegenover je baas te gaan staan om iets 'extra's' te vragen, en op de een of andere manier is dat voor vrouwen extra moeilijk. Het idee alleen al om een groot kantoor binnen te gaan en te vragen om een beter werkrooster boezemt ons angst in. Opeens zijn we weer 10 jaar oud, in plaats van 35. De baas is veranderd in onze naarste leraar en we ervaren opeens weer hetzelfde gevoel van paniek als destijds op school. De knoop in onze maag wordt groter en we zoeken naar excuses om de telefoon te pakken en een vergadering te beleggen om ons probleem voor te leggen. Maar nu heb je de womenomics-training doorlopen en al die onzekere gedachten uit je hoofd verbannen, je hebt dus geen keus meer!

Dit is gewoon zo belangrijk dat je je angst voor confrontatie aan de kant moet zetten en dat gesprek moet aangaan. Het goede nieuws is dat wij een plan hebben, waardoor dat hele onderhandelgedoe een makkie wordt – met als extra bonus dat, zoals Stephanie ontdekte, je meestal ook nog krijgt wat je wilt, zelfs bij de meest onbuigzame bazen.

Het onderbouwen van heel je onderhandelingsstrategie is eigenlijk heel simpel – je moet het verkopen als een win-winsituatie. Je bazen zullen er waarschijnlijk alleen maar in meegaan wanneer zij er zakelijk net zo veel nut in kunnen zien als jij dat privé doet. Hier zie je hoe het moet.

Regel 1: onderhandel vanuit een sterke, op feiten gebaseerde kracht

Je wilt je werktijden veranderen omdat, zoals het nu gaat, je leven onacceptabel is. Je bent misschien zelfs wel in de verleiding om helemaal ontslag te nemen, maar je wilt je werkgever nog een kans geven om tot een oplossing te komen. Wanneer de situatie zo is, heb je eigenlijk al niet veel te verliezen. En zelfs wanneer je nog niet zo ver bent dat je de handdoek in de ring wilt gooien, of het je niet kunt veroorloven, vergeet dan niet: jij bent van grote waarde voor het bedrijf.

Kijk nog een keer naar hoofdstuk 1. Denk nog eens aan al die vrouwelijke kracht. Bedenk hoe waardevol wij juist nu zijn op het werk. Hoe duur het is om ons te vervangen en hoe onze werkgevers juist zitten te springen om onze vrouwelijke managementtalenten. Eigenlijk staat er voor jou heel wat minder op het spel dan voor je werkgever, wanneer je om andere werktijden vraagt.

Voel je je al moediger?

En we kunnen je nog meer zelfvertrouwen geven. De grootste zorg van je baas zal zijn dat je productiviteit minder wordt wanneer jij niet meer achter je bureau zit. Hij of zij zal denken dat jij maar wat aanlummelt op kosten van de zaak, met je hoofd in de wolken en niet bij je werk. En die zorg is begrijpelijk. Nadat ze hun werknemers decennia lang in het zicht hebben gehad, waarbij ze makkelijk gecontroleerd konden worden, waarin elke minuut verantwoord kon worden en je baas wist wie er werkte (en wanneer en waar) – vraag je ze nu om die controle over je dag af te geven en je gewoon te vertrouwen. Geen wonder dat ze een beetje bezorgd reageren. Maar dat is niet nodig.

Vergeet niet dat flexibele werkers gelukkige en productievere werkers zijn. In hoofdstuk 2 hebben we je dit al verteld, maar hier is nog een feitje: sinds Best Buy (elektronicawinkelketen) is begonnen met zijn alternatieve werkprogramma, is de productiviteit met 41 procent gestegen en op sommige afdelingen zelfs met 65 procent.

Best Buy-bazen die hier eerst nogal sceptisch tegenover stonden, zijn nu overtuigd, puur vanwege deze waanzinnige resultaten. John 'J.T.' Thompson, iemand van de oude stempel, iemand die vasthield aan gezette werktijden en senior vicepresident van BestBuy.com, was een van de grootste sceptici. J.T. groeide op met het idee dat iemand die niet op kantoor woonde, niet collegiaal was. Hij deed niets liever dan zondagmiddagen doorbrengen achter zijn bureau. In eerste instantie deed hij Cali en Jody's werkplek-revolutie af als niets meer dan een New Age-club voor mensen die niet wilden werken.

'Ik stond er niet achter,' vertelt Thompson. Eigenlijk was het niet zozeer dat hij 'er niet achter stond', maar meer dat hij gewoon doodsbenauwd was dat hij de controle kwijt zou raken. J.T. was ervan overtuigd dat werknemers het programma zouden aangrijpen om een salaris te krijgen zonder daarvoor iets te hoeven doen. Hij vroeg zich af hoe de productiviteit nog gemeten kon worden.

Maar een van J.T.'s managers stelde hem gerust met een aantal concrete resultaten. Ze zouden kunnen meten hoeveel bestellingen het team per uur kon verwerken, ongeacht waar ze zich bevonden. De manager beloofde J.T. dat hij iedereen meteen terug naar kantoor zou laten komen wanneer het aantal bestellingen ook maar even zou dalen. Met enige tegenzin stemde J.T. in.

Binnen een maand was de productiviteit van het team gestegen en waren de betrokkenheidscijfers (die de tevredenheid over het werk en bereidheid om te blijven meten) van de afdeling de hoogste ooit. J.T. had zich altijd zorgen gemaakt om deze cijfers en toen hij ze dit keer zag was hij opgetogen. Hij wist niet hoe snel hij het systeem binnen de hele online verkoopafdeling in moest voeren. Het aantal werknemers dat ontslag nam daalde van 16 procent naar nul. 'Jarenlang concentreerde ik mij op het verkeerde,' geeft Thompson nu toe.

'Ik keek alleen maar of de mensen aanwezig waren. Ik had moeten kijken naar wat ze gedaan kregen.'

Iedereen die begonnen is met alternatieve werktijden en met wie wij gesproken hebben, had dezelfde ervaring als J.T.

Senior vicepresident Judy Pahren van Capital One zegt dat het gewoon logisch is. Enkel aanwezig zijn op kantoor betekent niet dat je ook productief bent – verre van dat zelfs. 'Wanneer een werknemer aanwezig is op kantoor, maar zich zorgen zit te maken over zijn of haar kind, of dat wel in de juiste bus zit of zijn huiswerk goed maakt,' zegt Pahren, 'zijn ze niet geconcentreerd omdat ze worden afgeleid door dat kind. Voor zo iemand is het veel beter om vroeger naar huis te gaan en 's avonds vanuit huis nog wat e-mails weg te werken of verder te werken aan een opdracht. In die anderhalf uur thuis is die persoon dan waarschijnlijk productiever dan op kantoor, waar hij of zij zich druk zit te maken over dingen die thuis gebeuren.'

En dit geldt echt niet alleen voor ouders. Pahren vertelt over een compagnon die haar alternatieve werktijden gebruikt om 's middags vrijwilligerswerk te kunnen doen. De mogelijkheid maakt haar een gelukkiger, meer tevreden mens – en daardoor een productiever iemand in alle facetten van haar leven, inclusief haar werk.

Dit allemaal, van de kracht van vrouwen op de arbeidsmarkt tot de toegenomen productiviteit die ontstaat door flexibele werktijden, maakt dat je een sterk punt hebt. En vergeet niet dat je waarschijnlijk al heel wat keren in je carrière mensen hebt overgehaald om iets te doen wat jij wilde. Je laat je baas een klant overhalen, een klant een order ondertekenen, een collega meedoen aan een project. Eigenlijk ben jij nu al een expert in het gebruiken van gegevens en feiten om vloeiend een overtuigend argument neer te zetten.

In feite bezit je nu al de macht van de professionele overtuigingskracht. Je moet die alleen nog even voor jezelf inzetten.

Regel 2: presteer goed en weet dat ook

Managers hebben ons herhaaldelijk verteld dat ze er alles voor over-hebben om vrouwen in dienst te houden die een toegevoegde waar-de hebben voor het bedrijf. Dat lijkt ons niet meer dan logisch. Je bent in een heel wat sterkere positie om te vragen wat je wilt, wan-neer het bedrijf je graag wil houden. Laten we onszelf niet voor de gek houden. Wanneer jouw bazen vinden dat jij niet echt veel toe-voegt, dan zullen ze je waarschijnlijk liever laten gaan dan dat ze hun zorgvuldig georganiseerde kantoorroutine op de kop gaan zetten.

Maar de kans is groot dat jij wel degelijk wat toevoegt en wij ver-moeden dat je grootste probleem, als vrouw, niet is dat jij niet pres-teert, maar dat jij niet beseft hoezeer het bedrijf jou nodig heeft. Dat is namelijk het geval bij de meeste vrouwen met wie wij gesproken hebben.

Maar goed, om er zeker van te zijn zet je je prestaties gewoon nog eens even op een rij – in elke baan is er wel een manier om prestaties te meten. Hoe zijn je jaarlijkse beoordelingsgesprekken? Haal jij je verkoopdoelen? Krijg je wel eens complimentjes van je bazen over je werk? Ben jij iemand tot wie ze zich vol vertrouwen kunnen wen-den? Bepaal jij de loop van het gesprek tijdens vergaderingen? Laten ze je graag met klanten praten? Heb je onlangs nog een promotie ge-kregen? Spreek je regelmatig met mensen op hogere posities? Hoe makkelijk is het om je te vervangen? Misschien dat je een aantal maanden moet spenderen aan het onmisbaar maken van jezelf.

Wanneer je je nerveus voelt, gooi dan een beetje zelfvertrouwen en trots in het onderhandelingsgesprek. Wij vinden het verhaal van Linda Brooks helemaal geweldig, over hoe ze haar tweederde part-nerschap binnen het advocatenkantoor voor elkaar wist te krijgen – iets wat in die kringen ongehoord is.

Linda gaf ze gewoon geen keus en dat werkte. 'Ik zei tegen ze: "Ik moet flexibeler kunnen werken, ik wil gewoon meer flexibiliteit." Eerlijk gezegd denk ik dat ze er niet eens over hadden willen naden-ken als ik het minder duidelijk geformuleerd zou hebben,' geeft ze toe. 'Maar ik zei gewoon: "Dit is wat ik wil", en zij zeiden: "Welk percentage had je precies in gedachten?" Het gaat daar allemaal om tijdspercentages, en ik antwoordde: "Tweederde." Wat inhoudt dat ik ook afzie van eenderde van de winst. Waarop zij weer zeiden: "Voor hoe lang?" En ik antwoordde: "Voor altijd." Ik weet zeker dat ze dachten dat het slechts een fase was,' lacht ze. 'Maar nu kan ik me niet meer voorstellen dat ik ooit nog terug wil, ik ben nog nooit zo gelukkig geweest.'

Voor vrouwen in de dertig en veertig is dit echt *de* tijd om achter het 'nieuwe alles' aan te gaan, omdat ze nog nooit eerder zo gewild waren. Je hebt jaren van enorm waardevolle ervaring op jouw vakgebied en werkt waarschijnlijk al jarenlang voor hetzelfde bedrijf. Jij kunt niet zomaar vervangen worden door een 25-jarige en je bedrijf heeft jouw ervaring nodig. Dit zijn dus de jaren waarin je maximaal moet profiteren van die waarde en moet vragen om alle tijd die je nodig hebt. Linda Brooks liep tegen de 40 en was al een partner toen ze aan haar nieuwe leven begon – het was het ideale tijdstip om de inzet te verhogen: 'Ik kreeg wat ik wilde omdat ik al enige macht had. Wat konden ze me maken?'

Regel 3: onderhandel nooit wanneer je kwaad bent

Dat 'nooit' is echt een serieus advies. We bedoelen ook echt nooit. Geef toe, je kunt niet onderhandelen over iets wat zo belangrijk is als je baan wanneer je woedend bent. En iedereen weet dat dit natuurlijk bij uitstek een onderwerp is waarbij onze hormonen opspelen en we onze emoties tonen.

Stel je voor dat je een hele slechte dag gehad hebt. Zo'n dag waarop je het liefst ontslag had genomen. Je baas heeft je veel langer laten doorwerken dan je zou willen. Je bent te laat voor de ouderavond op school. Je bent te laat om je kinderen nog met het huiswerk te helpen. Je bent te laat voor je yogales. Je bent te laat voor het etentje met je echtgenoot. Je bent te laat om je moeder te bellen voor haar verjaardag. Je komt veel te laat thuis om de kinderen nog in bed te kunnen stoppen en de babysitter vertelt afkeurend hoe erg Chloe moest huilen. En om het allemaal nog erger te maken kreeg je er van je baas van langs omdat je de deadline niet gehaald hebt (die ze je pas die ochtend gegeven had) en slecht werk geleverd hebt (ook al was dit het werk van twee dagen dat in één dag gepropt moest worden). Ja, zo'n dag dus. Alleen in je auto, op weg naar huis, laat je eindelijk de tranen de vrije loop. Je hebt er genoeg van, je wilt niet langer zo veel tijd doorbrengen op kantoor en er zo weinig voor terug krijgen. Morgenochtend ga je naar je baas, je zegt dat het je allemaal veel te veel wordt en je eist een ander werkrooster.

Niet doen. In ieder geval niet de volgende dag al.

Het heeft geen nut om kwaad te onderhandelen. Onderhandelingen zijn al stressvol genoeg en het is dus de moeite waard om even te wachten totdat je weer een beetje afgekoeld bent. Een werknemer die boos en verdrietig binnenstormt, komt ongecontroleerd en onprofessioneel over. Je baas denkt dan waarschijnlijk dat ze groot gelijk had toen ze je de les las.

Nee, je moet een paar dagen wachten, misschien zelfs wel een paar weken, zodat je kalm en afgekoeld met die onderhandelingen kunt beginnen. Misschien voel je je dan niet echt zo, maar er is in ieder geval een grotere kans dat je kunt doen alsof, wanneer er wat meer tijd zit tussen je onderhandelingen en die vreselijke dag.

Regel 4: weet wat je vraagt

Bedenk van tevoren precies hoe je wilt dat je werkende leven eruit komt te zien en schrijf dit op. We hebben je in dit boek genoeg voorbeelden gegeven van verschillende vrouwen die allemaal op een verschillende manier werken. Er zijn letterlijk duizenden roostercombinaties mogelijk. Voordat je op zoek gaat naar je ideale situatie, volgen hier enkele dingen waaraan je moet denken.

Heb je behoefte aan tijd met de kinderen, na schooltijd, waardoor het belangrijk is om vroeger te stoppen?

Gaat het om een vaste dag in de week, waarop je met een ouder naar de dokter moet?

Heb je familie in het buitenland en heb je meer vakantie nodig om hen te kunnen bezoeken?

Heb je gewoon een bloedhekel aan panty's en een mantelpakje en zou je veel liever ontspannen vanachter je keukentafel werken?

Is de reis naar en van je werk vervelend, zou je waardevolle uren kunnen besparen door de ochtendfiles te vermijden en wat later te beginnen?

Ga nog eens terug naar hoofdstuk 3 en doe nog een keer de womenomics-leftest – wees duidelijk over wat je echt wilt. Neem alle mogelijkheden door en bekijk wat het beste bij jouw behoeftes past. Houd daarbij uiteraard wel rekening met wat er binnen je bedrijf wel of niet mogelijk is.

Bekijk nu alle opties.

De eerste vraag is, wil je fulltime of parttime werken? Hierbij moet je je afvragen of het bij jouw werk realistisch is om van vijf naar vier dagen te gaan, waarbij die extra dag dan ook een echte vrije dag is. Wanneer je zeker weet dat die vrijdagen of maandagen, of welke dag je ook kiest, niet door werk verstoord zullen worden en wanneer je je het lagere salaris kunt veroorloven, zou het een geweldige optie kunnen zijn – en in tijden van recessie ook zeer aantrekkelijk voor je baas. Maar voordat je kiest voor dat lagere salaris, kijk ook nog eens naar de consequenties als je wel die extra dag zou blijven werken.

Naast de mogelijkheid van parttime werken zijn er nog vele andere, creatieve manieren om een fulltime baan in minder uren op kantoor te kunnen doen. Zou een volle werkweek, samengepakt in minder dagen, er wordt bijvoorbeeld vaak voor vier keer 10 uur gekozen, een optie voor je zijn? Zou werken vanuit huis – een dag, twee dagen, drie dagen per week – veel tijd besparen (doordat je niet meer in de file hoeft te staan) en jou de mogelijkheid geven om je kinderen van school te halen? Zou je heel erg vroeg willen beginnen en dan elke dag om drie uur naar huis gaan – of juist nooit voor het middaguur willen beginnen en dan tot laat in de avond doorwerken?

Wees flexibel, misschien dat je denkt dat een bepaalde mogelijkheid ideaal is, maar ontdek je na verloop van tijd dat iets anders toch beter zou werken. Toen Melissa James van Morgan Stanley zes jaar geleden naar haar baas stapte, was ze ervan overtuigd dat ze parttime wilde gaan werken. Ze stelde voor dat ze drie dagen per week zou gaan werken en hij stond daar verrassend open voor. Ze namen er de tijd voor en creëerden een interne baan voor haar, waardoor ze minder zou hoeven reizen en minder met klanten zou moeten afspreken. Maar na verloop van tijd kreeg ze steeds meer verantwoordelijkheden, ze genoot van haar nieuwe rol en ze ging anders tegen de dingen aankijken. 'Ik kreeg steeds meer waardering voor het feit dat wat ik nodig had op het gebied van flexibiliteit op het werk, niet per se een parttime of ingekort werkrooster hoefde te zijn. Ik had gewoon meer behoefte aan flexibiliteit en controle, net zoals denk ik zo veel werkende vrouwen tegenwoordig. Ze hoeven niet met alle geweld parttime te werken, maar ze willen wel graag de mogelijkheid hebben om hun werktijden tot op zekere hoogte in de hand te hebben.'

Inmiddels bekleedt ze weer een hoge, fulltime functie, maar met flexibiliteit wat betreft schoolevenementen en andere gezinsverplichtingen.

'Weet je, drie of vier dagen werken is niet altijd de beste oplossing,' gaat Melissa verder. 'Soms is het gewoon beter om vijf dagen te blijven werken maar wel de mogelijkheid te hebben om thuis te zijn of iets buiten je werk om te doen, wanneer dat nodig is.'

En laat je niet afschrikken door een bekrompen bedrijfscultuur. Zelfs binnen de meest starre bedrijven is het mogelijk om je werkrooster aan te passen. Voor Sarah Slusser, medewerkster bij een energiebedrijf, die tijdens haar twintigjarige carrière tientallen collega's heeft aangenomen en veranderingen heeft zien plaatsvinden binnen organisaties die nu niet bepaald bekend stonden om hun moderne instelling, zijn duidelijkheid, zelfvertrouwen en toewijding drie essentiële dingen.

'Wanneer de organisatie wat minder redelijk is, wanneer er allemaal van die regeltjes gelden die eigenlijk niet meer kunnen, en jij echt die flexibiliteit wilt hebben die volgens mij nodig is om je gezin wel bij te laten varen en goed is voor de maatschappij in het algemeen, dan denk ik dat je dat toch echt voor jezelf moet bepalen,' zegt ze. 'Niet iedereen heeft dezelfde behoeftes. Ik ben ervan overtuigd dat die voor iedereen anders zijn. Vraag er gewoon om en kom je afspraken na. Zeg dat je je aan bepaalde uren zult houden of dat je dit of dat werk gedaan zult krijgen, maar dat je in ruil daarvoor deze flexibiliteit wilt krijgen. Wanneer jij je aan de afspraken houdt en niet te veel belooft, dan denk ik dat het heel aannemelijk overkomt wanneer je er eerlijk voor uitkomt, in plaats van dat je elke vrijdag stiekem verdwijnt omdat je je kinderen moet ophalen.'

Je zult het zelf moeten uitzoeken. Maar wees zowel realistisch als creatief. Bedenk wat er nodig is om je hectische leven weer wat in balans te krijgen. En schrijf het vervolgens op.

Regel 5: wees bereid om je baas op elk gebied gerust te stellen

Bazen zijn tobbers. Ze kunnen er niets aan doen. Heb geduld met ze. Wij hebben ontdekt dat, wanneer het gaat om het toestaan van meer flexibiliteit, ze zich de meeste zorgen maken over één simpele vraag: hoe weet ik dat jij niet gewoon een beetje thuis rondlummelt op kosten van de zaak, terwijl je met de kinderen speelt en chips eet? Ja, we weten het, het is heel verleidelijk om nu te zeggen: 'In 's hemelsnaam, vertrouw me nu maar. Ik ben een volwassen vrouw die haar verplichtingen zeer serieus neemt, hoor!' Maar om jou 'nieuwe alles' te krijgen, zul je hem toch iets meer concrete geruststelling moeten geven.

Hier volgt onze lijst met geruststellingen, waaruit je kunt kiezen. Zodra je er hier een paar van gebruikt, zul je zien dat zijn misplaatste zorgen als sneeuw voor de zon verdwijnen.

1. *'Ik zal productiever zijn en dus zal deze verandering ook goed zijn voor het bedrijf.'*
Vertel je baas waarom je deze verandering wilt. Vertel hem dat je heel

veel van je werk houdt, maar dat je meer controle over je tijd zou willen hebben. Zorg vervolgens voor bewijs dat de nieuwe situatie je niet zal gaan afleiden van je prestaties; dat je juist gelooft dat het bedrijf ervan zal profiteren omdat je minder gestrest en meer toegewijd aan je werk zult zijn.

We hebben je de landelijke gegevens laten zien over hoe flexibiliteit voor meer productiviteit zorgt. Pas dit nu toe op jouw situatie. Je kunt hiervoor criteria gebruiken. Om te laten zien dat je hier goed over hebt nagedacht, zorg je voor een behoorlijk gedetailleerd criterium waaraan je baas duidelijk kan zien dat dit een positieve verandering is. Hiervoor kun je productiviteitscriteria gebruiken of je neemt gewoon een lopend project als je persoonlijke prestatiedoel, waarbij je vertelt dat je, na een maand volgens het nieuwe rooster gewerkt te hebben, die en die onderdelen van het project afgerond hebt. Dit soort criteria laten duidelijk zien dat je flexibiliteitsplan een solide plan is (hiervoor geven we later nog wat specifieke voorbeelden).

Ook kan het zeer nuttig zijn om te argumenteren dat je alternatieve rooster een oplossing is voor een bedrijfsprobleem:

- Nu het economisch niet zo goed gaat, heeft ook het bedrijf het niet makkelijk. Wanneer jij parttime gaat werken, vermindert dat de kosten.
- Het bedrijf moet meer uren 's ochtends en 's middags beschikbaar zijn voor onderhandelingen met andere werelddelen en jij wilt graag om drie uur vertrekken om je kinderen van school te halen. Bied aan om om zes uur 's ochtends te beginnen, zodat er dan iemand is.
- Het bedrijf groeit snel en heeft extra kantoorruimte nodig. Wanneer jij vanuit huis werkt, is er weer een bureau vrij.
- Nieuwe managers moeten ervaring opdoen en trainingen doorlopen. Wanneer jij minder gaat doen, dan biedt dat weer waardevolle mogelijkheden voor iemand anders.

Wanneer je dit als een win-winsituatie kunt brengen, zul je vrijwel gegarandeerd een positieve reactie krijgen. Kathleen Christensen heeft hiervoor nog een bruikbare tip. Wanneer je onderhandelt over een nieuwe werkindeling, zeg dan tegen jezelf dat het hier om een zakelijke strategie in plaats van een gunst gaat.

'Ik denk dat iedereen die dit soort onderhandelingen voert, anders moet gaan denken; zie flexibiliteit niet als een compromis, een voordeeltje, een extraatje, maar als een strategisch zakelijk hulpmiddel,' legt Christensen uit. 'En daarom moet je, wanneer je met zo'n voorstel komt, duidelijk maken dat het niet alleen voor jezelf is, maar dat er ook echt voordelen zijn voor het bedrijf. Ik denk dat een van de problemen is dat het te lang, door te veel mensen gezien is als iets wat hun persoonlijke levens zou verbeteren, maar dat er nooit oog was voor de consequenties voor de collega's of voor de organisatie in zijn geheel, voor het halen van deadlines en de productiviteit.'

2. *'Ik heb een waterdicht, gedetailleerd plan.'*
Het is ook heel belangrijk dat je een concreet plan hebt hoe je nieuwe rooster in de praktijk zal werken. Bijvoorbeeld, hoe blijf je communiceren met je collega's en, wanneer nodig, met de klanten? Wanneer jij een baan hebt waarin een snelle reactie van klanten belangrijk is, is dit uiteraard van groot belang voor je baas. Niemand wil dat een belangrijke, goedbetalende klant moet wachten omdat jij ergens een wandeling van vijf uur aan het maken bent.

Wanneer je via een ingelogde computer vanuit huis gaat werken, beschrijf dan hoe je thuiskantoor eruitziet en verzeker je baas ervan dat er fulltime voor de kinderen gezorgd wordt. Bied aan om voor eventuele technische verbeteringen te betalen. Vergeet niet dat je dit moet verkopen als iets wat ook voor hem een goede deal is; benader het dus allemaal zo positief mogelijk.

3. *'Ik ben bereid om open en eerlijk te praten – zelfs over geldkwesties.'*
Doe niet alsof je bepaalde dingen vanuit huis kunt doen, terwijl je dat niet kunt. Wij kennen een kunsthistoricus die zich bezighoudt met waardevolle manuscripten. Wanneer die middeleeuwse boeken buiten het klimatologische evenwicht van de kelder van haar museum komen, vallen ze waarschijnlijk uiteen. Zij zal dus, meer dan ze eigenlijk wil, in het museum aanwezig moeten zijn. Hoe zit dat met jouw baan?

Wanneer er binnen je baan situaties zijn waarin het onvermijdelijk is dat je daadwerkelijk in één ruimte bent met collega's (of manuscripten), verzeker je baas er dan van dat je in zulke situaties nog steeds aanwezig zult zijn. Laat hem of haar weten dat je begrijpt dat er momenten zijn waarop je simpelweg niet vanuit huis kunt werken. Eerlijkheid geeft je plan een realistischer aanzien. En stel je baas gerust door duidelijk te maken dat je iedereen ruim van tevoren zult laten weten wanneer je beschikbaar bent (vergeet niet dat je hier te maken hebt met een angstig kind. Ga voorzichtig te werk!).

Misschien wil je het eerst flexibel proberen, voordat je parttime gaat werken. Het inleveren van geld moet altijd de laatste optie zijn. Maar als het niet anders kan, en je wilt het ook, dan moet jij (!) tijdens deze onderhandelingen precies duidelijk maken wat jouw verwachtingen zijn. Heel veel bazen zijn bang dat jij op zoek bent naar een 'speciale behandeling'. Je moet eerlijk zeggen dat je beseft dat je niet minder kunt gaan werken zonder minder te gaan verdienen. Je wilt graag een eerlijke deal en over alles kan in openheid gesproken worden.

4. 'Ik zal me ook flexibel opstellen.'
Benadruk dat je flexibel zult omgaan met je flexibiliteit.

Voor Christine Heenan is wisselwerking essentieel. In haar communicatieteam hebben vijf van de tien mensen een flexibel werkrooster. Het maakt haar niet echt uit wanneer of waar haar werknemers werken, zolang ze het werk maar gedaan krijgen. Het heeft haar heel veel moeite gekost om tegemoet te komen aan de wensen van haar collega's en nu verwacht ze ook dat zij hun werktijden aanpassen wanneer de nood aan de man komt.

'Ik vind het heel belangrijk om te weten dat hun flexibiliteit flexibel is. Ik heb bijvoorbeeld net een nieuw iemand aangenomen, Kim, die op maandag, woensdag en vrijdag werkt. Gisteren, toen ik op weg was naar Washington, werd ik gebeld met de boodschap dat er die ochtend om negen uur een vergadering op het gemeentehuis zou zijn; blijkbaar wist men niet dat ik er niet was. En dus belde ik Kim op en zei: "Kim, ik kan niet naar die vergadering toe, kun jij gaan?" En zij zei: "Ja hoor, ik heb alleen wat achtergrondinformatie nodig." Ik was het gesprek niet begonnen met te zeggen: "Ik weet dat je eigenlijk niet werkt op dinsdag", en zij begon haar antwoord ook niet met: "Eigenlijk werk ik niet op dinsdag." Maar er zal ook wel een keer een vrijdag komen waarop Kim ergens anders heen moet en ook dan zullen we er uitkomen. Ik denk dat wanneer je te veel vasthoudt aan heel die flexibiliteit waarom je gevraagd hebt, dat het dan problematisch wordt. Flexibiliteit moet van twee kanten komen,' zegt Heenan.

Kom met plannen voor eventuele onverwachte gebeurtenissen. Wanneer het eens een keer niet zo lekker loopt op het werk en jij dan moet komen werken op je vrije vrijdag, laat dan duidelijk merken dat dat mogelijk is. Stel voor dat je dan graag de week daarna een dag vrijneemt, wanneer het allemaal weer wat rustiger is.

Angelique Krembs, marketing director bij PepsiCo en al vijftien jaar werkzaam bij dat bedrijf, is net weer begonnen met fulltime werken, nadat ze twee jaar lang vanuit huis gewerkt heeft aan projecten. Het werkte allemaal heel goed, voornamelijk omdat zowel zij als het bedrijf haar best deed om flexibel te zijn.

'Het moet van twee kanten komen,' zegt ze. 'Pepsi toonde een enorme flexibiliteit naar mij en dus deed ik naar hun kant hetzelfde.'

Ze zag op tegen de reactie van het bedrijf toen ze hen moest vertellen dat ze, na een verlengd zwangerschapsverlof, nog niet klaar was om weer aan het werk te gaan. 'Ik dacht dat ik ontslag zou moeten nemen,' herinnert ze zich. Maar de reactie deed haar steil achterover slaan. 'Vertel ons wat voor jou de beste oplossing zou zijn,' hadden ze bij personeelszaken gezegd. 'Ik was verrast,' geeft ze toe. Aangenaam verrast. En het bedrijf was haar ook ter wille toen ze vroeg of ze nog wat langer vanuit huis kon werken. In ruil daarvoor, zegt ze, was ze graag bereid om, toen ze haar dat vroegen, aan de slag te gaan met een project waarmee ze maanden lang veel drukker was dan ze eigenlijk gewild zou hebben.

En PepsiCo heeft nu weer een waardevolle werknemer terug op het hoofdkantoor.

5. *'We zullen mijn resultaten meteen meten, om te beginnen tijdens een proefperiode.'*

Wanneer je volgens je eigen schema werkt, is het nog belangrijker om resultaten te kunnen meten. Stel je baas dus gerust door concrete manieren aan te dragen waarop ze je prestaties kan beoordelen, zelfs wanneer je niet lijfelijk aanwezig bent.

Hier zijn een paar manieren om te bedenken wat er volgens jou precies beoordeeld kan worden, en hoe:

Jody Thompson van Best Buy ontdekte dat ze dit makkelijker vond dan ze gedacht had. 'Alles kan gemeten worden. Wij ontdekten dat dingen die subjectief zijn, ook gemeten kunnen worden,' zegt ze. 'Dus wanneer ik bijvoorbeeld werk doe dat gebaseerd is op kennis, dan zou dat afgemeten kunnen worden aan de hand van klantenservice of interne klanttevredenheid. En als je je bedrijf dwingt om je rol te beschrijven, kan dat enorme strategische voordelen opleveren bij het echt proberen te kijken naar wie wat doet en waarom,' voegt ze eraan toe. 'In een meer flexibele omgeving, waarin het niet enkel gaat om het aantal gewerkte uren van een werknemer, moet je je echt afvragen: "Waarom is deze persoon hier, wat moet hij doen voor dit bedrijf en hoe kan ik dat beoordelen, omdat ik het niet meer afmeet aan de hand van het aantal gewerkte uren." We hebben ontdekt dat elk individueel persoon een manier kan vinden om zijn output te meten,' zegt Jody.

Hier volgt een concreet voorbeeld van zo'n criterium waar we het eerder over hadden. Dit is hoe Chandra Dhandapani de doelstellingen voor haar werknemers bij Capital One bepaalt en het laat zien hoe duidelijk het kan zijn.

'Een van mijn collega's heeft de leiding over een interne afdeling waar zo'n 80 mensen en een paar belangrijke verkopers werken. Voor haar heb ik een aantal specifieke doelen gesteld, waaronder:

a) Verminderen van het aantal schriftelijke klachten van klanten naar niet meer dan x per 100.000 geregistreerde klanten.

b) Het bereiken van 100 procent resultaat voor het oplossen van klantproblemen; los bijvoorbeeld prioriteitsklachten binnen een bepaalde tijd op.

c) Opzetten van een kwaliteitsgarantiefunctie om een acceptabele balans te krijgen bij Customer Experience, Efficiency en Effectiveness (CEEE).

Bovendien meet ik ook elk kwartaal de betrokkenheid en de moraal van haar team.'

Het maakt Chandra niet uit waarvandaan deze collega werkt of hoeveel uren ze werkt, zolang deze resultaten maar behaald worden.

'Sinds ik haar succes afmeet aan de hand van duidelijke doelstellingen en prestaties, hoef ik me niet meer druk te maken over de geklokte werktijd of waarvandaan ze werkt,' zegt ze. 'Deze regeling werkt goed voor ons allebei en zij is nu een van onze continu goed presterende werknemers. Mijn ervaring is dus dat medewerkers de neiging hebben om het uiterste te geven wanneer zij het gevoel hebben dat het bedrijf hen als individuen ziet. De werk-levenbalans wordt niet meer als een win-verliessituatie ervaren.'

In een minder meetbare omgeving is dit natuurlijk moeilijker, maar nog steeds niet onmogelijk. Christy Runningen van Best Buy, die daar prestatiecoach is, zegt dat de doelstellingen die zij samen met haar baas vastlegt, een mix zijn van hoeveel mensen zij in het beste geval per week zou kunnen helpen en een paar minder meetbare dingen als de kwaliteit van het advies en de hulp die ze verleent. Die gegevens worden verzameld uit de verhalen van werknemers en collega's.

'We proberen de gemiddelde mening te peilen,' legt ze uit. 'Uiteindelijk hebben we een concreet en duidelijk cijfer nodig, want mooie verhaaltjes zijn natuurlijk leuk, maar we zijn wel een bedrijf dat gebaseerd is op cijfers.'

Wanneer je zulke metingen kunt uitvoeren en een proefperiode van bijvoorbeeld drie maanden voorstelt, met aan het eind een officiële bespreking, wie kan er dan nog nee zeggen? Die proefperiode is belangrijk. Voor zo'n korte periode zullen de meeste mensen graag een nieuw rooster willen uitproberen, vooral wanneer ze weten dat de mogelijkheid bestaat om later bepaalde aspecten van dat schema te kunnen aanpassen. Feit is dat, wanneer je het goed aanpakt, het heel moeilijk voor hen is om terug te draaien wat al in gang gezet is.

Regel 6: onthoud dat je te maken hebt met een nerveus kind. Er zijn zorgen waaraan jij nooit gedacht had

Laten we je meerderen nog wat meer womenomics-aandacht geven en eens goed kijken naar de minder voor de hand liggende zorgen die werkgevers hebben met betrekking tot flexibiliteit. Waarschijnlijk kunnen de meeste zorgen relatief makkelijk aan de kant geveegd worden, maar je zou toch een hoop waardevolle informatie missen wanneer wij niet even in de schoenen van de baas zouden gaan staan en je waarschuwden voor de zakelijke zorgen waaraan jij waarschijnlijk nooit gedacht hebt.

Zorg nummer één: dit opent de doos van Pandora
Dit is waarschijnlijk de grootste zorg van alle bazen – het domino-effect. 'Wanneer ik het Jane toesta, dan wil Sharon het natuurlijk ook,' vertellen ze ons, 'en waar houdt het dan op? Voor je het weet werkt het hele kantoor op een zelfgekozen tijd en plaats.' O god, beman de barricades, dit is de Koude Oorlog van de alternatieve werkroosterrevolutie! Behoed ons voor de Roze Terreur!

Misschien dat hij je dit allemaal niet vertelt, terwijl hij staat te twijfelen, maar wanneer je denkt dat het nodig is, laat hem dan voorzichtig het volgende weten: een heel groot Amerikaans bedrijf heeft onderzoek gedaan naar deze kwestie en ontdekt dat er geen risico op groot ethisch gevaar is. Accountants van Deloitte & Touche hebben voor het hele bedrijf een flexibel werkprogramma, maar ze hebben ervaren dat over het algemeen slechts 10 procent van het hogere personeel hier ook echt voor kiest. De overige 90 procent is gelukkig met de traditionele werkstructuur. De meeste dominosteentjes staan dus nog gewoon overeind.

Zorg nummer twee: kan ik Polly wel, maar Pam niet belonen?

'Wat gebeurt er wanneer ik Emily zo goed vind dat ik haar wil houden en haar dus wil toestaan om vanuit huis te gaan werken, wat ze zo graag wil, maar het niet goed vind voor Anna, die minder goed presteert?' is een veelvoorkomende vraag onder bazen.

Valerie Jarrett zegt dat dat precies is wat zij ondervond. 'Ik wil vooral altijd eerlijk zijn,' zegt ze. 'Wanneer je voor iemand een uitzondering toestaat, zul je eerst moeten nagaan bij jezelf wat je gaat doen wanneer opeens iedereen diezelfde uitzondering wil. En of het bij iedereen zou werken, of dat het terecht is om het niet bij iedereen toe te staan.'

'Er zullen probleemgevallen zijn waarbij iemand die het minder goed doet, ook vraagt om een parttime situatie. Dan heeft een werkgever het niet makkelijk,' zegt Michael Nannes.

Maar Nannes' ervaring is dat een discussie over alternatieve werkroosters ook een positief neveneffect kan hebben, namelijk een gesprek over de prestaties van werknemers in het algemeen. 'Het heeft al een aantal keer gezorgd voor een eerlijke discussie over iemands carrièreverloop,' zegt Nannes.

Wat denken wij hiervan? Misschien dat je het niet zo kan zeggen, maar de kwestie van 'Anna is niet zo goed' is wel degelijk iets waarover gepraat moet worden, of het nu om het werkrooster gaat of niet. Benadruk je geweldige prestaties en jij zult die goede deal echt wel krijgen.

Zorg nummer drie: hoe om te gaan met de tijd

Werkomgevingexpert Tory Johnson zegt dat het voor veel werkgevers belangrijk is hoeveel tijd iemand op kantoor doorbrengt. 'Ik denk zeker dat het voor iedereen van belang is, zowel voor de carrière als voor de persoonlijke groei, om aanwezig te zijn bij vergaderingen,' legt ze uit. 'Je hebt dan de mogelijkheid om je kennis en talent te laten zien aan een publiek waarmee je normaal gesproken misschien niet zo snel in aanraking komt. Je ontmoet er nieuwe mensen en nieuwe ideeën.'

Valerie Jarrett, die de leiding had over de Habitat Company

voordat ze in het Witte Huis ging werken, zegt dat ze er de voorkeur aan geeft om mensen ook daadwerkelijk te zien. 'Ik ben totaal verslaafd aan e-mail, maar ik vind het niet prettig om alle serieuze gesprekken via de mail te hebben. Ik houd ervan wanneer mensen moeten opstaan, hun kantoor moeten verlaten, de gang door moeten, moeten gaan zitten en met elkaar gaan praten. Zo veel zaken zijn gebaseerd op vertrouwen en relaties en dingen samen doen, en ik denk echt dat we een beter product afleveren wanneer we dat in stand houden.'

Michael Nannes is de managing partner van het grote advocatenkantoor Dickstein, Shapiro in Washington D.C. Daarnaast wordt hij door de vrouwelijke advocaten gezien als een halfgod, omdat hij het bedrijf flexibel gemaakt heeft met als doel de advocaten ook nog een leven te gunnen. Toen hij zelf kinderen kreeg, realiseerde hij zich dat het belangrijk was om tijd met hen te kunnen doorbrengen en dus is hij meer dan bereid om mee te werken aan de verschillende werkroosters van anderen. Hij heeft bijvoorbeeld een advocaat die de hele zomer vrij neemt om een zwemteam te kunnen coachen. 'Als je je werk maar af hebt, daar gaat het om.'

Maar Nannes heeft wel een belangrijk advies voor iedereen die denkt dat hij zomaar altijd vanaf huis kan gaan werken – je baas zal dat niet leuk vinden, en terecht.

'Ik bedoel, je moet wel beschikbaar zijn. Je moet gezien worden. Aanwezig zijn is belangrijk. Wanneer er iets nieuws gebeurt moet je een deur verderop zitten. Of er is een nieuwe ontwikkeling en mensen zitten in hun kantoor of vergaderruimte en gaan daarover nadenken of ideeën uitwisselen – aanwezig zijn is wel degelijk nuttig.'

Dus wanneer je nadenkt over je ideale werktijden en je je afvraagt waarom niet alles vanaf een andere locatie gedaan kan worden, bedenk dan dat de bazen gegronde redenen hebben om je af en toe op kantoor te willen hebben. De liefde van de baas voor een goede vergadering moet niet worden onderschat!

Zorg nummer 4: ik krijg hierdoor meer werk
Wellicht denkt jouw baas dat het makkelijker is om mensen die elke dag van negen tot vijf aanwezig zijn te besturen, dan mensen met individuele werkarrangementen en dat jouw flexibele plan hem dus meer werk zal opleveren. Dat is ook de reden dat de grootste sceptici wat betreft flextime de managers zijn die er veel mee te maken krijgen, en die dan vaak liever voor de makkelijkste weg kiezen. Bruce Tulgan zegt dat sommige managers zeker wel wat bijscholing kunnen gebruiken.

'Managers vinden het nog steeds erg belangrijk om te weten waar iedereen is, omdat dat het makkelijkst te beoordelen is,' legt Tulgan uit. 'Het is iets zichtbaars. Anders zul je echt heel goed moeten zijn in het meten van resultaten en dat is veel moeilijker. Maar het voordeel is wel dat het veel beter voor de zaak is.'

Denk eraan dat je duidelijk maakt dat je het makkelijk zult maken voor hem en dat, wanneer hij zich meer gaat richten op de resultaten, hij uiteindelijk heel slim zal overkomen.

Zorg nummer vijf: de klanten
Dit geldt vooral voor advocatenkantoren en investeringsbanken en hoge zakelijke functies en het is een van de redenen waarom sommige grote bedrijven niet echt stonden te springen om mogelijkheden voor een betere werk-privébalans aan te bieden. 'Het is een probleem omdat veel van die bedrijven liever niet hebben dat een klant weet dat zijn advocaat minder dan fulltime werkt,' zegt Deborah Epstein Henry van Flextime Lawyers.

Maar grote advocatenkantoren ontdekken inmiddels ook dat hun klanten getraind kunnen worden. Steeds meer kantoren bieden parttime partnerschappen aan. Advocaten behandelen vaak meerdere zaken tegelijk en klanten moeten – nu dus ook al – toch al vaak op hun reactie wachten.

Regel 7: haal voordeel uit de economische situatie

In womenomics kan een economische recessie in je voordeel worden gebruikt. Overal zullen bazen op zoek zijn naar manieren om kosten te besparen, dus wanneer jij een werkrelatie voorstelt die hen wat kan besparen op het gebied van salarisuitbetaling, zullen ze waarschijnlijk meteen ja zeggen. Maar wanneer jij gewoon wat flexibeler wilt gaan werken, krijg je misschien ook wel groen licht – veel bazen zoeken namelijk naar manieren om medewerkers te belonen op een manier die geen geld kost.

Denk dus goed na over wat jij wilt en, nogmaals, wat je bedrijf op dit moment nodig heeft. Maak van dit alles gebruik tijdens je onderhandelingsgesprek.

'Bob, ik begrijp dat het dit jaar moeilijk is om de gebruikelijke bonussen uit te betalen en ik wil je graag een alternatief aanbieden. Ik zou het echt zien als een bewijs van je vertrouwen in mijn werk en tevredenheid met mijn resultaten, wanneer wij een situatie zouden kunnen creëren waarin ik twee dagen per week vanuit huis kan werken.'

Of: 'Virginia, ik weet hoe moeilijk het bedrijf het op dit moment heeft. En ik weet dat vastgoed op het moment behoorlijk prijzig is en dat jij meer kantoorruimte nodig hebt. Wat dacht je ervan wanneer we hier voor iedereen een win-winsituatie van maken – ik werk de meeste dagen vanuit huis en dan kan onze nieuwe vicepresident mijn kantoor hebben.'

Of: 'Charles, ik weet dat je je zorgen maakt over die noodzakelijke ontslagen. Weet je nog dat ik vorig jaar om een vierdaagse werkweek vroeg? Wat dacht je er nu van? Het zou het bedrijf toch weer een beetje helpen.'

Claires verhaal: 'Ik had al sinds jaren een soort "onofficiële" flexibele relatie met mijn bedrijf. Nadat mijn eerste kind geboren was, had ik gevraagd om een vierdaagse werkweek, maar men vond dit niet passen bij mijn functie binnen het bedrijf. Maar ABC liet me wel vaak vanuit huis werken en vond het niet per se noodzakelijk dat ik altijd op kantoor was, waardoor het voor mij makkelijker werd om de boel in balans te houden. Toch bleef ik altijd hopen dat ik de situatie nog eens formeel zou kunnen maken – om letterlijk geld voor tijd in te ruilen – zodat ik eens zou afkomen van die schuldgevoelens, die ik elke keer weer voelde wanneer ik voor een opdracht of reis bedankte. Het bedrijf leek het echter gewoon niet te willen. Maar vorig jaar – toen ik aan dit boek bezig was – kreeg ABC het financieel behoorlijk lastig. Het bleek de perfecte situatie te zijn om tot een nieuwe deal te komen die, jawel, voor een lager salaris zorgde (au), maar ook voor minder uren en aanspraak op mijn tijd. Het blijkt voor ons allemaal perfect te werken en ik weet zeker dat ABC hier nooit over had willen nadenken wanneer het financieel niet zo slecht gegaan was.'

Cynthia Trudell, hoofd personeelszaken bij PepsiCo, zegt dat dit de ideale tijd is om eens beter te gaan kijken naar efficiëntie en mogelijke besparingen.

'Misschien dat je eigen werknemers wel minder of anders willen gaan werken en, aangezien zij waarschijnlijk veel waardevoller zijn dan een consultant, kan dat heel effectief zijn.'

Bovendien, zegt ze, begrijpen bedrijven heel goed dat het ook een manier kan zijn om de moraal wat op te peppen.

'De werkdruk kan groter worden en in moeilijke tijden als deze is het belangrijk dat mensen in het bedrijf blijven geloven en het gevoel krijgen dat ze enige controle over hun tijd hebben. Het helpt om wat beter door die moeilijke periode heen te komen.'

Regel 8: nu je je deal gekregen hebt, moet je die niet als vanzelfsprekend ervaren, of: het gaat allemaal om de communicatie, domoor

Je hebt dus je geweldige deal voor elkaar gekregen, maar denk nu niet dat alles voortaan rozengeur en maneschijn is, dat het nieuwe schema vanzelfsprekend is en dat iedereen nu altijd blij zal zijn. Jouw 'nieuwe alles' is als een tropische bloem die uitgebreide verzorging nodig heeft – prachtig, maar veeleisend.

- Het spreekt voor zich dat je zult moeten blijven presteren. Je moet niet denken dat je aan deze deal kunt beginnen als iemand die altijd goed presteert en die dan opeens een jaar later niets meer doet. Of het nu in een café, je keuken of in een strandhuisje is, je zult je salaris moeten blijven waarmaken! Sorry!
- Zorg ervoor dat je regelmatig bij je bazen checkt of ze nog steeds meewerken. Er is niets zo erg als op een dag op kantoor komen en ontdekken dat je baas je thuiswerkdag/vrije dag/verkorte werkweekprivileges opeens heeft herroepen vanwege een sluimerende ontevredenheid, waarvan jij geen flauw benul had.
- Wees proactief met contact houden. Laat collega's weten dat, hoewel je lijfelijk afwezig bent, je van hen verwacht dat ze je bellen wanneer dat nodig is. Of ga nog een stapje verder en zorg dat je hen belt, om het ijs te breken.

Chandra Dhandapani's systeem bij Capital One werkt zo goed voor vrouwen omdat het zo normaal is. Niet alleen worden de resultaten gemeten op een manier zoals eerder beschreven, ze hebben net zo'n rigoureus systeem voor het in stand houden van de communicatie tussen de werkgever en de werknemer om gericht te blijven op die doelstellingen. Het bedrijf heeft een regelmatige communicatie tussen de werknemers en hun bazen, in de vorm van tien-tien-vergaderingen, waarbij beide partijen tien minuten krijgen om hun zorgen of vragen duidelijk te maken.

'*Ten tens* zijn altijd één-op-één-vergaderingen tussen een manager en zijn ondergeschikte en worden normaal gesproken eens per week of twee weken gehouden. Ik gebruik die van mij om:

a) samen met mijn ondergeschikten te kijken hoe ver ze zijn wat betreft hun doelstellingen. (Daarnaast check ik wekelijks de voortgang en resultaten van hun kernactiviteiten.)

b) te kijken hoe iedereen het op individueel niveau doet – hun stemming, gevoelens van stress, werklast en of ze hulp nodig hebben van mij bij bepaalde problemen.

c) feedback uit te wisselen – dit soort gesprekken gaan twee kanten op, ik geef hun feedback over hoe zij het in mijn ogen doen en zij geven mij feedback over onze interactie, de afdelingsdirectie of iets anders waar ze mee zitten.'

Vergeet niet dat je iets nu op een andere manier doet en soms vinden mensen dat raar, bijna gênant; het is dus aan jou om de communicatie open en toegankelijk te houden. Melissa James van Morgan Stanley zegt dat bazen deze communicatiekwestie een van de moeilijkste dingen vinden wanneer iemand vanuit huis werkt.

'Mensen weten niet hoe ze over dit soort dingen eerlijk kunnen praten.' Melissa vertelt dat managers vaak denken: wat moet ik zeggen? Hoe moet ik het zeggen? Wanneer deze persoon gevraagd heeft om meer flexibiliteit op de werkplek, dan wil ik niet te veel van haar eisen, dus is het dan wel geoorloofd om haar te vragen iets te doen? Ik heb bijvoorbeeld gehoord van situaties waarin vrouwen op een bepaalde dag vanuit huis werken en dat dan niemand hen op die dag durft te bellen en dat maakt de situatie er alleen maar erger op. Mensen voelen zich ongemakkelijk. Ik denk dat sommige managers bang zijn voor dit soort werkarrangementen, omdat ze niet weten wat de verwachtingen zijn.'

De truc is om je bazen te laten merken dat je beschikbaar en toegewijd bent – zonder altijd beschikbaar en toegewijd te zijn! Wanneer je een geweldige baas hebt, zal het allemaal prima verlopen. En anders zul je al snel merken dat ze misschien misbruik van de situatie willen maken en dan zul je ze daarop moeten aanspreken. Maar alles zal altijd makkelijker gaan wanneer je bent blijven communiceren over je situatie.

Hier volgen een paar duidelijke signalen die erop wijzen dat je baas niet blij is met jouw deal.

Signaal: de hoeveelheid belangrijke projecten waaraan jij gewend bent te werken, wordt plotseling minder.

Oplossing: begin erover en vraag waarom dit zo is. Komt het omdat je baas niet tevreden is over je prestaties, of is het gewoon een kwestie van 'uit het oog uit het hart'? Probeer een manier te vinden om jezelf weer in the picture te krijgen en zorg dat je prestatieniveau hoog, hoog, hoog blijft.

Signaal: belangrijke beslissingen worden zonder jou genomen.

Oplossing: probeer erachter te komen of dit komt omdat je er toevallig die dag niet was, of dat er meer achter zit. Word niet paranoïde, maar blijf met je collega's en je baas communiceren. Misschien moet je je ervan verzekeren dat er geen belangrijke beslissingen worden genomen op je vrije dag, of je schema aanpassen, of telefonisch mee vergaderen.

Signaal: iemand die minder gekwalificeerd is dan jij krijgt de promotie die jij eigenlijk zou moeten krijgen.

Oplossing: vraag waarom dit zo is. Zijn je prestaties verminderd of heeft jouw speciale deal ervoor gezorgd dat men je minder is gaan waarderen? Communicatie moet van twee kanten komen, maar het is aan jou om die communicatie gaande te houden. Je weet dat je je kortetermijnverwachtingen moet bijstellen wanneer je minder gaat werken, maar wanneer je het gevoel hebt dat de beslissing onrechtvaardig was, zorg dan dat je een gesprek aangaat met je werkgevers en controleer of de deal voor hen ook nog steeds geldt.

Uiteindelijk komt het toch elke keer weer neer op praten, over alles – op elk niveau.

Melissa heeft een werknemer die op vrijdag vanuit huis werkt, maar af en toe vindt ze het toch nodig dat ze op die dag naar kantoor komt. 'Ik durf best tegen haar te zeggen: "Luister, je moet het me zeggen als het niet gaat. Wanneer dit op de een of andere manier niet werkt, dan moet je me dat vertellen, want ik heb geen zin om te moeten raden en ik kan je gedachten niet lezen. En andersom geldt hetzelfde: wanneer het voor mij niet werkt, dan zal ik je dat ook zeggen."'

Het verschil tussen de bedrijfstakken en bedrijven van Melissa James en Chandra Dhandapani had niet groter kunnen zijn. De een is investeringsbankier, de ander werkt in de autofinancieringsbusiness. De een in New York, de ander in Plano, Texas. De een moest haar flexibiliteit zelf creëren, nadat ze erover had moeten onderhandelen in een wereld waar dit echt een uitzondering is. De ander kreeg haar nirwana praktisch op een presenteerblaadje aangeboden – zij heeft het geluk dat ze werkt voor een bedrijf waar een acht-tot-zes-kantoorbaan klinkt als, nou ja, iets uit het Stenen Tijdperk. Maar deze twee vastbesloten vrouwen bleven allebei geloven in het behouden van hun eigen, gekoesterde werkleven en het realiseren van flexibiliteit voor degenen die onder hen werken – zoals dat ook geldt voor het huwelijk, kinderen, vrienden, het leven – het draait allemaal om de communicatie.

Regel 9: weet wanneer het tijd is om ontslag te nemen

Luister, we zullen het maar eerlijk toegeven – het is natuurlijk mogelijk dat regels 1 tot en met 8 niet werken. Wanneer dat zo is, pas je regel 9 toe. Soms is het gewoon zo dat, hoe zorgvuldig jij je ideeën ook probeert uit te leggen, je baas nog steeds niet alle zorgen van zich af kan zetten. Wanneer jij echt alles geprobeerd hebt en nog steeds niet van je onverzettelijke baas het arbeidsleven krijgt dat jij wilt, dan weet je dat het tijd is om ontslag te nemen.

Christy Runningen van Best Buy realiseerde zich dat voordat ze in een Results Only Work Environment (ROWE) terechtkwam. Toen ze leed onder die weer-aan-het-werk zondagavondblues, waarover we eerder schreven, probeerde ze alles wat ze maar kon bedenken om tijd vrij te maken om bij haar kinderen te kunnen zijn. Het stressniveau werd ondraaglijk. Uiteindelijk maakte ze gebruik van een 'zomeruren'-systeem, dat het haar mogelijk maakte om haar fulltime werkweek in viereneenhalve dag te persen. Ze begon maandagochtend heel vroeg, werkte hard door tot vrijdagmiddag twaalf uur en had dan de middag vrij om met haar kinderen door te brengen.

'Ik berekende al mijn tijd en uren en zei: "Ja, op vrijdag om twaalf uur heb ik er meer dan 45 uur opzitten",' herinnert ze zich. 'Ik vond het zo geweldig dat ik met mijn dochter naar het zwembad kon en de middag met haar kon doorbrengen.'

Totdat haar baas moeilijk begon te doen op vrijdagen. 'Hij zei dingen als: "Ik werk door, dus jij zou ook door moeten werken."' Alleen al bij de herinnering rilt Christy van frustratie. 'Ik probeerde het hem uit te leggen: "Je realiseert je zeker niet dat ik hier al om zeven uur ben, dat ik eigenlijk meer uren maak dan jij."'

Christy begon echt in paniek te raken. Ze probeerde precies duidelijk te maken wat zij deed, legde hem alles uit, maar realiseerde zich dat ze er met deze baas niet uit zou komen. 'Het was me duidelijk dat dit voor mij niet werkte en dat ik niet zo wilde leven. Dat muggenziften over het aantal uren dat ze me op kantoor zagen en het moeten bewijzen dat ik slechts een half uurtje weg zou blijven voor de lunch, zodat ik weer wat tijd kon verzamelen om bij mijn dochter te zijn.'

Ze begon plannen te maken om het bedrijf te verlaten en dacht erover na om een kinderdagverblijf te beginnen, in haar wanhoop om aan de gevangenisachtige stress te ontkomen. Uiteindelijk werd ze gered. Eerst ging de manager weg. Gerechtigheid! Ze kwam in een ander team terecht, werd lid van een van Best Buy's ROWE's en heeft nooit meer achteromgekeken. 'Het leek alsof de hemel zich opende,' zegt ze nu lachend. Maar als het toeval niet had meegewerkt, dan weet Christy zeker dat ze haar baan zou hebben opgezegd.

Voor Jennifer Winell betekende ontslag nemen niet alleen het afscheid van haar baan, maar ook dat haar jarenlange opleiding tot orthopedisch chirurg voor niets geweest was. Het was haar passie. Het was ook een vakgebied waarin je maar weinig vrouwen ziet – slechts een procent van alle orthopedisch chirurgen is vrouw. Nadat ze haar diploma gehaald had, kwam Jennifer terecht in een druk ziekenhuis in New York, waar ze bijna continu dienst had, zelfs nog vaker dan de andere chirurgen, omdat zij de enige kindergeneeskundige was. 'Het was enorm stressvol en ik voelde me net de hond van Pavlov; wanneer mijn pieper afging begon mijn hart al tekeer te gaan en had ik het gevoel van: o god, ik kan dit niet,' herinnert ze zich.

Tijdens haar twee jaar in het ziekenhuis probeerde ze alles om de boel een beetje onder controle te houden, maar er werd gewoon te veel van haar verwacht. Jennifer wist dat ze ooit wilde trouwen en kinderen krijgen maar het was haar duidelijk dat het in haar beroep, volgens haar een typische 'old boys club', nooit mogelijk zou zijn om de flexibele werktijden te krijgen die nodig waren om een gezin te hebben. 'Het was niet eens bij me opgekomen om zoiets te vragen,' zegt ze. 'Dat zou ongehoord zijn.'

Uiteindelijk besloot Jennifer niet alleen om ontslag te nemen en een poosje niet te werken (een periode waarin ze haar echtgenoot ontmoette), maar keek ze ook met een meer realistische blik naar wat haar volgende stap zou zijn. Ze bekeek ziekenhuizen, praktijken en alles wat met orthopedisten te maken had. Uiteindelijk besloot ze om, na zes jaar opleiding, te stoppen met opereren. Ze ging aan de slag bij een team waarin ze vier dagen per week kan werken. Ze doet nu onderzoek in welke gevallen een operatie nodig is en in welke niet. En ze heeft een baby gekregen. 'Er zijn zeker dingen van vroeger die ik mis,' geeft ze toe, 'maar tegelijkertijd is het me zeer veel waard om niet meer continu oproepbaar te zijn.'

Zoals met alles zijn er ook bij het nemen van ontslag goede en slechte manieren. Wij raden je aan om waardig ontslag te nemen, op een manier waarbij je niet alle schepen achter je verbrandt. Probeer de neiging om naar buiten te stormen en de deur achter je dicht te slaan te onderdrukken.

1. Kies een moment waarop je je emoties onder controle hebt. Ja, wij proberen in dit boek onze diepste vrouwelijke kanten aan te boren, maar een vertrek zonder tranen heeft zoveel meer klasse, en maakt veel meer indruk.

2. Vertel duidelijk de redenen voor je vertrek en wees overdreven positief over die baan die je haat en die je nu gaat verlaten. 'Bob, ik vind het heel naar dat ik je dit moet vertellen, maar nu ik er goed over heb nagedacht, heb ik besloten dat het tijd is voor mij om iets anders te gaan doen. We hebben echt heel fijn samengewerkt en geweldige zaken gedaan, meer dan wie dan ook had gedacht, maar ik ben bang dat ik niet langer op deze manier kan blijven werken. Ik hoop dat je het begrijpt en dat we misschien in de toekomst nog eens zaken met elkaar kunnen doen.' Leg de nadruk op de dingen die jullie bereikt hebben – zonder op te scheppen – geef je baas weer de eer, en som kort en bondig je eisen op.

Doe niet al te dramatisch over die schoolvoorstellingen en de carpool en je leven dat tot chaos verworden is.

3. Wees zeker over je boodschap en je doel. Je moet het menen. Wanneer je nog steeds een beetje denkt dat dit een onderdeel van de onderhandeling is en een allerlaatste verontschuldiging, en je een geweldig aanbod van die nare man voor je verwacht, dan merkt hij dat.

4. Besef dat je baas geschokt kan reageren ('Wat – je verlaat deze hemel op aarde?'), in paniek kan raken ('Wat zal het management over me zeggen, dat ik Sally kwijtraak.'), of oprecht spijt kan tonen ('Ik had niet verwacht dat het zo ver zou komen, misschien dat er nog een oplossing mogelijk is?') Misschien dat hij je vraagt wat er nodig is om je hier te houden, of zelfs iets aanbiedt. Het is gewoon een slimme machtsstrategie. En zelfs nu je de hele womenomics-training hebt doorlopen, zal dat verlangen om iemand een plezier te doen, de boel glad te strijken, heel erg verleidelijk zijn. Verzet je ertegen, vooralsnog in ieder geval.

5. Denk na, en goed ook, over dit tegenaanbod. Wanneer ze een poging doen om je te houden, komen ze dan echt tegemoet aan je wensen? Of zijn het slechts mooie woorden? Geloof je, ondanks de eerdere tegenzin, dat ze echt in staat zullen zijn om de dingen anders te doen? Soms is het zakelijke verzet, of de hebzucht van het bedrijf gewoon te sterk. Hier is het goed om naar je instinct te luisteren. Wanneer je het niet zeker weet, stel dan een proefperiode voor.

We weten dat ontslag nemen traumatisch kan zijn, maar er is ook een groot voordeel. Het geeft je de kans om een nieuwe start te maken, om een bedrijf of bedrijfstak te vinden waarin jij kunt werken zoals je dat echt graag zou willen. Je hebt als kersverse womenomics-vrouw de plicht om verder te gaan en te vinden wat jij wilt. Wij laten je zien hoe je dat doet.

Nieuws waar je wat aan hebt

1. Bekijk precies hoe je voorgestelde vrijheid er in de praktijk zal uitzien, tot in de kleinste details.
2. Gebruik het bedrijf in je voordeel.
3. Probeer van tevoren te bedenken wat de zorgen van je baas zullen zijn en kom meteen met oplossingen.
4. Ken je womenomics-kracht en de productiviteitsstatistieken uit je hoofd.
5. Weet wanneer je ontslag moet nemen, en op wat voor manier.

8

Een womenomics-wereld

Wanneer dit je moment is voor een nieuw begin, gefeliciteerd. Wanneer je ontslag hebt genomen, bent vervangen, of zelfs ontslagen, ziet de toekomst er mooier uit dan wat achter je ligt. Misschien dat je je nerveus of onzeker voelt, maar je vooruitzichten en die van alle vrouwen die smachten naar een evenwichtiger arbeidsleven zijn beter dan ooit. Door heel het land voeren bedrijven inmiddels flexibiliteit als standaardpraktijk in, waardoor de noodzaak voor die martelende, individuele onderhandelingen is weggenomen. Je bent op het juiste moment aan je zoektocht begonnen – het werkende leven dat jij wilt, ligt nu binnen handbereik.

En misschien dat je, in plaats van je huidige baan zo aan te passen dat hij tegemoetkomt aan je wensen, in staat bent om een nieuw model te vinden dat precies daaraan voldoet. Geen aanpassingen meer! Trouwens, dit geldt voor iedereen die op zoek is of gewoon vanuit haar huidige baan aan het rondkijken is. In dit hoofdstuk leer je niet alleen hoe je een potentiële werkgever die aan je wensen kan voldoen herkent, maar we laten je ook onze favoriete womenomics-vriendelijke bedrijven zien. Hun voorbeeld verandert onze werkwereld.

Een frisse start

Wanneer je een frisse start wilt maken, dan is de truc altijd om erachter te komen of een eventuele nieuwe werkgever alles is wat hij zegt te zijn. Hoe weet je zeker dat dit een bedrijf is dat past bij jouw womenomics-eisen? Wanneer je nadenkt over een nieuwe werkgever, is het natuurlijk makkelijk om vragen over de baan zelf te stellen; maar het is een stuk moeilijker om te vragen naar de betrokkenheid van de firma bij dingen die met de balans tussen werken en leven te maken hebben. Dus hoe ga je te werk?

Hier een advies vanuit een onverwachte hoek.

Net toen we zo'n beetje klaar waren met dit boek, vroegen we nog een keer aan alle vrouwen die we geïnterviewd hadden, hoe het nu met ze ging en kregen we verrassend nieuws van Christine Heenan. Weet je nog dat toen we Christine voor het eerst leerden kennen, ze net gevraagd was voor een baan aan de Harvard-universiteit en dat ze er redelijk zeker van was dat ze dat aanbod zou afslaan omdat ze haar fantastische, flexibele combinatie van werken en leven bij haar eigen communicatiebedrijf in Rhode Island niet wilde opgeven? Nou, ze is van gedachten veranderd. De geweldige Harvard-baan was te mooi om te weerstaan. Maar ze heeft die baan pas aangenomen nadat ze de universiteit duidelijk had gemaakt dat ze bepaalde eisen aan haar werktijden stelde.

Aan het einde van haar eerste sollicitatiegesprek werd Christine gevraagd of ze nog vragen had. Op dat moment begon ze over haar zorgen over haar werkende leven en dit is hoe ze dat deed. 'Ik zei: "Ik denk dat ik wel kan zeggen dat ik net zoveel en intensief werk als iedereen hier, maar ik denk wel dat ik anders werk. De meeste middagen ben ik om drie uur bij de school van mijn kinderen om ze af te halen en op vrijdag heb ik de leiding over een schoolkrantproject en die flexibiliteit is mij zeer veel waard. Wat heeft Harvard mij te bieden op het gebied van die balans tussen werk en privé?"'

Ze besefte dat de baan aan de Harvard-universiteit meer uren op kantoor zou betekenen dan ze gewend was, maar ze wist ook dat wanneer Harvard niet zou proberen om haar de mogelijkheid te geven om haar gezinsverplichtingen te blijven nakomen, ze de baan niet zou aannemen. Nu kan ze, omdat ze de zaak destijds formeel heeft voorgelegd, wanneer haar bazen gaan klagen omdat ze wat vroeger weggaat, hen eraan herinneren dat ze haar hiervoor destijds toestemming hebben gegeven.

Hier draait het om bij womenomics en daarom is het hele idee van de traditionele carrièreladder ook zo belachelijk: er zijn tijden waarin je je aanpast en er zijn tijden waarin je voor jezelf op moet komen, zoals Christine gedaan heeft. Maar op welk punt jij je ook bevindt, het is belangrijk om je ervan te vergewissen dat jouw nieuwe baan past bij de doelstellingen die je voor jezelf gesteld hebt in je leven. En vergeet niet dat er een groot verschil is tussen beleid en praktijk wanneer het op flexibiliteit aankomt.

Dit lijkt misschien logisch, maar het is toch de moeite waard om het nog even te vermelden. Doe je huiswerk. Lees over het bedrijf waar je wilt gaan werken op het internet, op je favoriete profielensite, in de lokale krant. Er zijn genoeg goede bronnen. Noteer de namen van mensen die je tegenkomt tijdens sollicitatiegesprekken en die je hierbij misschien kunnen helpen. Lees blogs die met het bedrijf te maken hebben. Ze kunnen een bron van betrouwbare informatie zijn. Bel iedereen die eerlijk en direct iets zou kunnen vertellen over verantwoordelijkheden of mogelijke problemen. Zulke contacten zijn ontzettend waardevol. Vraag andere vrouwen binnen het bedrijf hoe het er in de praktijk aan toegaat. En trouwens, een slimme werkgever beseft dat ook zij gecheckt kan worden!

'Ik blijf de managers er hier aan herinneren,' zegt David Rodriguez, hoofd human resources bij Marriott, 'dat wij constant geëvalueerd worden. Ergens op het internet zit een groep mensen die dit soort informatie met anderen deelt. Je kunt je niet verstoppen. Je kunt niet zeggen "ons bedrijf zit zo in elkaar" en denken dat niemand dat controleert.'

Bekijk alle details nauwkeurig. Elke werkgever heeft wel een paar vrouwen in dienst die een deeltijdbaan hebben of om drie uur naar huis gaan. Of haal het bedrijfshandboek erbij en wijs op de progressief klinkende beleidspunten. 98 procent van de advocatenkantoren bijvoorbeeld biedt parttime of flexibele werktijden aan. En hoeveel mensen maken daar daadwerkelijk gebruik van? 5 procent. 'Het laat maar weer eens zien hoe ongelooflijk gestigmatiseerd die roosters nog steeds zijn,' zegt advocate Deborah Epstein Henry.

Zelfs wanneer het bedrijf over het algemeen welwillend tegenover alternatieve werktijden staat, verzeker je er dan van dat dit ook geldt voor de afdeling van het bedrijf waarvoor jij gaat werken. '60 procent van het bedrijf waarvoor je belangstelling hebt, heeft misschien een vorm van flexibel werken, maar net de afdeling waar jij voor wilt gaan werken heeft toevallig een baas die er faliekant tegen is,' waarschuwt Tory Johnson.

Wij hopen natuurlijk dat jij je gesterkt voelt door womenomics, maar je zult nog steeds slim moeten zijn om die kracht optimaal te kunnen benutten. Begin alsjeblieft niet aan een sollicitatiegesprek door meteen te vragen om een deeltijdbaan. Het is belangrijk om te weten wanneer je over flexibiliteit kunt beginnen. 'Het kan averechts werken wanneer je begint met: "Eerst wil ik graag weten hoe jullie tegenover flexibel werken staan",' zegt Johnson.

Christine heeft een advies over hoe en wanneer je over dit onderwerp moet beginnen tijdens de hele sollicitatieprocedure. 'Ik denk dat je eerst moet laten zien dat je de juiste werkhouding hebt om de baan goed te kunnen doen, voordat je kunt zeggen: "Hoe staan jullie tegenover alternatieve vormen van werken?"'

Maar zij bracht het onderwerp al wel snel ter sprake, omdat ze toch al twijfelde of ze de baan wel moest aannemen. First Lady Michelle Obama vertelt nog steeds graag het verhaal van toen ze, net op het moment dat ze een sollicitatiegesprek had bij het universiteitsziekenhuis van Chicago, geen babysitter kon vinden. Op het laatste moment zette ze haar dochter in de wandelwagen en bedacht dat dit een deel van de redenen was dat ze naar deze baan solliciteerde, en dat ze maar moesten weten dat haar gezin op de eerste plaats kwam. Ze nam haar dochter mee naar het sollicitatiegesprek – een moedige zet – en kreeg de baan. En voordat haar man zich verkiesbaar stelde als president, ging ze regelmatig eerder naar huis om bij een voetbalwedstrijd te kunnen zijn.

Melissa James zegt dat het net is als bij elk ander verkooppraatje: je moet weten wie je tegenover je hebt. 'Je moet weten wat voor de persoon tegenover jou de meest effectieve manier is om het verhaal te brengen. Probeer daar achter te komen. Maar mijn advies is waarschijnlijk toch om het direct ter sprake te brengen. Het is belangrijk om meteen vanaf het begin duidelijk te zijn over je verwachtingen.'

Dus wanneer jij de moed kunt opbrengen, begin er dan vroeg over. Voor de meesten onder ons is het waarschijnlijk het slimst om het volgende aan te houden: vraag naar de verantwoordelijkheden, laat zien hoeveel je afweet van het bedrijf, zorg dat je op een subtiele manier een beetje opschept over wat jij allemaal bereikt hebt en kunt, en laat zien dat je heel graag in dit team wilt komen werken. Wanneer ze eenmaal van jou en je talent gecharmeerd zijn, is de tijd rijp om je potentiële bazen en mensen van personeelszaken te testen. Slimme zinnen om het ijs te breken zijn volgens Tory Johnson: 'Vertelt u mij eens iets meer over de afdelingscultuur. Vertel me iets over uw regels en flexibiliteit. Hoe zien de werkroosters er hier uit? Hoe werken de mensen met wie ik moet gaan samenwerken?'

Wat voor aanpak je ook kiest, het is het beste om voordat je de baan aanneemt duidelijk te zijn over je bedoelingen en verwachtingen. Gebruik alles wat je geleerd hebt van womenomics, zorg ervoor dat *jij* precies weet hoe je wilt werken en laat vervolgens aan hen weten wat je zou willen doen en hoe je dat van plan bent. Ga niet op goed geluk hopen dat je 'dat later wel kunt regelen'. Tegen die tijd liggen de patronen en gewoontes al vast. Je hebt niet vaak een kans om het traject van je werkende leven te veranderen. Maak er gebruik van.

Womenomics-vriendelijk

Het wordt voor bedrijven steeds moeilijker om hun ware aard te verbergen. Jij zult zeker niet in de val van een op het eerste gezicht aantrekkelijke baan lopen, wanneer je het hierboven beschreven proces eerst hebt doorlopen. Ook zul je wanneer je om je heen begint te kijken, ontdekken dat wanneer een bedrijf womenomics-vriendelijk is, dat er ook duidelijk vanaf straalt. En er is goed nieuws. In plaats van een gunst, wordt flexibel werken steeds meer standaard. Wij hebben tijdens ons onderzoek ontdekt dat er talloze manieren zijn om programma's op te stellen die zorgen voor gelukkigere en vrijere arbeidskrachten, maar we hebben ook gezien dat bedrijven die daar het beste in zijn, een of twee dingen met elkaar gemeen hebben: de bereidheid tot een volledige, officieel vastgelegde flexibiliteit, of echt moderne managers die begrijpen dat behoud van productiviteit en talent essentieel is. Hier volgt een aantal voorbeelden van het soort bedrijven waarnaar je op zoek moet gaan.

In balans met nirwana

Een betere manier om te beschrijven wat sommige bedrijven hebben gedaan om vrijheden te scheppen is er niet. De details over het geweldige programma bij Capital One ken je inmiddels en er zijn nog veel meer van zulke bedrijven met visie. Wat hen onderscheidt van de rest, is de overtuiging dat flexibiliteit standaardpraktijk zou moeten zijn – standaard binnen het hele bedrijf, in plaats van een gunst van sommige vriendelijke hoofden van afdelingen. De weg naar deze toestand van verlichting was voor elk van hen anders, maar de resultaten – de voordelen – mogen er zijn.

Best Buy

De volgende keer dat je een nieuwe televisie of computer nodig hebt en je naar de dichtstbijzijnde Best Buy gaat om er een te kopen, denk er dan aan dat het hier niet om zomaar een boodschap gaat. Je begeeft je naar het hart van de werkplekrevolutie.

In 2002 waren Cali Ressler en Jody Thompson allebei managers personeelszaken bij Best Buy, toen nog een bedrijf waar aanwezigheid op kantoor, werkdagen van acht tot vijf van maandag tot en met vrijdag essentieel waren. Maar Thompson, een babyboomer, en Ressler, generatie X, zagen dat de wereld buiten de firma aan het veranderen was – minder statisch werd. En ook beseften ze dat de ouderwetse cultuur bij Best Buy voor hen niet werkte.

Ze begonnen te dromen over een werkplek die aan hun wensen en de wereldwijde veranderingen tegemoetkwam. Een werkplek waar niemand toestemming hoeft te vragen om naar de wekelijkse voetbalwedstrijd van een kind te gaan kijken. Een werkplek waar mensen niet gepromoveerd worden omdat ze heel vroeg beginnen en 's avonds langer doorwerken. Een werkplek waar 'wanneer' of 'waar' niet belangrijk is – waar het gaat om 'hoe goed'. Een werkplek waar prestaties enkel worden afgemeten aan de hand van resultaten en niet van het aantal uren op kantoor.

Hun droom is nu werkelijkheid geworden in de vorm van ROWE (Results Oriented Work Environment). In een ROWE controleer *jij* waar, wanneer en hoe lang je werkt. Zolang je je professionele doelen maar haalt, is de manier waarop jij je tijd indeelt helemaal aan jou.

Ressler en Thompson wisten dat ze niet gewoon op hun CEO konden afstappen en hun ideeën op tafel konden gooien en dus kwamen ze heimelijk bij elkaar om onopvallend ROWE te ontwikkelen. Ze organiseerden kleine proefprojectjes en wachtten op een mogelijkheid om het groter te kunnen aanpakken. Die kans kregen ze in 2003 en sinds die tijd hebben deze twee pioniersvrouwen het *Fortune 500*-bedrijf opmerkelijk snel weten te veranderen in een werknemers-vriendelijke plek. Ze hebben de werknemers veel meer dan alleen flexibiliteit gegeven – ze hebben ze vrijheid gegeven. Hun klokloze, werkroosterloze, grenzeloze systeem van werken heeft vele levens op een radicale manier veranderd. En inmiddels zijn er overal binnen het bedrijf ROWE's te vinden.

'Toen Jody en ik voor het eerst met het idee van ROWE kwamen, concentreerden we ons op de bestuurlijke functies, maar momenteel staan we zelfs al op het punt om in zee te gaan met de detailverkoopafdeling van Best Buy om te kijken hoe het in de winkels toegepast kan worden. ROWE gaat niet over niet naar het werk gaan; het gaat over controle hebben over je tijd. In elke omgeving loop je tegen dingen aan die gewoon niet meer logisch zijn en waardoor mensen zich gestrest en behandeld voelen als kleine kinderen. We weten dus dat er ook buiten het kantoor enorme mogelijkheden voor ROWE zijn,' legt Cali Ressler uit.

Medewerkers bij Best Buy zeggen dat ze allang niet meer bijhouden of ze minder uren werken; het maakt ze ook niet echt uit en ze zijn dan ook gestopt met tellen. Maar ze zijn wel veel gelukkiger en productiever. Door heel het bedrijf heen hebben afdelingen, die de ROWE-revolutie hebben toegepast, gezien hoe de productiviteit met 40 procent is gestegen.

'In het begin gingen we af op ons gevoel – dat mensen als volwassenen behandeld wilden worden, dat ze de mogelijkheid wilden om hun werk te doen op een manier die voor hen het beste werkt, en dat mensen echt hun best gaan doen wanneer ze de vrijheid krijgen om hun werk te doen op de manier waarop *zij* denken dat het het beste is en niet op de manier waarop het bedrijf wil dat ze het doen,' zegt Jody Thompson.

'Ik begin niet om acht uur en ga ook niet om vijf uur weg, ik denk er niet aan. Ik heb twee ochtenden waarop ik tussen acht en ongeveer één uur helemaal niet op kantoor ben, omdat ik aan het afstuderen ben,' zegt Christy Runningen. 'Daar heb ik geen toestemming voor gevraagd en het kan ook niemand iets schelen. Ik doe nog steeds mijn werk en ik ben gelukkiger en productiever dan ooit.'

Uiteraard liepen Jody en Cali ook tegen problemen aan. Ze kregen te maken met managers van de oude stempel die weigerden om de controle uit handen te geven, met doemdenkers die zeiden dat het nooit zou werken en dat de productiviteit pijlsnel zou dalen. De grootste zorg van sommige managers was dat werknemers misbruik van het systeem zouden gaan maken – maar dat is overduidelijk niet gebeurd.

ROWE maakt het juist makkelijker, zegt Thompson, niet moeilijker, om te controleren of medewerkers wel echt hun best doen, in plaats van alleen veel uren op kantoor door te brengen.

'De enige manier waarop je een werkomgeving die enkel om resultaten draait kunt beduvelen, is wanneer je je werk niet af hebt,' legt Thompson uit. 'Echt, wat je nu ziet is dat mensen die niet hun uiterste best doen, dat vroeger ook al niet deden. In ROWE wordt dat heel duidelijk en de mensen worden puur op hun prestaties afgerekend. Wanneer iemand niet doet wat hij moet doen, wordt dat meteen zichtbaar. Maar in een traditionele werkomgeving blijf je gewoon wat langer zitten en het valt niemand op.'

Cali en Jody zijn inmiddels nationale voorvechters van hun systeem – ze werken samen met nog een andere detailhandel uit de *Fortune 500* en een technisch bedrijf uit de *Fortune 100*, die op het punt
staan om ROWE's te worden. Een heel aantal kleinere bedrijven heeft
de overgang inmiddels al gemaakt.

Maar hoe kan een ROWE in de huidige economie überhaupt functioneren? Bij Best Buy, net als bij veel andere detailhandels, zijn de
verkoopcijfers teruggelopen. Gaat deze vrijheid niet verdwijnen? In
tegendeel. Cali en Jody zeggen dat, omdat het systeem juist voor
meer productiviteit gezorgd heeft en vaak de vaste kosten, zoals van
vastgoed, verlaagd heeft, het juist steeds meer wordt gebruikt. 'ROWE
brengt in economisch moeilijke tijden enorm concurrerende voordelen met zich mee. Want wanneer de leiding van de medewerkers
verwacht dat ze "de broekriem aanhalen", heeft iedereen de mogelijkheid om aan te geven of bepaalde activiteiten een toegevoegde waarde hebben of juist een verspilling van tijd zijn. Wanneer het goed
gaat, wil niemand capaciteit verspillen, maar wanneer het slecht
gaat, is er echt geen ruimte voor verspilling,' vertelt Cali ons. 'ROWE-
medewerkers weten hoe ze resultaten moeten behalen en zijn daar
enorm op gefocust.'

Deloitte & Touche

Toen er een tekort aan werknemers dreigde, wilden Anne Weisberg
en Cathy Benko van Deloitte & Touche er alles aan doen om hun
waardevolle, vrouwelijke medewerkers vast te houden. Ze kwamen
met het idee van Mass Career Customization, dankzij een inzicht dat
ze op een dag opeens hadden en dat eigenlijk enorm voor de hand
lag: wanneer je tegenwoordig producten in grote hoeveelheden op
maat kunt maken, waarom kan dat dan niet met carrières?

Tegenwoordig kan elke werknemer bij Deloitte & Touche, niet alleen de vrouwen, steeds opnieuw belangrijke onderdelen van zijn of
haar carrière aanpassen. Je kunt minder gaan werken, vanaf verschillende locaties, meer of minder verantwoordelijkheden nemen.

In principe kun je gewoon kiezen wanneer je meer wilt werken of wanneer je het juist wat rustiger aan wilt doen. Daarbij ben je je ervan bewust dat je sneller wordt gepromoveerd wanneer je meer werkt en dat rustiger aan doen betekent dat de promoties iets minder snel zullen komen. Benko zegt dat het belangrijkste aan het programma is dat het probeert het concept van een flexibele werkomgeving standaard te maken. Er zijn geen individuele onderhandelingen meer nodig om flexibele arbeidsvoorwaarden te krijgen, iets wat volgens Benko voor nogal wat verwarring zorgde bij Deloitte.

'Wij merkten dat veel mensen het oude systeem maar niets vonden,' zegt ze. 'Vaak werd er gezegd: "Ik voel me schuldig of ik heb het idee dat ik mijn collega's in de steek laat." En we hoorden ook: "Ben ik wel geschikt voor een hoger niveau? Kan ik die promotie nog steeds krijgen?"'

Wal-Mart

Tom Mars is een pionier op het gebied van flexibiliteit. Als juridisch adviseur voor een megabedrijf als Wal-Mart kan hij meningen veranderen door in het hele land ideeën uit te dragen en hij kan de macht van het bedrijf gebruiken om de aandacht van de zakenwereld te trekken. Net zoals Wal-Mart een belangrijke rol gespeeld heeft op het gebied van duurzaamheid, zal het nu voor een aanzienlijke verandering op het gebied van flexibel werken gaan zorgen.

'Nog maar een paar jaar geleden stond ik behoorlijk sceptisch tegenover het idee van flextime,' geeft hij meesmuilend toe. 'Ik schaam me nu wanneer ik me realiseer hoe oppervlakkig ik toen dacht. Maar ik denk dat heel veel mensen er toen zo tegenover stonden. Wanneer iemand erover begon tegen me, dacht ik bij mezelf: we proberen hier wel een juridische afdeling te leiden.'

Maar wanneer hij tot een bepaald inzicht komt, handelt Mars snel. Een paar jaar geleden keek hij na het bijwonen van een conferentie over juridische onderwerpen eens om zich heen naar zijn, bijna allemaal blanke, allemaal mannelijke juridische medewerkers en besloot dat er wat moest veranderen. Binnen een paar jaar werkten er meer dan 50 procent vrouwen en minderheden op de juridische afdeling van Wal-Mart. Die verandering heeft volgens hem zo veel voordelen opgeleverd voor de kwaliteit van de juridische werkzaamheden van het bedrijf, dat hij het totale budget van 65 miljoen dollar aan juridische kosten, nu consequent gebruikt om verandering af te dwingen bij andere advocatenkantoren. Wal-Mart zag dat bijna alle partners met wie het zaken deed blanke mannen waren – en dus vroeg Mars om meer vrouwen en minderheden. Met partners die daar niet aan wilden voldoen, deed hij geen zaken meer.

'Je snapt dat we zo'n instelling gewoon niet graag zien bij mensen die ons bedrijf door het hele land vertegenwoordigen,' verklaart hij op de voor hem typische, joviale manier, die door zijn stevige manier van doen nog wel eens voor wat opschudding zorgde bij dit soort bedrijven.

En terwijl hij geprezen werd voor wat hij had weten te bereiken, begon Mars informatie te vergaren over waarom het voor vrouwen zo moeilijk is om binnen advocatenkantoren en juridische bedrijven hogerop te komen. Het kwam allemaal door een gebrek aan flexibiliteit.

'Ik heb hier veel over nagedacht en ik besloot het gewoon te doen. Ik ging naar de volgende bestuursvergadering en vertelde het team dat we het snel moesten doen en zonder enige vorm van bureaucratie, we moesten binnen 30 dagen met een goed beleid voor de dag komen,' grijnst hij.

Vandaag de dag werkt het juridische team van het bedrijf zonder enige tijdslimieten.

'Met uitzondering van een handjevol verstokte workaholics, plukt iedereen hier de vruchten van die flexibiliteit. Door de week gaan er geregeld mensen eerder weg om bij bijvoorbeeld een voetbalwedstrijd te kunnen zijn. Laatst zei iemand tegen mij dat hij naar de film geweest was,' vertelt Mars opgewekt. 'Binnen onze firma was het altijd de regel dat de kantooruren begonnen om half acht, maar daar let nu niemand meer op. Ik zie wel eens een advocaat die tussen acht uur en half negen uur naar het werk komt en eerlijk gezegd, dat is het mooie, weet ik dan niet of die persoon net gekomen is of dat hij al eerder geweest was en nu weer terug is. We staan er gewoon niet meer bij stil.'

Ook geeft Wal-Mart de 160 advocaten van de afdeling de mogelijkheid om minder uren te gaan werken, of een paar dagen per week vanuit huis te werken. Maakt hij zich geen zorgen over de cliënten of over zoiets als het imago, wanneer een medewerkster van drie tot zeven uur bij haar kinderen is en dan pas 's avonds weer begint te werken?

'In noodgevallen zijn wij allemaal flexibel. Maar dat komt niet vaak voor. Ik zeg nu altijd tegen mijn mensen,' zegt hij met een schouderophalen, 'dat we hier op een juridische afdeling werken, niet op een brandweerkazerne.'

'Ik weet honderd procent zeker dat, hoe je de arbeidsmoraal ook gaat meten, hij hoe dan ook hoger zal blijken te zijn dan vroeger,' concludeert Mars. 'Het blijk van vertrouwen dat gegeven werd toen we flextime introduceerden, heeft de mensen niet alleen gelukkiger gemaakt, maar heeft er ook voor gezorgd dat ze betere juristen geworden zijn. Ze zijn meer bereid om hun werk te doen, en dat met een daarbij horende onafhankelijkheid.'

Behandel werknemers als volwassenen en ze gedragen zich ook zo. Het is revolutionair.

Trouwens, Toms innovatie binnen de juridische afdeling van Wal-Mart heeft ook de aandacht getrokken van andere afdelingen door het hele land en vele daarvan zijn op dit moment bezig om dezelfde veranderingen op grote schaal door te voeren. Wij van womenomics kunnen niet vaak genoeg benadrukken hoe groot de macht van een persoon kan zijn, je macht als individuele vrouw om veranderingen door te voeren. Denk er ook aan als de macht van één – één man die voor hele grote golven wist te zorgen binnen zijn reuzenbedrijf. Bravo.

Sun Microsystems

Sun Microsystems is het lichtend voorbeeld van een bedrijf zonder muren, grenzen of kleine kantoortjes. Het heeft werknemers over heel de wereld – van Beijing tot Boston tot Buenos Aires – die werken waar het hun uitkomt. Waar een werknemer echt woont komt amper ter sprake tijdens sollicitatiegesprekken. Woon waar je wilt. Als je je werk maar doet.

Greg Papadopolous, hoofd technologie van Sun Microsystems, lacht wanneer wij suggereren dat waarschijnlijk alle bedrijven in Californië op die manier werken. 'Echt niet. Ook in het vooruitstrevende Californië komt nog steeds vaak de houding voor van "wanneer ik jou niet in die bureaustoel zie zitten, of niet zie dat je lang doorwerkt... dan werk je waarschijnlijk niet hard genoeg",' zegt hij.

Papadopolous zegt dat Sun dit Open Work Plan bijna per ongeluk installeerde, uit praktische overwegingen. Ten tijde van de internet-*boom* groeide het bedrijf zo snel dat de meeste managers al snel tot de conclusie kwamen dat het letterlijk onmogelijk werd om iedereen in de kantoorruimtes in te passen.

Inmiddels is het plan een belangrijk onderdeel van de bedrijfscultuur geworden. Suns Barbara zegt glimlachend dat ze tegenwoordig harder werkt dan ze ooit gedaan heeft vanwege haar vrijheid. 'De mensen zijn dolenthousiast over hun werk en de teams en wat ze doen,' zegt ze stralend. 'Dat is wat me zo aantrok in Sun – de flexibiliteit – en de geweldige mogelijkheden om te groeien. Wat maakt het uit dat mijn baas er om half elf 's avonds nog zit. Ik voel me echt niet verplicht om er dan ook nog te zijn. Wanneer ik om negen uur in de avond beter kan werken is dat prima!'

Het programma was revolutionair voor het bedrijf, belangrijk ook, niet alleen wat kostenbesparing betreft, maar ook wat betreft productiviteit en behoud van talent. 'Het gaat toch vaak om het verzamelen van talent,' zegt Papadopolous.

Ontwikkeling van technologie is een kunstvorm.

Zo'n bedrijf

Oké, dat klinkt allemaal geweldig, denk je nu waarschijnlijk. Maar hoe groot is de kans dat ik zo'n bedrijf vind? Het is waar dat de meeste bedrijven niet met van die adembenemende, verbazingwekkende programma's en cijfers voor de dag kunnen komen, nu nog niet tenminste. Niet elk bedrijf is er al klaar voor, of is al in staat om zijn muren, structuren en regels op de schop te nemen en zijn verdwaasde werknemers vrij te laten. Maar er zijn nog altijd slimme bedrijven te vinden en managers die openstaan voor de trends op het gebied van vrouwelijk werk en leven. Managers die bereid zijn om zich aan te passen, zodat ze jou tegemoet kunnen komen, zelfs binnen een meer traditionele werkstructuur.

Marriott

Bij de Marriott Company, waar heel veel vrouwen in dienst zijn, zijn de hogere managers goed op de hoogte van wat er allemaal komen gaat – en dat is belangrijk om op te letten. 'Ik denk dat de werkplek inderdaad aan het veranderen is – maar ik weet niet zeker of bedrijven zich ervan bewust zijn dat het binnen hun eigen muren gebeurt,' zegt David Rodriguez, hoofd human resources bij Marriott. 'Ik verwacht echt dat dit gebouw er binnen vijf jaar heel anders uit zal zien,' zegt hij, doelend op het hoofdkantoor van Marriott in Maryland. 'Waarschijnlijk zullen er dan meer kantoren zijn dan nodig en heel veel vergaderruimte, meer teleconferenties... ik denk dat het echt allemaal heel anders zal zijn.'

Het bedrijf biedt standaard een flextime, kortere werkweek en thuiswerkmogelijkheden aan, maar maken de echte grote managers daar gebruik van? Nog niet veel. Een groep hooggeplaatste vrouwen met wie wij lunchten vertelden, nadat we wat hadden aangedrongen, dat ze heel graag bijvoorbeeld vier dagen per week zouden werken, maar bang waren dat zo'n verandering niet gunstig voor ze zou uitpakken. Ze maken zich nog steeds druk over wat men dan van ze zal denken. Maar Rodriguez probeert zijn eigen team over te halen om ten minste een dag per week vanuit huis te werken. Volgens hem zijn ze dan veel productiever. Bovendien experimenteert hij met dingen als een groep 'flex-staffers', managers die al eerder voor het bedrijf gewerkt hebben en hoog gewaardeerd worden, maar niet meer fulltime willen werken. Het is goed mogelijk dat deze vrouwen meer macht hebben dan ze denken.

En voor goede, hogere leidinggevenden die parttime willen gaan werken, zoals Laura Bates, die we eerder al leerden kennen, zal Rodriguez nog meer zijn best gaan doen om speciale regelingen voor elkaar te krijgen.

'Over zo'n drie tot vijf jaar, denk ik echt dat Laura een van de hogere managementfuncties ergens binnen ons bedrijf zal bekleden,' zegt hij vol vertrouwen. 'Het is heel belangrijk om haar erbij betrokken te houden.'

PepsiCo

Misschien denk je dat het enorme PepsiCo een vastgeroeste ouderwetse bedrijfsstructuur heeft. Nou, echt niet. Hoewel het bedrijf geen officieel, all-inclusive flexibiliteitsprogramma heeft zoals bijvoorbeeld Sun, is de manier van leidinggeven progressief. 'Af en toe vanuit huis werken? Meestal geen probleem,' zegt Cynthia Trudell, hoofd personeelszaken. 'Jaren geleden heerste de algemene opvatting: o jee, als mensen maar niet vanuit huis gaan werken, dan doen ze vast niets meer,' glimlacht ze. 'Maar wij denken, en letterlijk overal ter wereld, dat wanneer mensen vanuit huis kunnen werken en niet per se op kantoor hoeven te zijn, ze meer controle over hun tijd hebben.'

Wanneer een bedrijf inziet dat het werk overal gedaan kan worden, is dat een goed teken. Nog beter is het wanneer bazen hun werknemers stimuleren om hun bestaan flexibeler in te delen. Laat ze weten dat het oké is. PepsiCo implementeerde in zijn beoordelingsbesprekingen een programma met de naam 'One

Simple Thing'. Het dwingt werknemers om iets te noemen wat niet met het werk te maken heeft, en wat ze zouden willen bereiken – anders zouden willen doen – waardoor hun vaste gedragspatroon op kantoor doorbroken kon worden. Iets wat ze anders misschien niet zo snel zouden doen – zoals bijvoorbeeld een dag in de week vroeger naar huis gaan om te kunnen gaan sporten, of een ochtend per week vanuit huis werken.

En wat ook belangrijk is: zijn gevierde managers in staat om het een tijdje rustiger aan te doen of parttime te gaan werken? Dit soort dingen wordt per geval besproken, maar indien mogelijk krijgen productieve werknemers de mogelijkheid om het te proberen. Herinner je je Angelique Krembs nog? Zij werkte bijna twee jaar lang parttime vanuit huis. 'Wanneer het zin heeft, dan doen wij ons uiterste best,' zegt Trudell. 'Wanneer jij je best doet om mensen binnen te krijgen, hen onderdeel van de organisatie te maken – wanneer je nog lang gebruik wilt kunnen maken van hun talenten, is het niet meer dan logisch. Het kan voor iedereen een win-winsituatie zijn.'

Ook al is deze praktijk nog niet helemaal geïntegreerd in de bedrijfscultuur of vastgelegd in een beleidsplan, wanneer jij merkt dat een bedrijf openstaat voor zulke dingen, zoals PepsiCo, Marriott of Habitat dat doen, dan is de baan die je op het oog hebt waarschijnlijk nog niet zo slecht. Je hebt de kans om een pionier of uithangbord voor het bedrijf te zijn en dat is voor iedereen waardevol.

Dot O'Brien

Of misschien heb je wel het geluk dat je te maken krijgt met een individuele baas als Dot O'Brien. De twee advocaten die zij flexibel in dienst heeft – dat wil zeggen voor de uren die ze willen werken en niet meer – worden door Dorothy O'Brien, juridisch adviseur en partner bij EON, als volgt beoordeeld: 'Ik kijk naar de resultaten en hoe die tot stand komen, en ik geloof dat deze twee advocaten resultaten tonen die zeker minstens gelijk zijn aan die van collega's die hier misschien wel moeten zijn, of die ervoor kiezen om hier meer uren door te brengen.'

Wanneer je iemand zoiets hoort zeggen, neem de baan dan aan. Je zult in goede handen zijn. Bedankt, Dorothy, voor het erkennen van iets waarvan wij weten dat het juist is.

Wat kunnen we eraan doen – wij zijn bevooroordeeld. Wij zijn ervan overtuigd dat de belangrijkste doorbraken zullen komen op het moment dat bedrijven flexibele werktijden niet langer als een gunst zullen zien. Uitkijkend naar nirwana denken wij dat vrouwen, of mannen, een reden moeten opgeven voor hun 'andere' werkrooster, en dat dit op zijn beurt weer betekent dat bazen moeten beoordelen of die reden al dan niet terecht is. Het zorgt voor een ongezonde situatie voor de *feng shui* van een moderne werkomgeving. Het maakt vrouwen, of mannen, soms nerveus, waardoor ze er niet om durven te vragen en het maakt de bazen zo mogelijk nog nerveuzer, waardoor ze het niet aanbieden. En zo kan er aan beide kanten al snel een neerwaartse spiraal van irritatie ontstaan. Wij hebben met veel werk-gevers gesproken die zich heel ongemakkelijk voelen bij de situatie. 'Wij willen niet hoeven kiezen tussen een eenjarige dochter, een zieke ouder of een nog niet uitgelezen boek,' vertellen ze ons. De meeste bazen willen niet verantwoordelijk zijn voor de morele beoordeling van de redenen van een werknemer voor het veranderen van zijn of haar werktijden.

En, eerlijk waar, wij voelen met hen mee. Wie zijn wij om te zeggen dat het ene verzoek 'beter' of 'meer terecht' is dan het andere? Ons maakt het echt niet uit of je je leven nu wilt veranderen vanwege je kinderen, zoals bij ons het geval was, of je hond of je lotushouding (we vinden het zelfs nog geweldiger wanneer het gaat om vrouwen zonder kinderen die gaan voor de filosofie van womenomics – zij begrijpen van nature hoe het zit met het leven en met prioriteiten stellen, zonder dat ze hormonaal beïnvloed zijn).

Maar de oplossing voor al deze werkgeverszorgen is eigenlijk heel simpel, wanneer wij zo vrij mogen zijn om even wat womenomics-advies aan meneer de CEO te geven. Houd op met oordelen. Maakt het nu echt iets uit of het kleine Pat de kleuter of grote Pat de poedel is, die de oorzaak is van het verzoek om verandering? Zo lang het werk uiteraard maar gedaan wordt, de doelstellingen gehaald worden en de werknemer produceert wat ze moet produceren, is het toch echt niet belangrijk waarom ze om drie uur vertrekt, om tien uur begint, of vanuit haar studeerkamer werkt.

Met andere woorden: het gaat slechts om de resultaten, sufferd.

'Wanneer je gaat nadenken over alles wat verkeerd kan gaan, dan verander je nooit iets,' waarschuwt Greg Papadopolous van Sun. 'Er is moed voor nodig van de kant van de managers.'

Dus kom op, mensen! Zijn er zorgen? Ja. Moet er flink aan gewerkt worden? Ja.

Maar in een slappe economie is deze kwestie meer dan ooit van belang. Alle grote zakelijke denkers zeggen dat de aandacht wel moet verschuiven naar effectiviteit en productiviteit, de pijlers van womenomics.

'Bovendien is dit het moment dat we de beste en slimste mensen moeten zien vast te houden,' zegt Cynthia Trudell van PepsiCo.

Een meer doorzichtige, meer flexibele en meer dynamische werkomgeving is de zakelijke toekomst, of je dat nu wilt inzien of niet. 'Het is duidelijk dat het die kant op gaat,' zegt Bruce Tuglan. 'Het gebeurt ongemerkt,' zegt David Rodriguez, 'en op een dag komen ze misschien tot de conclusie dat ze gewoon met de stroom mee moeten gaan en de regels moeten aanpassen aan wat er toch al gebeurt.'

De bedrijven die de organische, allesomvattende aard van deze golfbeweging begrijpen en er in meegaan, zijn de bedrijven die de beste kans maken om de concurrentie op elk niveau de baas te blijven. Zij zijn de pioniers.

'Bij Wal-Mart zijn we een paar jaar geleden begonnen met duurzaamheidsexperimenten en niemand zag dat toen nog als een manier die ons bedrijf efficiënter en winstgevender zou maken,' merkt Tom Mars op. 'Alles draaide toen nog om het imago en of je het een beetje goed deed. Toen we er wat handiger in werden, bleken de zaken er, meer dan iemand ooit gedacht had, wonderwel bij te varen. En nu, met die flextime en die hele bewustwording, zie ik een duidelijke parallel. Het lijkt alsof je nu wel moet, maar binnenkort zal iedereen inzien dat het zakelijk gezien net zo logisch is.'

Wat fijn toch eigenlijk dat wij in een tijdperk leven waarin het laten werken van mensen op de manier die ze willen, zakelijk gezien heel goed blijkt te zijn, in welk economisch klimaat dan ook. Sun is in staat om over de hele wereld talent aan te trekken. Capital One weet positieve energie om te zetten in winst. En bedrijven als Pepsi en Marriott zijn zo slim om in te zien hoeveel ze geïnvesteerd hebben in mensen als bijvoorbeeld Laura Bates, waardoor ze ja zeggen tegen haar wens om op een andere manier te werken. Ze kijken verder dan wat zij op dit moment niet kan doen en zetten in op wat ze in de toekomst allemaal nog wel kan doen.

Zoals met bijna alles draait het uiteindelijk allemaal weer om geld, om de economie. Of misschien moeten we zeggen, gelukkig voor ons, womenomics.

Neem womenomics met je mee

Terwijl je op weg gaat richting je ideale werk en leven, willen we je nog een laatste nieuwtje meegeven, waar je letterlijk iets aan kunt hebben – op wat voor moment dan ook. Het is een uitscheurbare womenomics-bladzijde die je elk moment tevoorschijn kunt halen om je eraan te helpen herinneren hoe je uiteindelijk kunt krijgen wat je wilt. Wanneer je wilt dat er een einde komt aan al dat geregel en geworstel en eindelijk eens wilt gaan leven en werken op de manier die jij op dit moment het liefste hebt, dan zijn hier vijf womenomics-feiten waar je niet zonder kunt:

1. Wij hebben de macht. Bedrijven willen ons en kunnen het zich niet veroorloven om ons kwijt te raken.
2. We staan niet alleen. Vier van de vijf vrouwen willen meer flexibiliteit op het werk.
3. Weet wat je echt wilt in het leven en je hebt je eigen regels voor succes.
4. Vraag om wat je wilt. En wanneer het niet kan (tijdelijk) – werk dan altijd slimmer, niet harder (totdat dat wel weer mogelijk is).
5. Flexibiliteit is geen gunst. Grote ondernemingen vinden het geweldig – omdat het zakelijk nut heeft bij elk economisch tij.

NAWOORD

Katty's verhaal: 'Ik herinner me nog steeds die ochtend dat Claire een woedende boodschap had achtergelaten op mijn voicemail: "Ben je gek geworden? Ik hoor net dat je serieus overweegt om die baan als verslaggeefster in het Witte Huis aan te nemen! Je weet dat je daar niet gelukkig van wordt. Je zult aan een stuk door aan het werk zijn en je kinderen nooit meer zien. Luister, ik heb een veel beter idee voor ons twee – laten we een boek schrijven over hoe je kunt werken en toch nog tijd over kunt hebben." Zelfs door het kraken van de slechte verbinding heen klonken haar enthousiasme en zelfvertrouwen nog aanstekelijk.'

Claire: '"Kom op, je zult er veel meer aan hebben dan aan elke ochtend om vijf uur op te staan om op tijd in het Witte Huis te zijn," zei ik voor de grap. Maar in de loop van dat gesprek ontdekten we dat we allebei serieus en enthousiast waren. Enthousiaster over dit onderwerp dan over wat dan ook. "We zouden kunnen vertellen over hoe wij werkten – en tijd voor ons privéleven gevonden hebben door nee te zeggen tegen die workaholic-banen. Wij denken altijd wel dat onze keuzes gestoord zijn, maar misschien hebben we wel gelijk," opperde ik.'

Toen we aan dit boek begonnen, dachten we dat we ons verhaal zouden vertellen. Maar al snel ontdekten we dat het jullie verhaal is. Dit boek is in wezen de stelling dat werkende vrouwen eindelijk kunnen gaan leven en werken op de manier die zij altijd al gewild hebben, hoewel de meesten onder ons er nooit om hebben durven vragen.

Wij hopen dat we de sluier van geheimzinnigheid en angst, die zo vaak over dit hoogst gevoelige onderwerp heen hangt, een beetje hebben kunnen lichten.

De werkplek verandert drastisch. Er dreigt een tekort aan talent, nieuwe technologieën worden in rap tempo in de praktijk gebracht om de werkplek te moderniseren, op een manier waarvoor toevallig een meer 'vrouwelijke' managementstijl goed van pas zou komen. We hebben meer aanzien dan ooit tevoren. Over niet al te lange tijd zullen overal waar gewerkt wordt de resultaten van onze vraag naar een betere balans tussen werken en leven zichtbaar zijn. Maar tot die tijd is dit de gids om het zelf voor elkaar te krijgen. Met womenomics kun je die balans tussen werken en leven bereiken die voor jou, je gezin, je baas en je toekomst het beste is.

Het is overduidelijk dat het tijd geworden is voor deze revolutie.

Overal binnen besturen, industrieën, op hoog en laag niveau, vindt vernieuwing en verandering plaats.

- Van de stad Houston tot aan de staat Virginia zijn lokale overheden wanhopig op zoek naar manieren om het verkeer en de vervuiling terug te dringen. Bedrijven die flextime willen aanbieden, kunnen enorme voordelen verwachten.
- Wal-Mart is bezig met een groot onderzoek naar de voordelen van diversiteit en flexibiliteit. Zoals destijds met duurzaamheid, hoopt het bedrijf ook hiermee voorop te lopen, om vervolgens zijn naam te gebruiken om overal op de markt verandering door te voeren.
- First Lady Michelle Obama wil zich inzetten voor deze zaak. Ze wil zich vooral gaan concentreren op het creëren van support-netwerken voor vrouwen die geen keus hebben – maar wel de stress. 'Ik heb zo veel vrouwen ontmoet,' vertelde ze ons, 'die werken omdat ze wel moeten en hun kinderen van zeven uur 's ochtends tot zes uur 's avonds naar een kinderdagverblijf moeten brengen. Ze hebben geen keus, maar voelen zich toch schuldig.'

Velen van ons hebben geluk. Als goed opgeleide vrouwen hebben wij vaak wel de keus, ook al lijkt die niet altijd logisch of voor de hand te liggen. Het is goed om daaraan te denken op dagen dat het allemaal een beetje te veel dreigt te worden. Wij hebben mogelijkheden waar veel vrouwen die minder geluk hebben slechts van kunnen dromen. We hebben tegenwoordig zelfs meer mogelijkheden dan ooit, omdat womenomics niet gaat over het beste uit een slechte deal halen, maar over het scheppen van een betere, gelukkigere, meer productieve toekomst; een win-winsituatie op elk gebied.

Het is waar dat op dit moment de meeste geweldige werksituaties die wij tegenkwamen, bereikt zijn door overwerkte mensen. Vrouwen, velen net als jij, die op het punt stonden om ontslag te nemen en besloten dat ze niets te verliezen hadden wanneer ze nog één keer naar hun baas zouden gaan om te vragen om een regeling waarmee ze beter zouden kunnen leven. Het zijn vrouwen die op hun knieën gegaan zijn en het voor elkaar gekregen hebben om meer vrije tijd te krijgen, vaak wel onder de voorwaarde dat ze hun nerveuze werkgevers beloofden om het niet aan de grote klok te hangen. Maar ze hebben hun stukje nirwana gekregen.

Velen, maar zeker niet allemaal, zijn vrouwen bij wie de zorg voor kleine kinderen hen gedwongen heeft om die beangstigende, ooit zo onvoorstelbare conversatie te voeren over: 'Ik wil graag vanuit huis/3 dagen per week/minder uren/flexibeler/200 dagen per jaar werken.' Dat moederlijke instinct is een enorme stimulans achter de vraag om verandering maar het is niet de enige. We hebben genoeg andere vrouwen (en mannen) ontmoet die zeggen dat ze hun werktijden veranderd hebben, minder zijn gaan werken of dingen omgedraaid hebben omdat ze gewoon een rustiger leven wilden – geen kinderen, geen zieke moeder, geen triatlon, gewoon daarom. Omdat, laten we eerlijk zijn, het leven al kort genoeg is en wie wil er nu niet meer uit kunnen halen.

Maar we hebben ook ontdekt dat de echt belangrijke verandering komt wanneer deze hele vraag om een prettigere werkplek niet langer het resultaat is van gestreste avonden, emotionele maandagochtenden en verhitte gesprekken bij de baas op kantoor. De belangrijkste verandering komt wanneer er over de hele linie iets verandert. Wanneer bazen overal zich realiseren wat wij aan het begin van dit boek al uitlegden – dat vrouwen goed zijn voor het bedrijf en de moeite waard zijn om te behouden en dat gelukkige werknemers productiever zijn. De mooiste verandering komt wanneer het normaal wordt om tegemoet te komen aan de vraag om andere werktijden, in plaats van dat daar geheimzinnig over gedaan moet worden. Zonder vragen te stellen, zonder een oordeel te vellen en zonder opgaaf van redenen.

Dat is het moment waarop goed opgeleide, waardevolle vrouwen niet langer en masse hun baan zullen opzeggen, zoals dat in de afgelopen jaren het geval was. Dat is het moment waarop bedrijven kunnen profiteren van hun enorme talenten en waarop de economie als geheel sterker zal worden.

Wanneer bazen beginnen met werknemers te beoordelen aan de hand van hun prestaties, in plaats van waar ze werken, verdwijnen alle redenen om iemand te weigeren om volgens wat voor rooster dan ook te werken. Wanneer werknemers hun doelstellingen halen, wat maakt het dan uit wanneer of waar ze werken?

Bedrijven als Capital One, Best Buy, Sun Microsystems, Deloitte & Touche, Wal-Mart – zij en nog vele anderen hebben het door. Ze hoeven de ene reden niet met de andere te vergelijken, of zich zorgen te maken over een domino-effect, of flexibele werkroosters uit te delen alsof het cadeautjes op een verjaardagsfeestje betreft. Het enige wat ze van hun werknemers vragen, is dat die hun werk doen. Medewerkers worden door hen als volwassenen behandeld. En uiteindelijk is dat misschien waar de meeste werkende vrouwen naar streven – controle krijgen en als volwassene behandeld worden. Heel simpel, eigenlijk.

En dat is het keerpunt – het moment dat het van een gunst een bedrijfsstrategie wordt, en in plaats van een individuele deal een officieel vastgelegd beleid – wat dan resulteert in een echt flexibele werkomgeving.

Zijn we er al? Nee. Zijn we een eind onderweg? Zeer zeker.

Pas in de afgelopen 30 jaar zijn vrouwen in groten getale toegetreden tot de arbeidsmarkt. Niet verrassend dus dat onze relatie met het werk nog steeds in ontwikkeling is. Maar we hebben geleerd dat het model van de afgelopen drie decennia niet voor ons werkt zoals het zou moeten.

Maar hier is nog een womenomics-verrassing. Het oorspronkelijke feministische argument was gedeeltelijk gebaseerd op het feit, dat de werkende wereld pas zou veranderen wanneer vrouwen aan de top zouden komen en veranderingen zouden kunnen afdwingen. Maar dat is niet langer waar. De zakelijke wereld is aan het veranderen, zonder vrouwelijk dictatorschap, maar vanwege onze collectieve kracht als consumenten en als waardevolle, maar ontevreden arbeidskrachten.

Womenomics is een revolutie die ontstaan is door twee dingen. Het eerste is dat bedrijven zich beginnen te realiseren dat vrouwen voor meer productiviteit en winst kunnen zorgen, met name wanneer ze kunnen werken op de manier die hen het beste uitkomt. De tweede, maar minstens zo belangrijke oorzaak, ligt bij jou, bij vrouwen die verandering eisen. En om die beweging te laten voortduren, moeten wij onszelf vooruit blijven dwingen.

Ons deel van de revolutie begint echt bij ons allemaal met de vraag: wat willen wij nu echt in het leven? Geef hier eerlijk en vol zelfvertrouwen antwoord op en je bent klaar om mee de barricades op te gaan, om nee te zeggen tegen hoe het nu allemaal gaat.

We weten dat het moeilijk is wanneer jij het gevoel hebt dat je de enige bent, de enige die moeite heeft om alles te combineren. De enige die zich afvraagt waarom ze zich zo ontevreden voelt, ondanks het feit dat ze prachtige kinderen en een geweldige carrière heeft. De enige die zich afvraagt of ze gewoon haar motivatie en ambities kwijt is. De enige die alle moed verzamelt om 'dat gesprek' met haar baas te voeren. De enige die zich afvraagt of ze het misschien gewoon 'niet in zich heeft'. Maar geloof ons, je bent niet de enige. Verre van dat. Overal ter wereld worstelen miljoenen werkende vrouwen elke dag met precies hetzelfde dilemma als jij. Wanneer er een ding is dat womenomics je wil meegeven, dan is het dat je niet alleen bent.

Zie womenomics als een modern manifest; een oproep aan werkende vrouwen om ten strijde te trekken. We hopen dat je inmiddels bent gaan geloven dat je de kracht hebt om het gevecht aan te gaan en ook te winnen. En hoewel het waar is dat dit individuele gevecht om dat kleine beetje, waardevolle flextime verre van ideaal is, moet je niet vergeten dat het wel een evolutionaire stap is. Wees moedig. Er komt een dag, en volgens ons duurt dat niet meer lang, dat de adviezen uit dit boek overbodig lijken, omdat het hele idee van werken volgens een meer realistisch schema dan algemeen geaccepteerd zal zijn. In onze ideale wereld zullen alle carrières bij alle bedrijven zo persoonlijk aangepast, gewijzigd, flexibeler, vrouwelijker en ja, meer uitgebalanceerd zijn, dat vrouwen op de huidige tijd zullen terugkijken en zich af zullen vragen waar iedereen toen toch zo moeilijk over deed.

Elke werkgever die wij hebben geïnterviewd, ziet dit als de volgende, grote, zakelijke trend. Enkelen zijn moedig genoeg om een exact tijdstip te noemen, maar de meesten denken dat de werkomgeving binnen tien jaar onherkenbaar veranderd zal zijn.

Vrouwen en womenomics zullen de werkomgeving veranderen. Nog niet zo lang geleden waren wij al gelukkig wanneer we aan tafel mochten schuiven bij een bestuursvergadering. En nu wordt diezelfde tafel door ons opnieuw gemodelleerd, veranderd en van nieuwe instrumenten voorzien. Allemaal zodat hij aan onze unieke, vrouwelijke voorkeuren kan voldoen. We zitten er niet meer enkel bij. Wanneer het ene bedrijf ons tegenwerkt, dan weten we dat we zo waardevol zijn, dat het andere bedrijf alweer met open, flexibele armen staat te wachten.

Voor werkende vrouwen is de tijd nog nooit zo gunstig geweest. We hebben meer macht dan ooit om voor de top, het middensegment, of wat dan ook te gaan.

Erin kijkt op haar horloge. Over twee uur heeft ze een telefonische vergadering. Ze e-mailt nog een snel berichtje aan haar assistent Emily, die vandaag vanuit huis werkt, om haar op de hoogte te brengen. Ze herinnert zich dat Bob met zijn mobiele telefoon zal inbellen, omdat hij het nieuwe appartement van zijn zoon aan het bekijken is. Denise is waarschijnlijk al op kantoor, maar haar werktijden veranderen nogal eens, af-

hankelijk van de zakenreizen die haar man maakt. Sandy is in Turkije voor een klantenbijeenkomst. Even denkt ze terug aan haar oude, strikt bij de klok levende, baas en ze schudt haar hoofd. Haar nieuwe team is geweldig en iedereen heeft die ochtend nog bevestigd dat ze haar aantekeningen gelezen hebben en klaar zijn om te gaan brainstormen over het binnenhalen van die Wagner-opdracht.

Dit zal haar eerste officiële bijeenkomst als executive vicepresident zijn! Erin voelt de vertrouwde spanning – de opwinding van het jagen op een nieuwe opdracht. Die ochtend heeft ze nog een keer alle creatieve mogelijkheden de revue laten passeren terwijl ze een rondje langs het kanaal in de buurt van haar huis rende. Ze glimlacht, laat haar BlackBerry in haar handtas vallen en strijkt haar rok glad. Ze kijkt nog een keer op haar horloge. Elf uur. Precies op tijd, denkt Erin blij, waarna ze zich richting de school van haar dochter begeeft, waar ze overblijfmoeder is.

Noten

1   Matt Richtel. 'More Companies Are Cutting Labor Costs Without Layoffs', *The New York Times*, 22 december 2008. http://www.nytimes.com/2008/12/22/business/22layoffs.html.

2   'The Business Case for Gender Equality' *Women to the Top*. http://www.women2top.net/uk/thatswhy.htm#whytop.

3   Adler, Roy. 'Women in the executive suite correlates to high profits', *European Project On Equal Pay*. http://www.equalpay.nu/docs/en/adler_web.pdf.

4   Biggert, Nicole Woolsey, et. al. 'UC Davis Study of California Women Business Leaders' *UC David Graduate School of Management*, 2005. http://www.gsm.ucdavis.edu/uploadedFiles/Centers_of_Excellence/Center_for_Women_and_Leadership/2005UCDavisCAWomenBusLeadersStudy.pdf.

5   'The Bottom Line: Connecting Corporate Performance and Gender Diversity', *Catalyst*, januari, 2004.

6   'Postsecondary Institutions in the United States: Fall 2000', *U.S. Department of Education, National Center for Education Statistics*.

7   Chao, Elaine, 'Executive Women in Government', *Speeches By Secretary Elaine L. Chao, US Department of Labor*, 22 maart 2006. http://www.dol.gov/_sec/media/speeches/20060322_exec.htm.

8   'The Bottom Line: Connecting Corporate Performance and Gender Diversity', *Catalyst*, januari, 2004.

9   Roberts, Yvonne, 'You're fired!', *The Guardian*, 6 maart 2008.

10   'The 2003 Female FTSE Index', *Cranfield School of Management, Centre for Developing Women Business Leaders*, 2003.

11 Sutton, Bob 'The War for Talent Is Back', *Harvard Business Publishing*, 23 april 2007.
12 Ibid.
13 'Management Futures: The World In 2018', *Chartered Management Institute*, maart 2008.
14 'The Bottom Line: Connecting Corporate Performance and Gender Diversity,' *Catalyst*, januari 2004.
15 'Cars.com Adds Women Car Site to Network', *Consumer Lab Blog*, 5 juni 2007.
16 'The business case for gender equality', *Women To The Top*. http://www.women2top.net/uk/thatswhy.htm#whytop.
17 Emmett C. Murphy, Talent IQ (LaCrosse: Platinum Press, 2007), Appendix B.
18 Fishman, Charles, 'The War for Talent', *Fast Company*, Issue 16, juli 1998.
19 'Engaging and Retaining Talent', *The Human Capital Institute*. http://www.humancapitalinstitute.org/hci/tracks_engaging_retaining_talent.guid.
20 'Plateauing: Redefining Success At Work', Knowledge@Emory, 8 november 2006.
21 Ind, Jo, 'Flexible Working The Key to Business Success', *Birmingham Post*, 27 oktober 2008.
22 De Beauvoir, Simone, *The Second Sex* (New York: Knopf, 1949) 53.
23 Boycott, Rosie, 'Why women don't want top jobs, by a feminist', *Daily Mail*, 22 april 2008.
24 Lagace, Martha, 'Getting Back On Course', Harvard Business School, 4 september 2001.
25 'Generation and Gender In The Workplace', Family and Work Institute, 2004.
26 Pahren, Judy. Persoonlijk interview.
27 Ehlers, Robin, Persoonlijk interview.
28 'The Business Case for Gender Equality' *Women to the Top*. http://www.women2top.net/uk/thatswhy.htm#whytop.
29 'Generation and Gender In The Workplace', Family and Work In-

stitute, 2004, en 'The 2008 National study of the Changing work force', Family and Work Institute.

[30] 'Women-Owned Businesses Grew at Twice the National Average', Census Bureau Report, 26 januari 2006.

[31] Chao, Elaine. 'Remarks Prepared for Delivery: National Summit On Retirement Savings, May 1, 2006,' US Department of Labor.

[32] 'Making Work "Work": New Ideas from the Winners of the Alfred P. Sloan Awards for Business Excellence in Workplace Flexibility,' Family and Work Institute, 2008.

[33] Benko, Cathleen, *Mass Career Customization*, Boston: Harvard Business School Press, 2007, 63.

[34] 'Why Women Are Wary', *Wall Street Journal*, 21 september 2005.

[35] Cranfield University School of Management survey, 'The Impact of Flexible Working Practices on Performance', 30 april 2008.

[36] http://arstechnica.com/news.ars/post/20070814-e-mail-stress-slowing-down-workers-say- researchers.html

[37] http://www.dailymail.co.uk/news/article–560166/Email-time-bandits-Office-staff-just-FOUR-hours-work-day-avalanche-messages.html

[38] http://edition.cnn.com/2005/WORLD/europe/04/22/text.iq/